CW00589557

La educación

Ellen G. White

1975

Copyright ©1980

Índice general

Prefacio

Son por cierto pocos los libros dedicados al tema de la educación que han sido leídos tan ampliamente o que han soportado la prueba del tiempo tan bien como la presente obra que ahora aparece en una nueva y hermosa edición. Los claros y correctos principios fundamentales desarrollados en esta obra han hecho de ella el libro de texto de miles de padres y maestros durante un período de más de un siglo.

Todo joven debe prepararse para hacer frente a las realidades prácticas de la vida: sus oportunidades, sus responsabilidades, sus derrotas y sus éxitos. La manera en que haga frente a esas experiencias, el que haya de triunfar o ser una víctima de las circunstancias, depende mayormente de su preparación para afrontarlas.

La verdadera educación ha sido bien definida como el desarrollo armonioso de todas las facultades. La preparación que se recibe durante los primeros años en el hogar y durante los años subsiguientes en la escuela, es fundamental para el éxito en la vida. En tal educación es esencial el desarrollo de la mente y la formación del carácter.

Al definir con agudeza los valores relativos y permanentes que constituyen la verdadera educación en su sentido más pleno, la autora de este libro señala el camino para el logro de ese ideal. Se delinea con claridad una educación que tiende a desarrollar las facultades mentales, a dar destreza a las manos en las tareas útiles, una educación que reconoce que Dios es la fuente de toda sabiduría y entendimiento.

El objetivo que impulsa a la autora en sus numerosos escritos sobre el tema de la educación, es que los jóvenes que están en el umbral de la vida se alisten para tomar su lugar como buenos ciudadanos bien preparados para los aspectos prácticos de la existencia, plenamente desarrollados en el sentido físico, temerosos de Dios, con caracteres inmaculados y corazones fieles a los principios. Este volumen constituye la obra más importante en este grupo de escritos en los cuales se sientan los principios esenciales que deben ser comprendidos por los que guían a la juventud en el hogar y en la escuela.

La escritora de estas páginas conoció por experiencia personal los problemas de una madre. Como amiga de los jóvenes, y habiendo estado durante muchos años en estrecha relación con instituciones de enseñanza, estaba bien empapada de los problemas de la juventud en su preparación para la obra de la vida. Por encima de todo, se hallaba dotada de un conocimiento y una capacidad extraordinarios como escritora y oradora.

La influencia de este volumen no se ha limitado a los Estados Unidos, donde se publicó la edición del libro original en inglés, sino que se ha extendido a todos los continentes del mundo donde han visto la luz ediciones en diversos idiomas. Que esta nueva edición que aparece en castellano divulgue ampliamente los grandes principios de la educación y del carácter, es la ardiente esperanza de los editores y de los

Fideicomisarios de las Publicaciones
de Elena G. de White.

Los primeros principios

"Por tanto, nosotros todos, mirando con el rostro descubierto y reflejando como en un espejo la gloria del Señor, somos transformados de gloria en gloria en su misma imagen" 2 Corintios 3:18.

Capítulo 1—La fuente de la verdadera educación y su propósito

"El conocimiento del Santísimo es la inteligencia". Proverbios 9:10.
"Vuelve ahora en amistad con él". Job 22:21.

Nuestro concepto de la educación tiene un alcance demasiado estrecho y bajo. Es necesario que tenga una mayor amplitud y un fin más elevado. La verdadera educación significa más que la prosecución de un determinado curso de estudio. Significa más que una preparación para la vida actual. Abarca todo el ser, y todo el período de la existencia accesible al hombre. Es el desarrollo armonioso de las facultades físicas, mentales y espirituales. Prepara al estudiante para el gozo de servir en este mundo, y para un gozo superior proporcionado por un servicio más amplio en el mundo venidero.

Las Sagradas Escrituras, cuando señalan al Ser Infinito, presentan en las siguientes palabras la fuente de semejante educación: En él "están escondidos todos los tesoros de la sabiduría"[1]. "Suyo es el consejo y la inteligencia"[2].

El mundo ha tenido sus grandes maestros, personalidades de intelecto gigantesco y gran espíritu de investigación, hombres cuyas declaraciones han estimulado el pensamiento, y han abierto a la vista los amplios campos del conocimiento; y estos hombres han sido honrados como guías y benefactores de su raza; pero hay Uno superior a ellos. Podemos rastrear la ascendencia de los maestros del mundo hasta donde alcanzan los informes humanos: pero antes de ellos estaba la Luz. Así como la luna y los planetas de nuestro sistema solar brillan por la luz que reflejan del sol, los grandes pensadores del mundo, en lo que tenga de cierto su enseñanza, reflejan los rayos del Sol de Justicia. Todo rayo del pensamiento, todo destello del intelecto, procede de la Luz del mundo.

En estos tiempos se habla mucho de la naturaleza e importancia de la "educación superior". Aquel con quien están "la sabiduría y el poder"[2] y de cuya boca "viene el conocimiento y la inteligencia"[3], imparte la verdadera educación superior.

Todo verdadero conocimiento y desarrollo tienen su origen en el conocimiento de Dios. Dondequiera que nos dirijamos: al dominio físico, mental y espiritual; cualquier objeto que contemplemos, fuera de la marchitez del pecado, en todo vemos revelado este conocimiento. Cualquier ramo de investigación que emprendamos, con el sincero propósito de llegar a la verdad, nos pone en contacto con la Inteligencia poderosa e invisible que trabaja en todas las cosas y por medio de ellas. La mente del hombre se pone en comunión con la mente de Dios; lo finito, con lo infinito. El efecto que tiene esta comunión sobre el cuerpo, la mente y el alma sobrepuja toda estimación.

En esta comunión se halla la educación más elevada. Es el método propio que Dios tiene para lograr el desarrollo del ser humano. "Vuelve ahora en amistad con Dios"[4], es su mensaje para la humanidad. El método presentado en estas palabras fue el que se utilizó en la educación del padre de nuestra especie. Así instruyó Dios a Adán cuando, en la gloria de una virilidad exenta de pecado, habitaba en el sagrado jardín del Edén.

A fin de comprender qué abarca la obra de la educación, necesitamos considerar tanto la naturaleza del ser humano como el propósito de Dios al crearlo.

Hemos de considerar también el cambio que sufrió la humanidad por la introducción del conocimiento del mal, y el plan de Dios para cumplir, sin embargo, su glorioso propósito en la educación de la especie humana.

Cuando Adán salió de las manos del Creador, llevaba en su naturaleza física, mental y espiritual, la semejanza de su Hacedor. "Creó Dios al hombre a su imagen"[5], con el propósito de que, cuanto más viviera, más plenamente revelara esa imagen, más plenamente reflejara la gloria del Creador. Todas sus facultades eran susceptibles de desarrollo; su capacidad y su fortaleza debían aumentar continuamente. Vasta era la esfera que se ofrecía a su actividad, glorioso el campo abierto a su investigación. Los misterios del universo visible "las maravillas del que es perfecto en sabiduría"[6] invitaban al hombre a estudiar. Tenía el alto privilegio de relacionarse íntimamente, cara a cara, con su Creador. Si hubiera permanecido leal a Dios, todo esto le hubiera pertenecido para siempre. A través de los siglos eternos, hubiera seguido adquiriendo nuevos tesoros de conocimiento, descubriendo nuevos manantiales de felicidad y obteniendo conceptos cada vez más claros de la sabiduría, el poder y el amor de Dios. Habría cumplido cada vez con más eficacia el objeto de su creación; habría reflejado cada vez más la gloria del Creador.

Pero por su desobediencia perdió todo esto. El pecado mancilló y casi borró la semejanza divina. Las facultades físicas del hombre se debilitaron, su capacidad mental disminuyó, su visión espiritual se oscureció. Quedó sujeto a la muerte. No obstante, la especie humana no fue dejada sin esperanza. Con infinito amor y misericordia había sido diseñado el plan de salvación y se le otorgó una vida de prueba. La obra de la redención debía restaurar en el hombre la imagen de su Hacedor, devolverlo a la perfección con que había sido creado, promover el desarrollo del cuerpo, la mente y el alma, a fin de que se llevara a cabo el propósito divino de su creación. Este es el objetivo de la educación, el gran propósito de la vida.

El amor, base de la creación y de la redención, es el fundamento de la verdadera educación. Esto se ve claramente en la ley que Dios ha dado como guía de la vida. El primero y gran mandamiento es: "Amarás al Señor tu Dios con todo tu corazón, y con toda tu alma, y con todas tus fuerzas, y con toda tu mente"[7]. Amar al Ser infinito, omnisciente, con todas las fuerzas, la mente y el corazón, significa el desarrollo más elevado de todas las facultades. Significa que en todo el ser—cuerpo, mente y alma—ha de ser restaurada la imagen de Dios.

Semejante al primer mandamiento, es el segundo: "Amarás a tu prójimo como a ti mismo"[8]. La ley de amor requiere la dedicación del cuerpo, la mente y el alma al servicio de Dios y de nuestros semejantes. Y este servicio, a la vez que nos constituye en bendición para los demás, nos proporciona la más grande bendición. La abnegación es la base de todo verdadero desarrollo. Por medio del servicio abnegado, adquieren su máximo desarrollo todas nuestras facultades. Llegamos a participar cada vez más plenamente de la naturaleza divina. Somos preparados para el cielo, porque lo recibimos en nuestro corazón.

Puesto que Dios es la fuente de todo conocimiento verdadero, el principal objetivo de la educación es, según hemos visto, dirigir nuestra mente a la revelación que él hace de sí mismo. Adán y Eva recibieron conocimiento comunicándose directamente con Dios, y aprendieron de él por medio de sus obras. Toda la creación, en su perfección original, era una expresión del pensamiento de Dios. Para Adán y Eva, la naturaleza rebosaba de sabiduría divina. Pero por la transgresión, la humanidad fue privada del conocimiento de Dios mediante una comunión directa, y en extenso grado del que obtenía por medio de sus obras. La tierra, arruinada y contaminada por el pecado, refleja oscuramente la gloria del Creador. Es cierto que sus lecciones objetivas no han desaparecido. En cada página del gran volumen de sus obras creadas se puede notar la escritura de su mano. La naturaleza todavía habla de su Creador. Sin embargo, estas revelaciones son parciales e imperfectas. Y en nuestro estado caído, con las facultades debilitadas y la visión limitada, somos incapaces de interpretarlas correctamente. Necesitamos la revelación más plena que Dios nos ha dado de sí en su Palabra escrita.

Las Sagradas Escrituras son la norma perfecta de la verdad y, como tales, se les debería dar el primer lugar en la educación. Para obtener una educación digna de tal nombre, debemos recibir un conocimiento de Dios, el Creador, y de Cristo, el Redentor, según están revelados en la Sagrada Palabra.

Todo ser humano, creado a la imagen de Dios, está dotado de una facultad semejante a la del Creador: la individualidad, la facultad de pensar y hacer. Los hombres en quienes se desarrolla esta facultad son los que llevan responsabilidades, los que dirigen empresas, los que influyen sobre el carácter. La obra de la verdadera educación consiste en desarrollar esta facultad, en educar a los jóvenes para que sean pensadores, y no meros reflectores de los pensamientos de otros hombres. En vez de restringir su estudio a lo que los hombres han dicho o escrito, los estudiantes tienen que ser dirigidos a las fuentes de la verdad, a los vastos campos abiertos a la investigación en la naturaleza y en la revelación. Contemplen las grandes realidades del deber y del destino y la mente se expandirá y se robustecerá. En vez de jóvenes educados, pero débiles, las instituciones del saber deben producir jóvenes fuertes para pensar y obrar, jóvenes que sean amos y no esclavos de las circunstancias, jóvenes que posean amplitud de mente, claridad de pensamiento y valor para defender sus convicciones.

Semejante educación provee algo más que una disciplina mental; provee algo más que una preparación física. Fortalece el carácter, de modo que no se sacrifiquen la verdad y la justicia al deseo egoísta o a la ambición mundana. Fortalece la mente para su lucha contra el mal. En vez de que una pasión dominante llegue a ser un poder destructor, se amoldan cada motivo y deseo a los grandes principios de la justicia. Al espaciarse en la perfección del carácter de Dios, la mente se renueva y el alma vuelve a crearse a su imagen.

¿Qué educación puede superar a esta? ¿Qué puede igualar su valor?

> "No se dará a cambio de oro ni su precio
>   será a peso de plata.
> No puede ser pagada con oro de Ofir,
>   con ónice precioso ni con zafiro.
> No se le pueden comparar el oro ni el diamante,
>   ni se la cambiará por alhajas de oro fino.
> ¿Y qué decir del coral o de las perlas?
>   ¡La sabiduría vale más que las piedras preciosas!"[9]

El ideal que Dios tiene para sus hijos está por encima del alcance del más elevado pensamiento humano. La meta a alcanzar es la piedad, la semejanza a Dios. Ante el estudiante se abre un camino de progreso continuo. Tiene que alcanzar un objetivo, lograr una norma que incluye todo lo bueno, lo puro y lo noble. Progresará tan rápidamente e irá tan lejos como le sea posible en todos los ramos del verdadero conocimiento. Pero sus esfuerzos se dirigirán a fines mucho más elevados que el mero egoísmo y los intereses temporales, cuanto son más altos los cielos que la tierra.

El que coopera con el propósito divino para impartir a los jóvenes un conocimiento de Dios, y modelar el carácter en armonía con el suyo, participa en una obra noble y elevada. Al despertar el deseo de alcanzar el ideal de Dios, presenta una educación tan elevada como el cielo, y tan amplia como el universo; una educación que no se puede completar en esta vida, sino que continuará en la venidera; una educación que asegura al estudiante de éxito su pasaporte de la escuela preparatoria de la tierra a la superior, la celestial.

[1]Colosenses 2:3.
[2]Job 12:13.
[2]Job 12:13.
[3]Proverbios 2:6.
[4]Job 22:21.
[5]Génesis 1:27.
[6]Job 37:16.
[7]Lucas 10:27.
[8]Mateo 22:39.
[9]Job 28:15-18.

Capítulo 2—La escuela del Edén

"¡Bienaventurado el hombre
que halla la sabiduría!" Proverbios 3:13.

El sistema de educación establecido al principio del mundo debía ser un modelo para el hombre en todos los tiempos. Como una ilustración de sus principios se fundó una escuela modelo en el Edén, el hogar de nuestros primeros padres. El jardín del Edén era el aula, la naturaleza el libro de texto, el Creador mismo era el Maestro, y los padres de la familia humana los alumnos.

Creados para ser la "imagen y gloria de Dios"[1], Adán y Eva habían recibido capacidades dignas de su elevado destino. De formas graciosas y simétricas, de rasgos regulares y hermosos, de rostros que irradiaban los colores de la salud, la luz del gozo y la esperanza, eran en su aspecto exterior la imagen de su Hacedor. Esta semejanza no se manifestaba solamente en su naturaleza física. Todas las facultades de la mente y el alma reflejaban la gloria del Creador. Adán y Eva, dotados de dones mentales y espirituales superiores, fueron creados en una condición "un poco menor que los ángeles"[2], a fin de que no discernieran solamente las maravillas del universo visible, sino que comprendiesen las obligaciones y responsabilidades morales.

"Y Jehová Dios plantó un huerto en Edén, al oriente; y puso allí al hombre que había formado. Y Jehová Dios hizo nacer de la tierra todo árbol delicioso a la vista, y bueno para comer; también el árbol de vida en medio del huerto, y el árbol de la ciencia del bien y del mal"[3]. En ese lugar, en medio de las hermosas escenas de la naturaleza que no había sido tocada por el pecado, recibieron su educación nuestros primeros padres.

Por el interés que tenía en sus hijos, nuestro Padre celestial dirigía personalmente su educación. A menudo iban a visitarlos sus mensajeros, los santos ángeles, que les daban consejos e instrucción. Con frecuencia, cuando caminaban por el jardín "al aire del día", oían la voz de Dios y gozaban de comunión personal con el Eterno.

Los pensamientos que él tenía para ellos eran "pensamientos de paz, y no de mal"[4]. Solo deseaba para ellos el bien.

Adán y Eva estaban encargados del cuidado del jardín, para que lo guardaran y lo cultivaran. Aunque poseían en abundancia todo lo que el Dueño del universo les podía proporcionar, no debían estar ociosos. Se les había asignado como bendición una ocupación útil, que había de fortalecer su cuerpo, ampliar su mente y desarrollar su carácter.

El libro de la naturaleza, al desplegar ante ellos sus lecciones vivas, les proporcionaba una fuente inagotable de instrucción y deleite. El nombre de Dios estaba escrito en cada hoja del bosque y en cada piedra de las montañas, en toda estrella brillante, en el mar, el cielo y la tierra. Los moradores del Edén trataban con la creación animada e inanimada; con las hojas, las flores y los árboles, con toda criatura viviente, desde el leviatán de las aguas, hasta el átomo en el rayo del sol, y aprendían de ellos los secretos de su vida. La gloria de Dios en los cielos, los mundos innumerables con sus movimientos prefijados, "las diferencias de las nubes"[5], los misterios de la luz y el sonido, del día y de la noche, todos eran temas de estudio para los alumnos de la primera escuela de la tierra.

El Infinito Autor de todo abría a sus mentes las leyes y operaciones de la naturaleza, y los grandes principios de verdad que gobiernan el universo espiritual. Sus facultades mentales y espirituales se desarrollaban en la "iluminación del conocimiento de la gloria de Dios"[6], y disfrutaban de los más elevados placeres de su santa existencia.

No solo el jardín del Edén, sino toda la tierra era sumamente hermosa al salir de la mano del Creador. No la desfiguraban ninguna mancha de pecado ni sombra de muerte. La gloria de Dios "cubrió los cielos, y la tierra se llenó de su alabanza". "Cuando alababan todas las estrellas del alba, y se regocijaban todos los hijos de Dios"[7]. De ese modo era la tierra un emblema adecuado de Aquel que es "grande en misericordia y verdad"[8], un estudio propio para los seres creados a su imagen. El huerto del Edén era una representación de lo que Dios deseaba que llegara a ser toda la tierra, y su propósito era que, a medida que la familia humana creciera en número, estableciera otros hogares y escuelas semejantes a los que él había dado. De ese modo, con el transcurso del tiempo, toda la tierra estaría llena de hogares y escuelas donde se estudiarían la Palabra y las obras de Dios, y donde los estudiantes se prepararan para reflejar cada vez más plenamente, a través de los siglos sin fin, la luz del conocimiento de su gloria.

---

[1] 1 Corintios 11:7.

[2] Hebreos 2:7.

[3] Génesis 2:8, 9.

[4] Jeremías 29:11.

[5] Job 37:16.

[6] 2 Corintios 4:6.

[7] Habacuc 3:3; Job 38:7.

[8] Éxodo 34:6.

Capítulo 3—El conocimiento del bien y del mal

"Y como ellos no quisieron tener
en cuenta a Dios, Dios los entregó
a una mente depravada". Romanos 1:28.

Aunque creados inocentes y santos, nuestros primeros padres no fueron puestos fuera de la posibilidad de obrar mal. Dios podía haberlos creado de modo que no pudieran desobedecer sus requerimientos, pero en ese caso su carácter no se habría desarrollado; su servicio no hubiera sido voluntario, sino forzado. Les dio, por lo tanto, la facultad de escoger, de someterse o no a la obediencia. Y antes de que ellos recibieran en su plenitud las bendiciones que él deseaba impartirles, debían ser probados su amor y su lealtad.

En el huerto del Edén se hallaba "el árbol de la ciencia del bien y del mal. [...] Y mandó Jehová Dios al hombre, diciendo: "De todo árbol del huerto podrás comer; pero del árbol del conocimiento del bien y del mal no comerás; porque el día que de él comieres, ciertamente morirás""[1]. Dios quería que Adán y Eva no conocieran el mal. El conocimiento del mal del pecado y sus resultados, del trabajo agotador, de la preocupación ansiosa, del descorazonamiento y la pena, del dolor y la muerte, les fue evitado por amor.

Mientras Dios buscaba el bien del hombre, Satanás buscaba su ruina. Cuando Eva, al desobedecer la advertencia del Señor en cuanto al árbol prohibido, se atrevió a acercarse a él, se puso en contacto con el enemigo. Tan pronto se despertaron su interés y su curiosidad, Satanás procedió a negar la palabra de Dios, y a insinuar desconfianza en su sabiduría y bondad. A la declaración de la mujer con respecto al árbol de la ciencia: "Dijo Dios: "No comeréis de él, ni le tocaréis, para que no muráis"", el tentador respondió: "No moriréis; sino que sabe Dios que el día que comáis de él, serán abiertos vuestros ojos, y seréis como Dios, conocedores del bien y el mal"[2].

Satanás deseaba hacer creer que este conocimiento del bien mezclado con el mal sería una bendición, y que al prohibirles que comieran del fruto del árbol Dios los privaba de un gran bien. Argüía que Dios les había prohibido probarlo a causa de las maravillosas propiedades que tenía para impartir sabiduría y poder, que de ese modo trataba de impedir que alcanzaran un desarrollo más noble y encontraran mayor felicidad. Declaró que él había comido del fruto prohibido y que el resultado había sido la adquisición de la facultad de hablar, y que si ellos también comían de ese árbol alcanzarían una esfera más elevada de existencia, y entrarían en un campo más vasto de conocimiento.

Aunque Satanás decía haber recibido mucho bien por haber comido del fruto prohibido, ocultó el hecho de que a causa de la transgresión había sido arrojado del cielo. Esa mentira estaba tan escondida bajo una apariencia de verdad, que Eva, infatuada, halagada y hechizada, no se percató del engaño. Codició el fruto que Dios había prohibido; desconfió de su sabiduría. Echó a un lado la fe, la llave del conocimiento.

Cuando Eva vio que "el árbol era bueno para comer, y que era agradable a los ojos, y deseable para alcanzar la sabiduría [...] tomó de su fruto, y comió". Era de sabor agradable, y a medida que comía, le parecía sentir un poder vivificador y se imaginó que penetraba en un estado superior de existencia. Una vez que hubo pecado, se transformó en tentadora de su esposo "el cual comió así como ella"[3].

"Serán abiertos vuestros ojos", había dicho el enemigo; "y seréis como Dios, conocedores del bien y el mal"[4]. Fueron abiertos ciertamente sus ojos, pero !cuán triste fue esa abertura! Todo lo que ganaron los transgresores fue el conocimiento del mal, la maldición del pecado. En la fruta no había nada venenoso y el pecado no consistía meramente en ceder al apetito. La desconfianza en la bondad de Dios, la falta de fe en su palabra, el rechazo de su autoridad, fue lo que convirtió a nuestros primeros padres en transgresores, e introdujo en el mundo el conocimiento del mal. Eso fue lo que abrió la puerta a toda clase de mentiras y errores.

El hombre perdió todo porque prefirió oír al engañador en vez de escuchar a Aquel que es la Verdad, el único que tiene entendimiento. Al mezclarse el mal con el bien, su mente se volvió confusa, y se entorpecieron sus facultades mentales y espirituales. Ya no pudo apreciar el bien que Dios le había otorgado tan generosamente.

Adán y Eva habían escogido el conocimiento del mal, y si alguna vez habían de recobrar la posición perdida, tenían que hacerlo en las condiciones desfavorables que ellos mismos habían provocado. Ya no habían de morar en el Edén, porque este, en su perfección, no podía enseñarles las lecciones que les eran esenciales desde entonces. Con indescriptible tristeza se despidieron del hermoso lugar, y fueron a vivir en la tierra, sobre la cual descansaba la maldición del pecado.

Dios había dicho a Adán: "Por cuanto obedeciste a la voz de tu mujer y comiste del árbol de que te mandé diciendo: "No comerás de él", maldita será la tierra por tu causa; con dolor comerás de ella todos los días de tu vida, espinos y cardos te producirá y comerás plantas del campo. Con el sudor de tu rostro comerás el pan, hasta que vuelvas a la tierra, porque de ella fuiste tomado; pues polvo eres y al polvo volverás"[5].

Aunque la tierra estaba condenada por la maldición, la naturaleza debía seguir siendo el libro de texto del hombre. Ya no podía representar bondad solamente, porque el mal estaba presente en todas partes y arruinaba la tierra, el mar y el aire con su contacto contaminador. Donde antes había estado escrito únicamente el carácter de Dios, el conocimiento del bien, ahora estaba también escrito el carácter de Satanás, el conocimiento del mal. El hombre debía recibir amonestaciones de la naturaleza, que ahora revelaba el conocimiento del bien y del mal, referentes a los resultados del pecado.

En las flores marchitadas, y la caída de las hojas, Adán y su compañera vieron los primeros signos de decadencia. Fue presentada con vividez ante su mente la dura realidad de que todo ser viviente debía morir. Hasta el aire, del cual dependía su vida, llevaba los gérmenes de la muerte.

También se les recordaba continuamente la pérdida de su dominio. Adán había sido rey de los seres inferiores, y mientras permaneció fiel a Dios, toda la naturaleza reconoció su gobierno, pero cuando pecó, perdió su derecho al dominio. El espíritu de rebelión, al cual él mismo había dado entrada, se extendió a toda la creación animal. De ese modo, no solo la vida del hombre, sino la naturaleza de las bestias, los árboles del bosque, el pasto del campo, hasta el aire que respiraba, hablaban de la triste lección del conocimiento del mal.

Sin embargo, el hombre no fue abandonado a los resultados del mal que había escogido. En la sentencia pronunciada contra Satanás se insinuó la redención. "Y pondré enemistad entre ti y la mujer", dijo Dios, "y entre tu simiente y la simiente suya; esta te herirá en la cabeza, y tú le herirás en el talón"[6]. Esta sentencia pronunciada a oídos de nuestros primeros padres, fue para ellos una promesa. Antes de que oyeran hablar de los espinos y cardos, del trabajo rudo y del dolor que les habían de tocar en suerte, o del polvo al cual debían volver, escucharon palabras que no podían dejar de infundirles esperanza. Todo lo que perdieron al ceder a las insinuaciones de Satanás se podía recuperar por medio de Cristo.

La naturaleza nos repite también esta indicación. Aunque está manchada por el pecado, no solo habla de la creación, sino también de la redención. Aunque, por los signos evidentes de decadencia, la tierra da testimonio de la maldición que pesa sobre ella, es todavía hermosa y rica en señales del poder vivificador. Los árboles se despojan de sus hojas únicamente para vestirse de nuevo verdor; las flores mueren, para brotar con nueva belleza; y en cada manifestación del poder creador se afirma la seguridad de que podemos ser creados de nuevo en "justicia y santidad de la verdad"[7]. De ese modo, los mismos objetos y las funciones de la naturaleza, que tan vívidamente nos recuerdan nuestra gran pérdida, llegan a ser para nosotros mensajeros de esperanza.

Dondequiera que llegue la maldad, se oye la voz de nuestro Padre que muestra a sus hijos, por sus resultados, la naturaleza del pecado, los aconseja a abandonar el mal, y los invita a recibir el bien.

---

[1] Génesis 2:9, 16, 17.

[2] Génesis 3:3-5.

[3] Génesis 3:6.

[4] Génesis 3:5.

[5] Génesis 3:17-19.

[6] Génesis 3:15.

[7] Efesios 4:24.

Capítulo 4—La relación de la educación con la redención

"Para iluminación del conocimiento
de la gloria de Dios en la faz de Jesucristo". 2 Corintios 4:6.

A causa del pecado, el hombre quedó separado de Dios. De no haber mediado el plan de la redención, hubiera tenido que sufrir la separación eterna de Dios, y las tinieblas de una noche sin final. El sacrificio de Cristo permite que se reanude la comunión con Dios. Personalmente no podemos acercarnos a su presencia; nuestra naturaleza pecaminosa no nos permite mirar su rostro, pero podemos contemplarlo y tener comunión con él por medio de Jesús, el Salvador.

La "iluminación del conocimiento de la gloria de Dios" se revela "en la faz de Jesucristo". "Dios estaba en Cristo reconciliando consigo al mundo"[1]. "Y aquel Verbo fue hecho carne, y habitó entre nosotros [...] lleno de gracia y de verdad". "En él estaba la vida, y la vida era la luz de los hombres"[2]. La vida y la muerte de Cristo, precio de nuestra redención, no son para nosotros únicamente una promesa y garantía de vida, ni tan solo los medios por los cuales se nos vuelven a abrir los tesoros de la sabiduría, sino una revelación de su carácter aún más amplia y elevada que la que conocían los santos moradores del Edén.

Y a la vez que Cristo abre el cielo al hombre, la vida que imparte abre el corazón del hombre al cielo. El pecado no solo nos aparta de Dios, sino que destruye en el alma humana el deseo y la aptitud para conocerlo. La misión de Cristo consiste en deshacer toda esta obra del mal. Él tiene poder para fortalecer y restaurar las facultades del alma que han sido paralizadas por el pecado, que han oscurecido la mente, y que han pervertido la voluntad. Abre ante nosotros las riquezas del universo y nos imparte poder para discernir estos tesoros y apropiarnos de ellos.

Cristo es la luz "que alumbra a todo hombre"[3]. Así como por Cristo todo ser humano tiene vida, así por su medio toda alma recibe algún rayo de luz divina. En todo corazón existe no solo poder intelectual, sino también espiritual, una facultad de discernir lo justo, un deseo de ser bueno. Pero contra estos principios lucha un poder antagónico. En la vida de todo ser humano se manifiesta el resultado de haber comido del árbol del conocimiento del bien y del mal. Hay en su naturaleza una inclinación hacia el mal, una fuerza que solo, sin ayuda, él no podría resistir. Para hacer frente a esa fuerza, para alcanzar el ideal que en lo más íntimo de su alma reconoce como única cosa digna, puede encontrar ayuda en un solo poder. Ese poder es Cristo. La mayor necesidad del hombre es cooperar con ese poder. ¿No debería ser acaso esta cooperación el propósito más importante de la verdadera educación?

El verdadero maestro no se satisface con un trabajo de calidad inferior. No se conforma con dirigir a sus alumnos hacia un ideal más bajo que el más elevado que les sea posible alcanzar. No puede contentarse con transmitirles únicamente conocimientos técnicos, con hacer de ellos meramente contadores expertos, artesanos hábiles o comerciantes de éxito. Su ambición es inculcarles principios de verdad, obediencia, honor, integridad y pureza, principios que los conviertan en una fuerza positiva para la estabilidad y la elevación de la sociedad. Desea, sobre todo, que aprendan la gran lección de la vida, la del servicio abnegado.

Cuando el alma se amista con Cristo, y acepta su sabiduría como guía, su poder como fuerza del corazón y de la vida, estos principios llegan a ser un poder vivo para amoldar el carácter. Una vez formada esta unión, el alumno encuentra la Fuente de la sabiduría. Tiene a su alcance el poder de realizar en sí mismo sus más nobles ideales. Le pertenecen las oportunidades de obtener la más elevada educación para la vida en este mundo. Y con la preparación que obtiene aquí, ingresa en el curso que abarca la eternidad.

En el sentido más elevado, la obra de la educación y la de la redención, son una, pues tanto en la educación como en la redención, "nadie puede poner otro fundamento que el que está puesto, el cual es Jesucristo", "por cuando agradó al Padre que en él habitara toda plenitud"[4].

Aunque en condiciones distintas, la verdadera educación sigue siendo, de acuerdo con el plan del Creador, el plan de la escuela del Edén. Adán y Eva recibieron instrucción por medio de la comunión directa con Dios; nosotros contemplamos la "iluminación del conocimiento de su gloria" en el rostro de Cristo.

Los grandes principios de la educación son inmutables. Están "afirmados eternamente y para siempre"[5], porque son los principios del carácter de Dios. El principal esfuerzo del maestro y su propósito constante han de consistir en ayudar a los alumnos a comprender estos principios, y a sostener esa relación con Cristo que hará de ellos un poder dominante en la vida. El maestro que acepta esta meta es un verdadero colaborador con Cristo, y con Dios.

---

[1] 2 Corintios 4:6; 5:19.

[2] Juan 1:14, 4.

[3] Juan 1:9.

[4] 1 Corintios 3:11; Colosenses 1:19.

[5] Salmos 111:8.

La Educación

Ilustraciones

"Porque las cosas que se escribieron antes, para nuestra enseñanza se escribieron".

Capítulo 5—La educación de Israel

"Jehová solo lo guió". Deuteronomio 32:12.
"Lo rodeó, lo instruyó, lo guardó como a la niña de su ojo".
Deuteronomio 32:10.

El sistema de educación establecido en el Edén tenía por centro a la familia. Adán era "hijo de Dios"[1] y de su Padre recibieron instrucción los hijos del Altísimo. Su escuela era, en el más exacto sentido de la palabra, una escuela de familia.

En el plan divino de la educación, adaptado a la condición del ser humano después de la caída, Cristo figura como representante del Padre, como eslabón de unión entre Dios y la humanidad; él es el gran Maestro del ser humano, y dispuso que los hombres y mujeres fueran representantes suyos. La familia era la escuela, y los padres eran los maestros.

La educación que tenía por centro la familia fue la que prevaleció en los días de los patriarcas. Dios proveyó, para las escuelas así establecidas, las condiciones más favorables para el desarrollo del carácter. Las personas que estaban bajo su dirección seguían el plan de vida que Dios había indicado al principio. Los que se separaron de Dios se edificaron ciudades y, congregados en ellas, se gloriaban del esplendor, el lujo y el vicio que hace de las ciudades de hoy el orgullo del mundo y su maldición. Pero los hombres que se aferraban a los principios de vida establecidos por Dios moraban en los campos y cerros. Cultivaban la tierra, cuidaban rebaños, y en su vida libre e independiente, llena de oportunidades para trabajar, estudiar y meditar, aprendían de Dios y enseñaban a sus hijos sus obras y caminos.

Este era el método educativo que Dios deseaba establecer en Israel. Pero cuando los israelitas fueron sacados de Egipto, había pocos entre ellos que estuvieran preparados para ser colaboradores con Dios en la educación de sus hijos. Los padres mismos necesitaban instrucción y disciplina. Puesto que habían sido esclavos durante toda su vida, eran ignorantes, incultos y degradados. Tenían poco conocimiento de Dios y una débil fe en él. Estaban confundidos por enseñanzas falsas y corrompidos por su largo contacto con el paganismo. Dios deseaba elevarlos a un nivel moral más alto, y con este propósito trató de inculcarles el conocimiento de sí mismo.

Mientras erraban por el desierto, en sus marchas de aquí para allá, en su exposición al hambre, la sed y el cansancio, bajo la amenaza de enemigos paganos, y en las manifestaciones de la Providencia que trabajaba para librarlos, Dios, al revelarles el poder que actuaba continuamente para bien de ellos, trataba de fortalecer su fe. Y después de enseñarlos a confiar en su amor y su poder, era su propósito presentarles, en los preceptos de su ley, la norma de carácter que, por medio de su gracia, deseaba que alcanzaran.

Durante su permanencia en el Sinaí, Israel recibió lecciones preciosas. Fue un período de preparación especial para cuando heredaran la tierra de Canaán. El ambiente allí era más favorable para el cumplimiento del propósito de Dios. Sobre la cima del Sinaí, haciendo sombra sobre la llanura donde estaban diseminadas las tiendas del pueblo, descansaba la columna de nube que los había guiado durante el viaje. De noche, una columna de fuego les daba la seguridad de la protección divina y, mientras dormían, caía suavemente sobre el campamento el pan del cielo. Por todas partes, las enormes montañas escarpadas hablaban, en su solemne grandeza, de la paciencia y la majestad eternas. Se hizo sentir al hombre su ignorancia y debilidad en presencia de Aquel que "pesó los montes con balanza y con pesas los collados[2]. Allí, por la manifestación de su gloria, Dios trató de impresionar a Israel con la santidad de su carácter y de sus exigencias, y con la excesiva culpabilidad de la desobediencia.

Pero el pueblo era tardo para aprender la lección. Acostumbrado en Egipto a las representaciones materiales más degradantes de la Deidad, era difícil que concibiera la existencia o el carácter del Invisible. Compadecido de su debilidad, Dios le dio un símbolo de su presencia. "Y harán un santuario para mí, y habitaré en medio de ellos"[3].

En cuanto a la construcción del santuario como morada de Dios, Moisés recibió instrucciones para hacerlo de acuerdo con el modelo de las cosas que estaban en los cielos. El Señor lo llamó al monte y le reveló las cosas celestiales; y el tabernáculo, con todo lo perteneciente a él, fue construído a semejanza de ellas.

Así reveló Dios a Israel, al cual deseaba hacer morada suya, su glorioso ideal del carácter. El modelo se les mostró en el monte, en ocasión de la promulgación de la ley dada en el Sinaí, y cuando Dios pasó ante Moisés y dijo: "¡Jehová! ¡Jehová! fuerte, misericordioso y piadoso; tardo para la ira, y grande en misericordia y verdad"[4].

Pero por sí mismos, eran impotentes para alcanzar ese ideal. La revelación del Sinaí únicamente podía impresionarlos con su necesidad e impotencia. Otra lección debía enseñar el tabernáculo mediante su servicio de sacrificios: La lección del perdón del pecado y el poder de obedecer para vida, a través del Salvador.

Por medio de Cristo se había de cumplir el propósito simbolizado por el tabernáculo: Ese glorioso edificio, cuyas paredes de oro brillante reflejaban en los matices del arco iris las cortinas bordadas con figuras de querubines, la fragancia del incienso que siempre ardía y compenetraba todo, los sacerdotes vestidos con ropas de blancura inmaculada, y en el profundo misterio del recinto interior, sobre el propiciatorio, entre las figuras de los ángeles inclinados en adoración, la gloria del lugar santísimo. Dios deseaba que en todo su pueblo leyera su propósito para el alma humana. El mismo propósito expresó el apóstol Pablo mucho después, inspirado por el Espíritu Santo:

"¿Acaso no sabéis que sois templo de Dios y que el Espíritu de Dios está en vosotros? Si alguno destruye el templo de Dios, Dios lo destruirá a él, porque el templo de Dios, el cual sois vosotros, santo es"[5].

Grandes fueron el privilegio y el honor otorgados a Israel al encargársele la construcción del santuario, pero grande fue también su responsabilidad. Un pueblo que acababa de escapar de la esclavitud debía erigir en el desierto un edificio de extraordinario esplendor, que requería para su construcción el material más costoso y la mayor habilidad artística. Parecía una empresa estupenda. Pero Aquel que había dado el plano del edificio, se comprometía a cooperar con los constructores.

"Habló Jehová a Moisés y le dijo: "Mira, yo he llamado por su nombre a Bezaleel hijo de Uri hijo de Hur, de la tribu de Judá, y lo he llenado del espíritu de Dios, en sabiduría y en inteligencia, en ciencia y en todo arte, para inventar diseños, para trabajar en oro, en plata y en bronce, para labrar piedras y engastarlas, tallar madera y trabajar en toda clase de labor. He puesto junto a él a Aholiab hijo de Ahisamac, de la tribu de Dan, y he puesto sabiduría en el ánimo de todo sabio de corazón, para que hagan todo lo que te he mandado"'"[6].

¡Qué escuela artesanal era la del desierto: tenía por maestros a Cristo y sus ángeles!

Todo el pueblo debía cooperar en la preparación del santuario y sus utensilios. Había trabajo para el cerebro y las manos. Se requería gran variedad de material, y todos fueron invitados a contribuir de acuerdo con la gratitud de sus corazones.

De ese modo, con el trabajo y las donaciones, se les enseñaba a cooperar con Dios y con sus semejantes. Además, debían cooperar en la preparación del edificio espiritual, es a saber, el templo de Dios en el alma.

Desde que salieron de Egipto habían recibido lecciones para su instrucción y disciplina. Aun antes de salir de allí se había esbozado una organización provisoria, y el pueblo había sido distribuido en grupos bajo el mando de jefes. Junto al Sinaí se completó la organización. En la administración hebrea se manifestaba el orden tan notable que caracteriza todas las obras de Dios. Él era el centro de la autoridad y el gobierno. Moisés, su representante, debía ejecutar sus leyes en su nombre. Luego se organizó el consejo de los setenta; les seguían los sacerdotes y príncipes, e inferiores a ellos los "jefes de millares, de centenas, de cincuenta y de diez"[7], y finalmente los encargados de deberes especiales. El campamento estaba arreglado con orden exacto: en el medio estaba el tabernáculo, morada de Dios, y alrededor las tiendas de los sacerdotes y levitas. Alrededor de estas, cada tribu acampaba junto a su bandera.

Se hacían respetar leyes higiénicas estrictas, que eran obligatorias para el pueblo, no tan solo por ser necesarias para la salud, sino como una condición para retener entre ellos la presencia del Santo. Moisés les declaró por autoridad divina: "Jehová tu Dios anda en medio de tu campamento, para librarte [...] por tanto, tu campamento ha de ser santo"[8].

La educación de los israelitas incluía todos sus hábitos de vida. Todo lo que se refería a su bienestar era objeto de la solicitud divina y estaba comprendido en la jurisdicción de la ley de Dios. Hasta en la provisión de alimento, Dios buscó su mayor bien. El maná con que los alimentaba en el desierto era de tal naturaleza que aumentaba su fuerza física, mental y moral. Aunque tantos se rebelaron contra la sobriedad de ese régimen alimentario, y desearon volver a los días cuando, según decían, "nos sentábamos a las ollas de carne, cuando comíamos pan hasta saciarnos"[9], la sabiduría de la elección de Dios para ellos se vindicó de un modo que no pudieron refutar. A pesar de las penurias de la vida del desierto, no había una persona débil en todas las tribus.

En todos los viajes debía ir a la cabeza del pueblo el arca que contenía la ley de Dios. El lugar para acampar lo señalaba el descenso de la columna de nube. Mientras esta descansaba sobre el tabernáculo, permanecían en el lugar. Cuando se levantaba, reanudaban la marcha. Tanto cuando hacían alto como cuando partían, se hacía una solemne invocación. "Cuando el Arca se movía, Moisés decía: "¡Levántate, Jehová! ¡Que sean dispersados tus enemigos". Y cuando ella se detenía, decía: "¡Descansa, Jehová, entre los millares de millares de Israel!""[10]

Mientras el pueblo vagaba por el desierto, el canto era un medio para grabar en sus mentes muchas lecciones preciosas. Cuando fueron librados del ejército del faraón, toda la hueste de Israel se unió en un canto de triunfo. Por el desierto y el mar resonaron a lo lejos las estrofas de júbilo y en las montañas repercutieron los acentos de alabanza: "¡Cantad a Jehová, porque se ha cubierto de gloria"[11]. Con frecuencia se repetía durante el viaje este canto que animaba los corazones y encendía la fe de los peregrinos. Por indicación divina se expresaban también los mandamientos dados desde el Sinaí, con las promesas del favor de Dios y el relato de los milagros que hizo para librarlos, en cantos acompañados de música instrumental, a cuyo compás marchaba el pueblo mientras unía sus voces en alabanza.

De ese modo se apartaban sus pensamientos de las pruebas y dificultades del camino, se calmaba el espíritu inquieto y turbulento, se inculcaban en la memoria los principios de la verdad, y la fe se fortalecía. La acción en concierto servía para enseñar el orden y la unidad, y el pueblo se ponía en más íntima comunión con Dios y con sus semejantes.

En cuanto al trato de Dios con Israel, durante los cuarenta años de su peregrinación por el desierto, Moisés declaró:

"Como castiga el hombre a su hijo, así Jehová tu Dios te castiga [...] para afligirte, para probarte, para saber lo que había en tu corazón, si habías de guardar o no sus mandamientos"[12].

"Lo halló en tierra de desierto, en yermo de horrible soledad; lo rodeó, lo instruyó, lo guardó como a la niña de su ojo. Como el águila que excita su nidada, revoloteando sobre sus pollos, así extendió sus alas, lo tomó, y lo llevó sobre sus plumas. Jehová solo lo guió, y con él no hubo dios extraño"[13].

"Porque se acordó de su santa palabra dada a Abraham su siervo. Sacó a su pueblo con gozo; con júbilo a sus escogidos. Les dio las tierras de las naciones y las labores de los pueblos heredaron, para que guardaran sus estatutos y cumplieran sus leyes. ¡Aleluya!"[14].

Dios rodeó a Israel de toda clase de facilidades y privilegios que hicieran de él un honor para su nombre y una bendición para las naciones vecinas. Le prometió que, si andaba en el camino de la obediencia, lo exaltaría "sobre todas las naciones que hizo, para loor y fama y gloria". "Y verán todos los pueblos de la tierra que el nombre de Jehová es invocado sobre ti, y te temerán". Las naciones que oyeran esa declaración habrían de decir: "Ciertamente pueblo sabio y entendido, nación grande es esta"[15].

En las leyes encomendadas a Israel fueron dadas instrucciones explícitas en cuanto a la educación. Dios se había revelado a Moisés, en el Sinaí, como "misericordioso y piadoso; tardo para la ira, y grande en misericordia y verdad"[16]. Estos principios, incluidos en su ley, debían ser enseñados a los niños, por los padres y las madres de Israel. Moisés les declaró por indicación de Dios: "Y estas palabras que yo te mando hoy, estarán sobre tu corazón; y las repetirás a tus hijos, y hablaras de ellas estando en tu casa, y andando por el camino, y al acostarte, y cuando te levantes"[17].

Estas cosas no debían ser enseñadas como una teoría seca. Los que enseñan la verdad deben practicar sus principios. Únicamente al reflejar el carácter de Dios en la justicia, la nobleza y la abnegación de sus propias vidas, pueden impresionar a otros.

La verdadera educación no consiste en inculcar por la fuerza la instrucción en una mente que no está lista para recibirla. Hay que despertar las facultades mentales, lo mismo que el interés. A esto respondía el método de enseñanza de Dios. El que creó la mente y ordenó sus leyes, dispuso su desarrollo de acuerdo con ellas. En el hogar y el santuario, por medio de los elementos de la naturaleza y el arte, en el trabajo y en las fiestas, en el edificio sagrado y la piedra fundamental, por medio de métodos, ritos y símbolos innumerables, Dios dio a Israel lecciones que ilustraban sus principios y conservaban el recuerdo de sus obras maravillosas. Entonces, al levantarse una pregunta, la instrucción dada impresionaba la mente y el corazón.

En las providencias tomadas para la educación del pueblo escogido, se pone de manifiesto que la vida que tiene por centro a Dios es una vida completa. Él provee los recursos para satisfacer toda necesidad que ha implantado, y trata de desarrollar toda facultad impartida.

Como Autor de toda belleza, y amante de lo hermoso, Dios proveyó el medio de satisfacer en sus hijos el amor a lo bello. También hizo provisión para sus necesidades sociales, para las relaciones bondadosas y útiles que tanto hacen para cultivar la compasión, animar y endulzar la vida.

Como medios de educación, las fiestas de Israel ocupaban un lugar importante. En la vida común, la familia era escuela e iglesia, y los padres eran los maestros, tanto en las cosas seculares como en las religiosas. Pero tres veces al año se dedicaban algunos días al intercambio social y al culto. Estas reuniones se celebraron primero en Silo y luego en Jerusalén. Solo se exigía que estuvieran presentes los padres y los hijos, pero nadie deseaba perder la oportunidad de asistir y, siempre que era posible, todos los miembros de la casa asistían, y junto con ellos, como participantes de su hospitalidad, estaban el extranjero, el levita y el pobre.

El viaje a Jerusalén, hecho al sencillo estilo patriarcal, en medio de la belleza de la estación primaveral, las riquezas del verano, o la gloria y la madurez del otoño, era una delicia. Desde el anciano canoso hasta el niñito, acudían todos con una ofrenda de gratitud a encontrarse con Dios en su santa morada. Durante el viaje, los niños hebreos oían el relato de los sucesos del pasado, las historias que tanto a los jóvenes como a los viejos les gustaba recordar. Se cantaban las canciones que habían animado a los que erraban por el desierto. Se cantaban también los mandamientos de Dios que, ligados a las benditas influencias de la naturaleza y a la bondadosa asociación humana, se fijaban para siempre en la memoria de más de un niño o joven.

Las ceremonias presenciadas en Jerusalén, en relación con la ceremonia pascual; la reunión de la noche, los hombres con los lomos ceñidos, los pies calzados, el cayado en la mano, la comida apresurada, el cordero, el pan sin levadura, las hierbas amargas, y el relato hecho en medio de un solemne silencio, de la historia de la aspersión de la sangre, el ángel que hería de muerte, y la imponente partida de la tierra de cautiverio, eran de tal índole que agitaban la imaginación e impresionaban el corazón.

La fiesta de las cabañas, de los tabernáculos o de las cosechas, con sus ofrendas de la huerta y del campo, el acampar durante una semana bajo enramadas, las reuniones sociales, el servicio recordativo sagrado, y la generosa hospitalidad hacia los obreros de Dios: los levitas del santuario, y hacia sus hijos: el extranjero y el pobre, elevaba todas las mentes en gratitud hacia Aquel que había coronado el año con sus bondades, y cuyas huellas destilan abundancia.

Los israelitas devotos ocupaban así un mes entero del año. Era un lapso libre de preocupaciones y trabajos, y casi enteramente dedicado, en su sentido más verdadero, a los fines de la educación.

Al distribuir la herencia de su pueblo, Dios se propuso enseñarle, y por medio de él, a las generaciones futuras, los principios correctos referentes a la propiedad. La tierra de Canaán fue repartida entre todo el pueblo, a excepción únicamente de los levitas, como ministros del santuario. Aunque alguien vendiera, transitoriamente, su posesión, no podía enajenar la herencia de sus hijos. En cualquier momento en que estuviera en condición de hacerlo podía redimirla; las deudas eran perdonadas cada siete años, y el año quincuagésimo, o de jubileo, toda propiedad volvía a su dueño original. De ese modo la herencia de cada familia estaba asegurada y se proveía una salvaguardia contra la pobreza o la riqueza extremas.

Por medio de la distribución de la tierra entre los miembros del pueblo, Dios proveyó para ellos, igual que a los moradores del Edén, la ocupación más favorable al desarrollo: El cuidado de las plantas y los animales. Otra provisión para la educación fue la suspensión de toda labor agrícola cada séptimo año, durante el cual se dejaba abandonada la tierra, y sus productos espontáneos pertenecían al pobre. De ese modo se daba oportunidad para profundizar el estudio, para que se realizaran cultos y hubiera intercambio social, y para practicar la generosidad, frecuentemente descuidada por los afanes y trabajos de la vida.

Si hoy día se practicaran en el mundo los principios de las leyes de Dios, concernientes a la distribución de la propiedad, ¡cuán diferente sería la condición de la gente! La observancia de estos principios evitaría los terribles males que en todas las épocas han provenido de la opresión ejercida por el rico sobre el pobre, y el odio de este hacia aquel. Al mismo tiempo que impediría la acumulación de grandes riquezas, tendería a impedir la ignorancia y degradación de decenas de miles de personas, quienes al recibir un miserable pago por su trabajo son víctimas de aquellos cuyo único interés es acumular fortunas colosales. Contribuiría a obtener una solución pacífica de los problemas que amenazan ahora con llenar al mundo de anarquía y derramamiento de sangre.

La consagración a Dios de un diezmo de todas las entradas, ya fueran de la huerta o la cosecha, del rebaño o la manada, del trabajo manual o del intelectual; la consagración de un segundo diezmo destinado al alivio del pobre y otros usos benéficos, tendía a mantener siempre presente ante el pueblo el principio de que Dios es dueño de todo, y que ellos tenían la oportunidad de ser los canales a través de los cuales fluyeran sus bendiciones. Era una educación adaptada para acabar con todo egoísmo, y cultivar la grandeza y la nobleza de carácter.

El conocimiento de Dios, la comunión con él en el estudio y el trabajo, la semejanza a él en carácter, habían de ser la fuente, el medio y el blanco de la educación de Israel, educación impartida por Dios a los padres, y que ellos debían transmitir a sus hijos.

[1]Lucas 3:38.
[2]Isaías 40:12.
[3]Éxodo 25:8.
[4]Éxodo 34:6.
[5]1 Corintios 3:16, 17.
[6]Éxodo 31:1-6.
[7]Deuteronomio 1:15.
[8]Deuteronomio 23:14.
[9]Éxodo 16:3.

[10]Números 10:35, 36.
[11]Éxodo 15:21.
[12]Deuteronomio 8:5, 2.
[13]Deuteronomio 32:10-12.
[14]Salmos 105:42-45.
[15]Deuteronomio 26:19; 28:10; 4:6.
[16]Éxodo 34:6.
[17]Deuteronomio 6:6, 7.

Capítulo 6—Las escuelas de los profetas

"Ellos se sentaron a tus pies;
cada uno recibió tus palabras".

Dondequiera se llevaba a cabo en Israel el plan educativo de Dios, se veía, por sus resultados, que él era su Autor. Sin embargo, en muchas casas, la educación indicada por el cielo, y los caracteres desarrollados por ella, eran igualmente raros. Se llevaba a cabo parcial e imperfectamente el plan de Dios. A causa de la incredulidad y el descuido de las instrucciones dadas por el Señor, los israelitas se rodearon de tentaciones que pocos tenían el poder de resistir. Cuando se establecieron en Canaán, "no destruyeron a los pueblos que Jehová les dijo; al contrario, se mezclaron con las naciones, aprendieron sus obras y sirvieron a sus ídolos, los cuales fueron causa de su ruina"[1] su corazón no era recto con Dios, "ni permanecieron firmes en su pacto. Pero él, misericordioso, perdonaba la maldad y no los destruía; apartó muchas veces su ira. [...] Se acordó de que eran carne, soplo que va y no vuelve"[2]. Los padres y las madres israelitas llegaron a ser indiferentes a su obligación hacia Dios y sus hijos. A causa de la infidelidad observada en el hogar, y las influencias idólatras del exterior, muchos jóvenes hebreos recibieron una educación que difería grandemente de la que Dios había ideado para ellos, y siguieron los caminos de los paganos.

A fin de contrarrestar este creciente mal, Dios proveyó otros instrumentos que ayudaran a los padres en la obra de la educación. Desde los tiempos más remotos se había considerado a los profetas como maestros divinamente designados. El profeta era, en el sentido más elevado, una persona que hablaba por inspiración directa, y comunicaba al pueblo los mensajes que recibía de Dios. Pero también se daba este nombre a los que, aunque no era tan directamente inspirados, eran llamados por Dios a instruir al pueblo en las obras y los caminos de Dios. Para preparar esa clase de maestros, Samuel fundó, de acuerdo con la instrucción del Señor, las escuelas de los profetas.

Estas escuelas tenían por objetivo servir como barrera contra la corrupción que se propagaba por todas partes, atender al bienestar mental y espiritual de la juventud, y estimular la prosperidad de la nación, proveyéndola de hombres preparados para actuar en el temor de Dios, como directores y consejeros. Con este propósito, Samuel reunió grupos de jóvenes piadosos, inteligentes y estudiosos, que recibieron el nombre de hijos de los profetas. A medida que estudiaban la Palabra y las obras de Dios, su poder vivificador activaba las energías de la mente y el alma, y los alumnos recibían sabiduría de lo alto. Los maestros no solo eran versados en la verdad divina, sino que habían gozado de la comunión con Dios, y habían recibido el don especial de su Espíritu. Gozaban del respeto y la confianza del pueblo, tanto por su conocimiento como por su piedad. En los días de Samuel había dos escuelas, una en Ramá, donde vivía el profeta, y otra en Quiriat-jearim. En años posteriores se establecieron otras.

Los alumnos de estas escuelas se sostenían cultivando la tierra, o realizando algún otro trabajo manual. En Israel no se consideraba algo extraordinario o degradante el trabajo; al contrario se consideraba pecado permitir que los niños crecieran sin saber hacer trabajos útiles. Todo joven, ya fuera de padres ricos o pobres, aprendía un oficio. Aunque debía educarse para desempeñar un oficio sagrado, se consideraba que el conocimiento de la vida práctica era un requisito esencial para prestar la mayor utilidad posible. Muchos de los maestros se mantenían también por medio del trabajo manual.

Tanto en la escuela como en el hogar, mucha de la enseñanza era oral, pero los jóvenes aprendían también a leer los escritos hebreos, y se ofrecían a su estudio los pergaminos de las Escrituras del Antiguo Testamento. En esas escuelas, los principales temas de estudio eran la ley de Dios, con las instrucciones dadas a Moisés, la historia y la música sagradas, y la poesía. En los relatos de la historia sagrada, se rastreaban las pisadas de Jehová. Se hacían notar las grandes verdades presentadas por medio de símbolos en el servicio del santuario, y la fe abarcaba el objeto central de todo el sistema: El Cordero de Dios, que había de quitar el pecado del mundo. Se fomentaba el espíritu de devoción y no solo se enseñaba a los alumnos que debían orar, sino la forma de hacerlo, de acercarse al Creador, de ejercitar la fe en él y de comprender y obedecer las enseñanzas de su Espíritu. El intelecto santificado sacaba del tesoro de Dios cosas nuevas y viejas, y el Espíritu de Dios se manifestaba en la profecía y el canto sagrado.

Estas escuelas llegaron a ser uno de los medios más eficaces para estimular la justicia que "engrandece a la nación"[3]. En gran escala contribuyeron a poner el cimiento de la maravillosa prosperidad que distinguió a los reinados de David y Salomón.

Los principios enseñados en las escuelas de los profetas eran los mismos que modelaron el carácter y la vida de David La Palabra de Dios fue su maestro. "De tus mandamientos—dijo él—he adquirido inteligencia [...]. Mi corazón incliné a cumplir tus estatutos"[4]. Eso indujo a Dios a decir de David, cuando lo llamó para ocupar el trono, que era "varón conforme a mi corazón"[5].

En los primeros tiempos de la vida de Salomón se ven también los resultados del método educativo de Dios. Este rey tomó en su juventud la misma decisión que David. Antes que cualquier bien terrenal, pidió a Dios un corazón sabio y entendido. Y el Señor no solo le dio lo que le pedía, sino lo que no había pedido: riquezas y honores. El poder de su inteligencia, la amplitud de su conocimiento y la gloria de su reinado se hicieron famosos en todo el mundo.

Durante los reinados de David y Salomón, Israel llegó al apogeo de su grandeza. Se cumplió la promesa dada a Abraham y repetida por medio de Moisés: "Porque si guardáis cuidadosamente todos estos mandamientos que yo os prescribo para que los cumpláis, y si amáis a Jehová, vuestro Dios, andando en todos sus caminos y siguiéndolo a él, Jehová también echará de vuestra presencia a todas estas naciones, y desposeeréis a naciones grandes y más poderosas que vosotros. Todo lugar que pise la planta de vuestro pie será vuestro: desde el desierto hasta el Líbano, desde el río Éufrates hasta el mar occidental será vuestro territorio. Nadie se sostendrá delante de vosotros"[6].

Pero en medio de la prosperidad acechaba el peligro. El pecado de los últimos años de David, aunque él se arrepintió sinceramente, y fue duramente castigado, impulsó al pueblo a transgredir los mandamientos de Dios. Y la vida de Salomón, después de una mañana tan promisoria, fue oscurecida por la apostasía. El deseo de obtener poder político y engrandecimiento propio lo indujo a aliarse con naciones paganas. Procuró la plata de Tarsis y el oro de Ofir a costa del sacrificio de la integridad y la traición de los sagrados principios de Dios. La asociación con idólatras y el casamiento con mujeres paganas, corrompieron su fe. De ese modo fueron derribadas las barreras que Dios había levantado para seguridad de su pueblo, y Salomón se entregó al culto de los dioses falsos. En la cima del Monte de los Olivos, frente al templo de Jehová, se erigieron imágenes y altares gigantescos para rendir culto a deidades paganas. Al abandonar su fidelidad a Dios, Salomón perdió el dominio propio. Su delicada sensibilidad se adormeció. Se desvaneció el espíritu concienzudo y considerado que caracterizó el principio de su reinado. Los frutos del orgullo, la ambición, la prodigalidad y el sensualismo, fueron la crueldad y la extorsión. El gobernante justo, compasivo, temeroso de Dios, se convirtió en tirano y opresor. El que en ocasión de la dedicación del templo había orado a Dios para que su pueblo le entregara sin reservas el corazón, se transformó en su seductor. Salomón se deshonró a sí mismo, deshonró a Israel y deshonró a Dios.

La nación, de la cual él había sido el orgullo, siguió sus pasos. Aunque más tarde se arrepintió, su arrepentimiento no impidió que diera fruto el mal que había sembrado. La disciplina y la educación que Dios había señalado a Israel, tendían a diferenciarlos, en todos los aspectos de la vida, de los demás pueblos. No aceptó gustoso esa peculiaridad que debió haber considerado privilegio y bendición especiales. Trató de cambiar la sencillez y el dominio propio, esenciales para un desarrollo más elevado, por la pompa y el sensualismo de las naciones paganas. Su ambición era ser "como [...] todas las naciones"[7]. Desecharon el plan de educación de Dios, y no reconocieron su autoridad.

La caída de Israel empezó con el rechazo de los caminos de Dios para adoptar los caminos de los hombres. Así siguió hasta que el pueblo judío fue presa de las mismas naciones cuyas costumbres había adoptado.

Como nación, los israelitas no recibieron los beneficios que Dios deseaba darles. No apreciaron su propósito ni cooperaron en su realización. Pero aunque los individuos y pueblos se separen así de él, su propósito para los que en él confían es inmutable; "todo lo que Dios hace será perpetuo"[8].

Si bien es cierto que hay diferentes grados de desarrollo, y diferentes manifestaciones de su poder para suplir las necesidades humanas en los diferentes siglos, la obra de Dios, en todos los tiempos, es la misma. El Maestro es el mismo. El carácter de Dios y su plan son los mismos. "En el cual no hay mudanza, ni sombra de variación"[9].

La experiencia de Israel ha sido registrada para nuestra instrucción. "Y estas cosas les acontecieron como ejemplo, y están escritas para amonestarnos a nosotros, a quienes han alcanzado los fines de los siglos"[10]. En lo que respecta a nosotros, lo mismo que al Israel de antaño, el éxito de la educación depende de la fidelidad con que se lleva a cabo el plan del Creador. La adhesión a los principios de la Palabra de Dios nos reportará una bendición tan grande como la hubiera reportado al pueblo hebreo.

---

[1] Salmos 106:34-36.
[2] Salmos 78:37-39.
[3] Proverbios 14:34.
[4] Salmos 119:104, 112.
[5] Hechos 13:22.
[6] Deuteronomio 11:22-25.
[7] 1 Samuel 8:5.
[8] Eclesiastés 3:14.
[9] Santiago 1:17.
[10] 1 Corintios 10:11.

Capítulo 7—Biografías de grandes hombres

"El fruto del justo es árbol de vida". Proverbios 11:30.

La historia sagrada ofrece muchas ilustraciones de los resultados de la verdadera educación: muchos ejemplos de hombres cuyos caracteres se formaron bajo la bendición divina; hombres cuyas vidas fueron una bendición para sus semejantes y que vivieron en el mundo como representantes de Dios. Entre ellos figuran José y Daniel, Moisés, Eliseo y Pablo, los mayores estadistas, el mayor legislador, uno de los reformadores más fieles y, a excepción de Aquel que habló como jamás habló hombre alguno, el maestro más ilustre que este mundo haya conocido.

José

En los primeros tiempos de su vida, al pasar de la juventud a la adultez, José y Daniel fueron separados de sus hogares y llevados cautivos a países paganos. José, especialmente, fue expuesto a las tentaciones que acompañan a los grandes cambios de fortuna. En la casa de su padre fue un niño tiernamente mimado; en la casa de Potifar fue esclavo, y luego confidente y compañero; hombre de negocios, educado mediante el estudio, la observación y el contacto con personas respetables de aquella época; en la cárcel del faraón fue un preso del estado, condenado injustamente, que no tenía esperanza de vindicación ni perspectiva de libertad; en un momento de gran crisis fue llamado a colaborar con el gobierno de la nación. ¿Qué lo capacitaba para conservar su integridad?

Nadie puede mantenerse en una gran altura sin peligro. Del mismo modo que la tempestad que deja intacta la flor del valle, desarraiga el árbol de la cima de la montaña, las fieras tentaciones que dejan intacto al de condición humilde, asaltan a los que ocupan las funciones más importantes del mundo en cuanto a éxito y honor. Pero José resistió igualmente la prueba de la prosperidad y la adversidad. En el palacio del faraón puso de manifiesto la misma fidelidad que en la celda de la cárcel.

En su niñez se le había enseñado a amar y temer a Dios. A menudo se le había contado, en la tienda de su padre, bajo las estrellas de Siria, la historia de la visión nocturna de Betel, de la escalera entre el cielo y la tierra, de los ángeles que subían y bajaban, y de Aquel que se reveló a Jacob desde el trono de lo alto. Se le había contado la historia del conflicto librado junto al Jaboc, donde, después de renunciar a pecados arraigados, Jacob fue vencedor y recibió el título de príncipe con Dios.

Mientras era pastorcillo y cuidaba los rebaños de su padre, la vida pura y sencilla de José había favorecido el desarrollo de las facultades físicas y mentales. Por la comunión con Dios mediante la naturaleza, y el estudio de las grandes verdades transmitidas de padre a hijo, como cometido sagrado, obtuvo fuerza mental y firmeza de principios.

Cuando se produjo la crisis de su vida, durante el viaje terrible que hizo desde el hogar de su niñez, situado en Canaán, a la esclavitud que le esperaba en Egipto, al contemplar por última vez las colinas que ocultaban las tiendas de su familia, José recordó al Dios de su padre. Recordó las lecciones aprendidas en su niñez y su alma se conmovió cuando tomó la decisión de ser fiel, y conducirse siempre como corresponde a un súbdito del Rey del cielo.

José permaneció fiel durante su amarga vida como extranjero y esclavo, en medio de las escenas y los ruidos del vicio y las seducciones del culto pagano, culto rodeado de todos los atractivos de la riqueza, la cultura y la pompa de la realeza. Había aprendido la lección de la obediencia al deber. La fidelidad en cualquier situación, desde la más humilde a la más encumbrada, educó todas sus facultades para un servicio más elevado.

Cuando fue llamado a la corte del faraón, Egipto era la nación más poderosa. En cuanto a civilización, arte y ciencia, no tenía rival. José administró los negocios del reino en una época de dificultad y peligro extremos, y lo hizo de un modo que cautivó la confianza del rey y del pueblo. El faraón lo puso por "señor de su casa, y por gobernador de todas sus posesiones, para que a sus grandes como él regir quisiera y a sus ancianos enseñara sabiduría"[1].

La inspiración ha puesto ante nosotros el secreto de la vida de José. Jacob, con palabras de belleza y poder divinos, habló así de su hijo predilecto, cuando bendijo a sus hijos:

"Rama fructífera es José,
   rama fructífera junto a una fuente,
sus vástagos se extienden sobre el muro.
   Le causaron amargura, le lanzaron flechas,
lo aborrecieron los arqueros,
   mas su arco se mantuvo poderoso
y los brazos de sus manos se fortalecieron
   por las manos del Fuerte de Jacob,
por el nombre del Pastor, la Roca de Israel,
   por el Dios de tu padre, el cual te ayudará,
por el Dios omnipotente, el cual te bendecirá
   con bendiciones de los cielos de arriba,
con bendiciones del abismo que está abajo,
   con bendiciones de los pechos y del vientre.
Las bendiciones de tu padre fueron mayores
   que las de mis progenitores;
hasta el término de los collados eternos
   serán sobre la cabeza de José,
sobre la frente del que fue apartado
   de entre sus hermanos"[2].

La lealtad a Dios, la fe en el Invisible, constituían el ancla de José. En esto residía el secreto de su poder. "Y los brazos de sus manos se fortalecieron por las manos del Fuerte de Jacob"

Daniel—Un embajador del cielo

Daniel y sus compañeros fueron aparentemente más favorecidos en su juventud por la suerte, en Babilonia, que José en los primeros años de su vida en Egipto; sin embargo, fueron sometidos a pruebas de carácter apenas menos severas. De su hogar relativamente sencillo de Judea, estos jóvenes de linaje real fueron transportados a la ciudad más magnífica, a la corte del más grande monarca, y fueron escogidos para ser educados para el servicio especial del rey. En esa corte corrompida y lujosa estaban rodeados de fuertes tentaciones. Los vencedores mencionaban con jactancia el hecho de que ellos, adoradores de Jehová, fueran cautivos de Babilonia; que los vasos de la casa de Dios hubieran sido colocados en el templo de los dioses de Babilonia; que el rey de Israel fuera prisionero de los babilonios, como evidencia de que su religión y sus costumbres eran superiores a la religión y las costumbres de los hebreos. En esas circunstancias, por medio de las mismas humillaciones que eran el resultado de que Israel se había apartado de los mandamientos de Dios, el Señor dio a Babilonia la evidencia de su supremacía, de la santidad de sus demandas y del resultado que trae la obediencia. Y dio ese testimonio del único modo que podía ser dado: Por medio de los que seguían siendo fieles.

Una prueba decisiva les sobrevino a Daniel y sus compañeros al empezar su carrera. La orden de que se les sirviera la comida de la mesa real era una expresión del favor del rey, y del interés que tenía por su bienestar. Pero como una porción era ofrecida a los ídolos, la comida de la mesa del rey era consagrada a la idolatría; y si los jóvenes participaban de ella, se iba a considerar que rendían homenaje a los dioses falsos. La lealtad a Jehová les prohibía que tuvieran parte en semejante homenaje. Ellos tampoco se atrevían a arriesgarse a sufrir los efectos enervantes del lujo y la disipación sobre su desarrollo físico, mental y espiritual.

Daniel y sus compañeros habían sido instruidos fielmente en los principios de la Palabra de Dios. Habían aprendido a sacrificar lo terrenal a lo espiritual, a buscar el mayor bien, y cosecharon la recompensa. Sus hábitos de temperancia y su sentido de la responsabilidad que tenían como representantes de Dios, produjeron el más noble desarrollo de las facultades del cuerpo, la mente y el alma. Cuando terminó su preparación, al ser examinados con otros candidatos a los honores del reino, no fue hallado ninguno "como Daniel, Ananías, Misael, y Azarías"[3].

En la corte de Babilonia había representantes de todas las naciones, hombres con los más grandiosos talentos, ricamente dotados de dones naturales, y dueños de la más elevada cultura que este mundo puede ofrecer, y sin embargo, en medio de todos ellos, los cautivos hebreos no tenían rival. Eran incomparables en fuerza y belleza física, en vigor mental y en saber. "En todo asunto de sabiduría e inteligencia que el rey los consultó, los halló diez veces mejores que todos los magos y astrólogos que había en todo su reino"[4].

Inconmovible en su lealtad a Dios y firme en el dominio propio, la noble dignidad y la cortés deferencia de Daniel le permitieron ganar en su juventud la "gracia y [...] buena voluntad" del funcionario pagano a cuyo cargo estaba. Las mismas cualidades caracterizaron toda su vida. En poco tiempo ascendió al puesto de primer ministro del reino. Durante el reinado de monarcas sucesivos, y cuando cayó la nación y se estableció un reino rival, su sabiduría y sus condiciones de estadista fueron tales, tan perfectos su tacto, su cortesía, y la bondad natural de su corazón, combinados con su fidelidad a los buenos principios, que hasta sus enemigos se vieron obligados a confesar que "no podían hallar ocasión alguna o falta, porque él era fiel"[5].

Mientras Daniel se aferraba a Dios con confianza inquebrantable, descendió sobre él el espíritu del poder profético. Mientras era honrado por los hombres con las responsabilidades de la corte y los secretos del reino, fue honrado por Dios como embajador suyo, y aprendió a leer los misterios de los siglos futuros. Los monarcas paganos, gracias a su relación con el representante del cielo, se vieron obligados a reconocer al Dios de Daniel. "Ciertamente el Dios vuestro—declaró Nabucodonosor—es Dios de dioses, y Señor de los reyes, y el que revela los misterios". Y Darío, en su proclama "a todos los pueblos, naciones y lenguas que habitan en la tierra" ensalzó al "Dios de Daniel", como "el Dios viviente" que "permanece por todos los siglos, y su reino no será jamás destruido", que "salva y libra [...] y hace señales y maravillas en el cielo y en la tierra"[6].

Hombres leales y honrados

Por su sabiduría y su justicia, por la pureza y la bondad de sus vidas diarias, por su devoción a los intereses del pueblo, aunque era idólatra, José y Daniel demostraron ser fieles a los principios de la educación recibida en su niñez, fieles a Aquel de quien eran representantes. Estos hombres fueron honrados por la nación entera tanto en Egipto como en Babilonia. Un pueblo pagano y todas las naciones con las cuales estaban relacionados, contemplaron en ellos una ilustración de la bondad y la benevolencia de Dios, una ilustración del amor de Cristo.

¡Qué vocación la de estos nobles hebreos! Al despedirse del hogar de su infancia, difícilmente pudieron haber soñado con el elevado destino que les esperaba. Su naturaleza fiel y firme se entregó a la dirección divina para que Dios pudiera cumplir su propósito por medio de ellos.

Dios desea revelar hoy, por medio de los jóvenes y niños, las mismas verdades poderosas que reveló mediante estos hombres. Las historias de José y Daniel son una ilustración de lo que el Señor hará por los que se entregan a él y se esfuerzan de todo corazón por llevar a cabo su propósito.

La mayor necesidad del mundo es la de hombres que no se vendan ni se compren; hombres que sean sinceros y honrados en lo más íntimo de sus almas; hombres que no teman dar al pecado el nombre que le corresponde; hombres cuya conciencia sea tan leal al deber como la brújula al polo; hombres que se mantengan de parte de la justicia aunque se desplomen los cielos.

Pero semejante carácter no es el resultado de la casualidad; no se debe a favores o dones especiales de la Providencia. Un carácter noble es el resultado de la autodisciplina, de la sujeción de la naturaleza baja a la superior, de la entrega del yo al servicio de amor a Dios y a la humanidad.

Es necesario inculcar en los jóvenes la verdad de que sus dones no les pertenecen. La fuerza, el tiempo, el intelecto, son tesoros prestados. Pertenecen a Dios, y todo joven debería decidir darles el uso más elevado; él es una rama de la cual Dios espera fruto; un mayordomo cuyo capital tiene que producir dividendos; una luz para iluminar la oscuridad del mundo.

Todo joven y todo niño tienen una obra que hacer para la honra de Dios y beneficio de la humanidad.

Eliseo—Fiel en las cosas pequeñas

Los primeros años de la existencia del profeta Eliseo transcurrieron en la quietud de la vida campestre bajo la enseñanza de Dios y la naturaleza, y la disciplina del trabajo útil. En una época de apostasía casi universal, la familia de su padre se contaba entre los que no habían doblado la rodilla ante Baal. En ese hogar se honraba a Dios, y la fidelidad al deber era la norma de la vida diaria.

Como hijo de un rico agricultor, Eliseo había echado mano del trabajo que tenía más cerca. Aunque poseía aptitudes para dirigir a los hombres, se lo instruyó en los deberes comunes de la vida. A fin de dirigir sabiamente, debía aprender a obedecer. La fidelidad en las responsabilidades pequeñas lo preparó para llevar las responsabilidades mayores.

Aunque era dócil y manso, Eliseo poseía también energía y firmeza. Abrigaba el amor y el temor de Dios, y de la humilde rutina del trabajo diario obtuvo fuerza de propósito y nobleza de carácter, y creció en la gracia y el conocimiento divinos. Mientras cooperaba con su padre en los trabajos del hogar, aprendía a cooperar con Dios.

Eliseo recibió el llamado profético mientras araba el campo, con los criados de su padre. Cuando Elías, que había sido dirigido por Dios para elegir a su sucesor, echó su manto sobre los hombros del joven, Eliseo reconoció y obedeció la orden. "Y fue tras Elías, y le servía"[7]. No fue grande el trabajo que al principio se exigió de Eliseo; las obligaciones comunes seguían constituyendo su disciplina. Se dice que él vertía agua en las manos de Elías, su maestro. Como ayudante personal del profeta, siguió siendo fiel en los deberes pequeños, al par que con un propósito que se fortalecía diariamente se consagraba a la misión que le había sido asignada por Dios.

Cuando recibió el llamado, se puso a prueba su decisión. Al volverse para seguir a Elías, el profeta le dijo que regresara a su casa. Debía calcular el costo, decidir por sí mismo si había de aceptar o rechazar el llamamiento. Pero Eliseo comprendió el valor de su oportunidad. Por ninguna ventaja mundanal hubiera dejado pasar la posibilidad de llegar a ser mensajero de Dios, o hubiese sacrificado el privilegio de asociarse con su siervo.

Al transcurrir el tiempo y estar preparado Elías para la traslación, también Eliseo estaba listo para ser su sucesor. Nuevamente fueron probadas su fe y su resolución. Mientras acompañaba a Elías en su gira de servicio, conociendo que la traslación del profeta estaba próxima, Elías, en todos los lugares, lo invitaba a que se volviera. "Quédate ahora aquí—decía Elías—porque Jehová me ha enviado a Bet-el"[8]. Pero al manejar el arado, Eliseo había aprendido a no ceder ni desanimarse, y entonces, al poner la mano en el arado en otro ramo de trabajo, no quería que nadie lo desviara de su propósito. Tan pronto como se le decía que se volviera respondía:

"Vive Jehová, y vive tu alma, que no te dejaré"[9].

"Y se fueron los dos", y ambos se detuvieron junto al Jordán. "Tomó entonces Elías su manto, lo dobló y golpeó las aguas, las que se apartaron a uno y a otro lado, y ambos pasaron por lo seco. En cuanto pasaron, Elías dijo a Eliseo: "Pide lo que quieras que haga por ti, antes que yo sea arrebatado de tu lado". Eliseo dijo: "Te ruego que me dejes una doble porción de tu espíritu". "Cosa difícil has pedido—le respondió Elías—Si me ves cuando sea separado de ti, te será concedido; pero si no, no". Aconteció que mientras ellos iban caminando y hablando, un carro de fuego, con caballos de fuego, los apartó a los dos, y Elías subió al cielo en un torbellino"[10].

Eliseo—Sucesor de Elías

"Al ver esto, Eliseo clamó: "¡Padre mío, padre mío! ¡Carro de Israel y su caballería!" Y nunca más lo vio. Entonces Eliseo tomó sus vestidos y los rasgó en dos partes. Alzó luego el manto que se le había caído a Elías, regresó y se paró a la orilla del Jordán. Después tomó el manto que se le había caído a Elías, golpeó las aguas, y dijo: "¿Dónde está Jehová, el Dios de Elías?". Apenas hubo golpeado las aguas del mismo modo que Elías, estas se apartaron a uno y a otro lado, y Eliseo pasó. Al verlo, los hijos de los profetas que estaban al otro lado en Jericó dijeron: "El espíritu de Elías reposó sobre Eliseo". Fueron enseguida a recibirlo, se postraron delante de él"[11].

A partir de ese momento, Eliseo ocupó el lugar de Elías. Y el que había sido fiel en lo poco, demostró ser fiel en lo mucho.

Elías, el hombre de poder, había sido instrumento de Dios para vencer males gigantescos. Había abatido la idolatría que, sostenida por Acab y la pagana Jezabel, había seducido a la nación. Había dado muerte a los profetas de Baal. Todo el pueblo de Israel había sido profundamente conmovido, y muchos volvían al culto de Dios. Para suceder a Elías se necesitaba un hombre que, por medio de una instrucción cuidadosa y paciente, pudiera guiar a Israel por caminos seguros. La educación que recibió Eliseo durante sus primeros, años, bajo la dirección de Dios, lo preparó para esa obra.

La lección es para todos. Nadie puede saber cuál será el propósito de la disciplina de Dios, pero todos pueden estar seguros de que la fidelidad en las responsabilidades pequeñas es evidencia de la idoneidad para llevar responsabilidades más grandes. Cada acto de la vida es una revelación del carácter, y solo aquel que en los pequeños deberes demuestra ser "obrero que no tiene de que avergonzarse"[11], será honrado por Dios con responsabilidades mayores.

Moisés—Poderoso por la fe

Cuando quedó privado del cuidado protector del hogar de su infancia, Moisés era menor que José y Daniel y, sin embargo, ya habían amoldado su carácter los mismos instrumentos que amoldaron la vida de aquellos. Pasó solamente doce años con su parentela hebrea, pero durante ese tiempo puso el cimiento de su grandeza una persona de fama poco pregonada.

Jocabed era mujer y esclava. Su destino en la vida era humilde, y su carga pesada. Sin embargo, el mundo no ha recibido beneficios mayores mediante ninguna otra mujer, con excepción de María de Nazaret. Sabiendo que su hijo había de pasar pronto de su cuidado al de los que no conocían a Dios, se esforzó con más fervor aún para unir su alma con el cielo. Trató de implantar en su corazón el amor y la lealtad a Dios. Y llevó a cabo con fidelidad esa obra. Ninguna influencia posterior pudo inducir a Moisés a renunciar a los principios de verdad que eran el centro de la enseñanza de su madre.

Del humilde hogar de Gosén, el hijo de Jocabed pasó al palacio de los faraones, al cuidado de la princesa egipcia que le dio la bienvenida como a un hijo amado y mimado. Moisés recibió en las escuelas de Egipto la más elevada educación civil y militar. Dotado de grandes atractivos personales, de formas y estatura nobles, de mente cultivada y porte principesco, y renombrado como jefe militar, llegó a ser el orgullo de la nación. El rey de Egipto era también miembro del sacerdocio, y Moisés, aunque se negaba a tener parte en el culto pagano, fue iniciado en todos los misterios de la religión egipcia. Siendo todavía Egipto en ese tiempo la nación más poderosa y civilizada, Moisés, como soberano en perspectiva, era heredero de los mayores honores que el mundo le podía otorgar. Pero su elección fue más noble. Por el honor de Dios y la liberación de su pueblo oprimido, Moisés sacrificó los honores de Egipto. Entonces Dios se encargó en un sentido especial de su educación.

Moisés no estaba aún preparado para la obra de su vida. Todavía tenía que aprender a depender del poder divino. Había entendido mal el propósito de Dios. Su esperanza era librar a Israel por la fuerza de las armas. Para ello, lo arriesgó todo, y fracasó. Derrotado y desalentado, se transformó en fugitivo y desterrado en un país extraño.

En la universidad del desierto

Moisés pasó cuarenta años en los desiertos de Madián, como pastor de ovejas. Aparentemente apartado para siempre de la misión de su vida, recibió la disciplina esencial para su realización. Mediante el dominio propio, debía obtener sabiduría para gobernar a una multitud ignorante e indisciplinada. En el cuidado de las ovejas y los tiernos corderitos, había de obtener la experiencia que iba a convertirlo en un fiel y tolerante pastor de Israel. Para llegar a ser representante de Dios, tenía que ser enseñado por él.

Las influencias que lo habían rodeado en Egipto, el afecto de su madre adoptiva, su posición como nieto del rey, el lujo y el vicio que atraían en mil formas distintas, el refinamiento, la sutileza y el misticismo de una religión falsa, habían impresionado su mente y su carácter. Todo esto desapareció en la austera sencillez del desierto.

En medio de la solemne majestad de la soledad de las montañas, Moisés se encontró solo con Dios. Por todas partes estaba escrito el nombre del Creador. Moisés parecía hallarse en su presencia, bajo la sombra de su poder. Allí desapareció su engreimiento. En presencia del Ser Infinito se dio cuenta de lo débil, deficiente y corto de visión que es el hombre.

Allí obtuvo Moisés la fuerza que lo acompañó durante esos años de su vida que estuvieron llenos de trabajos y preocupaciones: el sentimiento de la presencia personal del Ser Divino. No solo vio a través de los siglos que Cristo sería manifestado en la carne; vio a Cristo acompañando a las huestes de Israel en todos sus viajes. Cuando era mal comprendido o se tergiversaban sus palabras, cuando tenía que aguantar reproches e insultos, hacer frente al peligro y a la muerte, podía soportarlo "porque se sostuvo como viendo al Invisible"[12].

Moisés no solo pensaba en Dios, sino que lo veía. Dios era la visión constante que tenía delante de sí mismo. Nunca perdía de vista su rostro.

Para Moisés la fe no era una conjetura, sino una realidad. Creía que Dios gobernaba su vida en particular, y lo reconocía en todos sus detalles. Confiaba en él a fin de obtener fuerza para resistir todas las tentaciones.

Quería obtener el mayor éxito posible en el trabajo que se le había asignado, y depositaba toda su confianza en el poder divino. Sentía su necesidad de ayuda, la pedía, se aferraba a ella por la fe, y seguía adelante contando con la seguridad de una fuerza sostenedora.

Esta fue la experiencia que adquirió Moisés durante los cuarenta años de educación en el desierto. La sabiduría infinita no consideró este período como demasiado largo, ni como demasiado grande el precio que costaba impartir una experiencia semejante.

Los resultados de esa educación, de las lecciones allí enseñadas, están ligados, no solamente con la historia de Israel, sino con todo lo que desde ese día hasta hoy ha servido para progreso del mundo. El mayor testimonio dado sobre la grandeza de Moisés, el juicio pronunciado sobre su vida por la Inspiración, es: "Y nunca más se levantó profeta en Israel como Moisés, a quien haya conocido Jehová cara a cara"[13].

Pablo—Gozoso en el servicio

A la fe y la experiencia de los discípulos galileos que habían acompañado a Jesús, se unieron en la obra del evangelio el fogoso vigor y el poder intelectual de un rabino de Jerusalén. Siendo ciudadano romano, nacido en una ciudad gentil; siendo judío, no solo por ascendencia, sino por educación, celo patriótico y fe religiosa de toda una vida; y habiendo sido educado en Jerusalén por los rabinos más eminentes, e instruido en todas las leyes y tradiciones de los padres, Saulo de Tarso compartía en toda su intensidad el orgullo y los prejuicios de su nación. Cuando aún era joven, llegó a ser un respetado miembro del Sanedrín. Era considerado como un hombre promisorio, y celoso defensor de la antigua fe.

En las escuelas teológicas de Judea, la Palabra de Dios había sido sustituida por las especulaciones humanas; las tradiciones e interpretaciones de los rabinos la despojaban de su poder. El engrandecimiento propio, el amor al dominio, la exclusividad celosa, el fanatismo y el orgullo despectivo, eran los principios y motivos predominantes de esos maestros.

Los rabinos se enorgullecían de su superioridad, no solamente sobre los habitantes de otras naciones, sino sobre las multitudes de la suya propia. Dominados por el odio hacia sus opresores romanos, abrigaban la esperanza de recobrar por la fuerza de las armas su supremacía nacional. Odiaban y daban muerte a los seguidores de Jesús, cuyo mensaje de paz era tan opuesto a sus proyectos ambiciosos. Y en esta persecución Pablo era uno de los más crueles e implacables actores.

En las escuelas militares de Egipto, Moisés había aprendido la ley de la fuerza, y esta enseñanza influyó tanto en su carácter, que fueron necesarios cuarenta años de quietud y comunión con Dios y la naturaleza, a fin de prepararlo para dirigir a Israel según la ley del amor. Pablo tuvo que aprender la misma lección.

A las puertas de Damasco, la visión del Crucificado cambió todo el curso de su vida. El perseguidor se convirtió en discípulo, el maestro en alumno. Los días de oscuridad pasados en la soledad, en Damasco, fueron como años para su vida. Su estudio lo constituían las Escrituras del Antiguo Testamento, atesoradas en su memoria, y Cristo era su Maestro. También fue para él una escuela la soledad de la naturaleza. Fue al desierto de Arabia para estudiar las Escrituras y aprender de Dios. Limpió su alma de los prejuicios y las tradiciones que habían amoldado su vida y recibió instrucción de la Fuente de verdad.

Su vida posterior se inspiró en el principio de la abnegación, el ministerio del amor. "A griegos y a no griegos, a sabios y a no sabios—dijo—soy deudor"[14]. "El amor de Cristo nos constriñe"[15].

Pablo, el más grande maestro humano, aceptaba tanto los deberes más humildes como los más elevados. Reconocía la necesidad del trabajo, tanto para las manos como para la mente, y desempeñaba un oficio para mantenerse. Se dedicaba a la fabricación de tiendas mientras predicaba diariamente el evangelio en los grandes centros civilizados. "Antes vosotros sabéis que para lo que me ha sido necesario a mí y a los que están conmigo—dijo cuando se despedía de los ancianos de Efeso—, estas manos me han servido"[16].

Al par que poseía altas dotes intelectuales, Pablo revelaba en su vida el poder de una sabiduría aún más impresionante. Sus enseñanzas, ejemplificadas por su vida, revelan principios de la más profunda significación, que eran ignorados por los grandes intelectos de su tiempo. Poseía la más elevada de todas las sabidurías que da una pronta perspicacia y simpatía, que pone al hombre en contacto con los hombres, y lo capacita para despertar la naturaleza mejor de sus semejantes e inspirarlos a vivir una vida más elevada.

Escuchad las palabras que pronunció ante los paganos de Listra, al indicarles a Dios revelado en la naturaleza como Fuente de todo bien, que nos da "lluvias del cielo y tiempos fructíferos, llenando de sustento y de alegría nuestros corazones"[17].

Vedle en la cárcel de Filipos donde, a pesar del dolor que abruma su cuerpo, su canto de alabanza rasga el silencio de la noche. Después que el terremoto ha abierto las puertas de la cárcel, se vuelve a oír su voz en palabras de aliento para el carcelero pagano: "No te hagas ningún mal, pues todos estamos aquí"[18]. Todos habían permanecido en su sitio, contenidos por la presencia de un compañero de prisión. Y el carcelero, convencido de la realidad de aquella fe que sostenía a Pablo, se interesó por el camino de la salvación, y con toda su casa se unió al perseguido grupo de discípulos de Cristo.

El testimonio de Pablo

Ved a Pablo en Atenas, ante el concilio del Areópago, donde hace frente a la ciencia con ciencia, a la lógica con lógica y a la filosofía con filosofía. Notad cómo, con un tacto que emana del amor divino, presenta a Jehová como "al Dios no conocido" a quien sus oyentes han adorado ignorantemente, y citando palabras de un poeta griego, lo describe como Padre del cual ellos son hijos. Escuchadlo exponer, en esa época de castas sociales, cuando no se reconocían en absoluto los derechos del hombre como hombre, la gran verdad de la fraternidad humana, al declarar que Dios "de una sangre ha hecho todo el linaje de los hombres, para que habiten sobre toda la faz de la tierra". Luego muestra cómo, en todo el trato de Dios con el hombre, se puede seguir, como hilo de oro, su propósito de gracia y misericordia. Fijó él "el orden de los tiempos, y los límites de su habitación; para que busquen a Dios, si en alguna manera, palpando, puedan hallarle, aunque ciertamente no está lejos de cada uno de nosotros"[19].

Oídlo en el tribunal de Festo, cuando el rey Agripa, convencido de la verdad del evangelio, exclama: "Por poco me persuades a ser cristiano"[20]. Con qué gentil cortesía le responde Pablo, señalándole su cadena: "¡Quisiera Dios que por poco o por mucho, no solamente tú, sino también todos los que hoy me oyen, fuerais hechos tales cual yo soy, excepto estas cadenas!"[21].

Así transcurrió su vida, según él mismo dice, "en caminos muchas veces; en peligros de ríos, peligros de ladrones, peligros de los de mi nación, peligros de los gentiles, peligros en la ciudad, peligros en el desierto, peligros en el mar, peligros entre falsos hermanos; en trabajo y fatiga, en muchos desvelos, en hambre y sed, en muchos ayunos, en frío y en desnudez"[22].

"Nos maldicen—dijo—, y bendecimos; padecemos persecución, y la soportamos. Nos difaman, y rogamos"[23], "come entristecidos, mas siempre gozosos; como pobres, mas enriqueciendo a muchos; como no teniendo nada, mas poseyéndolo todo"[24].

Hallaba gozo en el servicio; y al fin de su vida de trabajo, al echar una mirada retrospectiva a sus luchas y triunfos, pudo decir: "He peleado la buena batalla"[25].

****

Estas biografías son de vital interés. Para nadie son de más profunda importancia que para los jóvenes. Moisés renunció a un reino en perspectiva; Pablo, a las ventajas proporcionadas por la riqueza y el honor entre su pueblo, a cambio de una vida llena de responsabilidades en el servicio de Dios. Para muchos, la vida de estos hombres se presenta como una vida de renuncia y sacrificio. ¿Fue realmente así? Moisés consideraba que el oprobio sufrido por Cristo era una riqueza mayor que la de los tesoros de Egipto. Lo consideraba así, porque así era. Pablo declaró: "Pero cuantas cosas eran para mi ganancia, las he estimado como pérdida por amor de Cristo. Y ciertamente, aun estimo todas las cosas como pérdida por la excelencia del conocimiento de Cristo Jesús, mi Señor, por amor del cual lo he perdido todo, y lo tengo por basura, para ganar a Cristo"[26]. Estaba satisfecho con su elección.

A Moisés le ofrecieron el palacio de los faraones y el trono del monarca, pero en esas cortes reales se practicaban los placeres pecaminosos que hacen que el hombre se olvide de Dios, y él escogió antes "riquezas duraderas, y justicia"[27]. En vez de ligarse a la grandeza de Egipto, prefirió unir su vida al propósito de Dios. En vez de dictar leyes a Egipto, dictó leyes al mundo, bajo la dirección divina. Llegó a ser instrumento de Dios para dar a los hombres los principios que constituyen la salvaguardia, tanto del hogar como de la sociedad, que son la piedra angular de la prosperidad de las naciones, principios reconocidos hoy día por los hombres más grandes del mundo como fundamento de todo lo bueno que existe en los gobiernos humanos.

La grandeza de Egipto yace en el polvo. Su poder y civilización han pasado. Pero la obra de Moisés nunca podrá perecer. Los grandes principios de justicia para cuya instauración él vivió, son eternos.

La vida de trabajo y preocupaciones de Moisés estaba iluminada por la presencia de Aquel que es el "señalado entre diez mil", "y todo él codiciable"[28]. Compañero de Cristo en la peregrinación por el desierto, compañero de Cristo en el monte de la transfiguración, compañero de Cristo en las cortes celestiales, Moisés llevó una vida que en la tierra bendecía a la par que recibía bendición, y que en el cielo fue honrada.

También Pablo, en sus múltiples labores, fue sostenido por el poder sustentador de la presencia de Cristo. "Todo lo puedo—dijo él—en Cristo que me fortalece"[29]. "¿Quién nos separará del amor de Cristo? ¿Tribulación, o angustia, o persecución, o hambre, o desnudez, o peligro, o espada? [...] Antes, en todas estas cosas somos más que vencedores por medio de Aquel que nos amó. Por lo cual estoy seguro de que ni la muerte, ni la vida, ni ángeles, ni principados, ni potestades, ni lo presente, ni lo por venir, ni lo alto, ni lo profundo, ni ninguna otra cosa creada nos podrá separar del amor de Dios, que es en Cristo Jesús Señor nuestro"[30].

Sin embargo, hay un gozo futuro que Pablo esperaba como recompensa de sus labores, el mismo gozo por causa del cual Cristo soportó la cruz y despreció la vergüenza, el gozo de ver el fruto de su trabajo. "¿Cuál es nuestra esperanza, o gozo, o corona de que me gloríe?—escribió a los conversos tesalonicenses—. ¿No lo sois vosotros, delante de nuestro Señor Jesucristo, en su venida? Vosotros sois nuestra gloria y gozo"[31].

¿Quién puede calcular los resultados que tuvo para el mundo la obra de la vida de Pablo? De todas las influencias benéficas que alivian el sufrimiento, consuelan la pena, refrenan el mal, elevan la vida por encima de lo egoísta y sensual y la glorifican con la esperanza de la inmortalidad, ¡cuánto se debe a las labores de Pablo y sus colaboradores cuando, con el evangelio del Hijo de Dios, hicieron su viaje inadvertido de Asia a las costas de Europa!

¿Cuánto vale para cualquier vida el haber sido instrumento de Dios para poner en movimiento semejantes influencias benéficas? ¿Cuánto valdrá en la eternidad poder ver los resultados de semejante obra?

[1]Salmos 105:21, 22.
[2]Génesis 49:22-26.
[3]Daniel 1:19.
[4]Daniel 1:20.
[5]Daniel 6:4.
[6]Daniel 2:47; 6:25-27.
[7]1 Reyes 19:21.
[8]2 Reyes 2:2.
[9]2 Reyes 2:2.
[10]2 Reyes 2:6-15.
[11]2 Timoteo 2:15.
[11]2 Timoteo 2:15.
[12]Hebreos 11:27.
[13]Deuteronomio 34:10.
[14]Romanos 1:14.
[15]2 Corintios 5:14.
[16]Hechos 20:34.
[17]Hechos 14:17.
[18]Hechos 16:28.
[19]Hechos 17:23, 26, 27.
[20]Hechos 26:28.
[21]Hechos 26:29.
[22]2 Corintios 11:26, 27.
[23]1 Corintios 4:12, 13.
[24]2 Corintios 6:10.
[25]2 Timoteo 4:7.
[26]Filipenses 3:7, 8.
[27]Proverbios 8:18.
[28]Cantares 5:10, 16.

[29]Filipenses 4:13.
[30]Romanos 8:35-39.
[31]1 Tesalonicenses 2:19, 20.

La Educación

El maestro de los maestros

"¡Jamás hombre alguno
ha hablado como este hombre!" Juan 7:46.

Capítulo 8—El maestro enviado por Dios

"Considerad a aquel". *Hebreos 12:3.*

Y se llamará su nombre Admirable, Consejero, Dios fuerte, Padre eterno, Príncipe de paz"[1].

En el Maestro enviado por Dios, el cielo dio a los seres humanos lo mejor y lo más grande que tenía. Aquel que había estado en los consejos del Altísimo, que había morado en el más íntimo santuario del Eterno, fue escogido para revelar personalmente a la humanidad el conocimiento de Dios.

Por medio de Cristo había sido transmitido cada rayo de luz divina que había llegado a nuestro mundo caído. Él fue quien habló por medio de todo aquel que en el transcurso de los siglos declaró la palabra de Dios al hombre. Todas las excelencias manifestadas en las almas más nobles y grandes de la tierra, eran reflejos suyos. La pureza y la bondad de José, la fe, la mansedumbre y la tolerancia de Moisés, la firmeza de Eliseo, la noble integridad y la firmeza de Daniel, el ardor y la abnegación de Pablo, el poder mental y espiritual manifestado en todos estos hombres, y en todos los demás que alguna vez vivieron en la tierra, no eran más que destellos del esplendor de su gloria. En él se hallaba el ideal perfecto.

Cristo vino al mundo para revelar este ideal como el único y verdadero blanco de nuestros esfuerzos; para mostrar lo que todo ser humano debe ser; lo que llegarían a ser por medio de la morada de la divinidad en la humanidad todos los que lo recibieran. Vino a mostrar de qué manera han de ser educados los hombres como conviene a hijos de Dios; cómo tienen que practicar en la tierra los principios, y vivir la vida del cielo.

El mayor don de Dios se otorgó para responder a la mayor necesidad del hombre. La luz apareció cuando la oscuridad del mundo era más intensa. Hacía mucho que, a causa de las enseñanzas falsas, las mentes de los hombres habían sido apartadas de Dios. En los sistemas predominantes de educación, la filosofía humana había sustituido a la revelación divina. En vez de la norma de verdad dada por el cielo, los hombres habían aceptado una norma de su propia invención. Se habían apartado de la Luz de la vida, para andar a la luz del fuego que ellos mismos habían encendido.

Después de separarse de Dios, y siendo su única confianza el poder humano, su fuerza se había convertido en debilidad. Ni siquiera eran capaces de alcanzar la norma establecida por ellos mismos. La falta de verdadera excelencia era suplida por la apariencia y la mera profesión de fe. La apariencia reemplazaba a la realidad.

De vez en cuando se levantaban maestros que dirigían la atención de los hombres a la Fuente de la verdad. Se enunciaban principios rectos y había vidas humanas que daban testimonio de su poder. Pero estos esfuerzos no hacían impresión duradera. Se producía una breve represión de la corriente del mal, pero no se detenía su curso descendente. Los reformadores eran como luces que brillaban en la oscuridad, pero no la podían disipar. El mundo amaba "más las tinieblas que la luz"[2].

Cuando Cristo vino a la tierra, la humanidad parecía muy próxima a llegar a su más bajo nivel. El mismo cimiento de la sociedad estaba minado. La vida había llegado a ser falsa y artificial. Los judíos, destituidos del poder de la Palabra de Dios, daban al mundo tradiciones y especulaciones que adormecían la mente y el alma. El culto de Dios "en espíritu y en verdad" había sido suplantado por la glorificación del hombre en una ronda interminable de ceremonias creadas por este. En el mundo, todos los sistemas religiosos perdían su influencia sobre la mente y el alma. Hartos de fábulas y mentiras, y deseosos de ahogar su pensamiento, los hombres se volvieron hacia la incredulidad y el materialismo. Al excluir de sus cálculos la eternidad, vivían para el presente.

A medida que dejaban de reconocer al Ser divino, dejaban de tener consideración por el ser humano. La verdad, el honor, la integridad, la confianza, la compasión, iban abandonando la tierra. La avaricia implacable y la ambición absorbente creaban una desconfianza universal. La idea del deber, de las obligaciones de la fuerza hacia la debilidad, de la dignidad y los derechos humanos, era desechada como sueño o fábula. Al pueblo común se lo consideraba como bestias de carga, como instrumentos o escalones para lograr lo que se ambicionaba. Se buscaban como el mayor bien la riqueza, el poder, la comodidad y los placeres. La degeneración física, el sopor mental y la muerte espiritual eran las características de la época.

A medida que las pasiones y los propósitos malos de los hombres eliminaban a Dios de sus pensamientos, ese olvido los inclinaba cada vez con más fuerza hacia el mal. El corazón que amaba el pecado vestía con sus atributos a Dios, y este concepto fortalecía el poder del pecado. Decididos a complacerse a sí mismos, los hombres llegaron a considerar a Dios como semejante a ellos, es decir, como un Ser cuya meta era la glorificación del yo, cuyas exigencias respondían a su propio placer; un Ser que elevaba o abatía a los seres humanos según estos contribuyeran a la realización de su propósito egoísta, o lo obstruyesen. Las clases más bajas consideraban que el Ser supremo difería poco de sus opresores, a excepción de que los sobrepujaba en poder. Estas ideas le daban su molde a toda manifestación religiosa. Cada una de ellas era un sistema de extorsión. Los adoradores trataban de congraciarse con la Deidad por medio de ofrendas y ceremonias, con el fin de asegurarse su favor para el logro de sus propios fines. Una religión que no ejercía poder sobre el corazón ni la conciencia, se reducía a una serie de ceremonias, de las cuales el hombre se cansaba y deseaba liberarse, a no ser por las ventajas que podía ofrecer. De ese modo el mal al no ser refrenado aumentaba, mientras disminuían el aprecio del bien y el deseo de practicarlo. Los hombres perdieron la imagen de Dios y recibieron el sello del poder demoníaco que los dominaba. Todo el mundo se iba convirtiendo en un sumidero de corrupción.

Únicamente había una esperanza para la especie humana, y esta era que se pusiera nueva levadura en esa masa de elementos discordantes y corruptos; que se introdujera en la humanidad el poder de una vida nueva; que se restaurara en el mundo el conocimiento de Dios.

Cristo vino para restaurar ese conocimiento. Vino para poner a un lado la enseñanza falsa mediante la cual los que decían conocer a Dios lo habían desfigurado. Vino a manifestar la naturaleza de su ley, a revelar en su carácter la belleza de la santidad.

Cristo vino al mundo con el amor acumulado de toda la eternidad. Al eliminar las exigencias que hacían gravosa la ley de Dios, demostró que es una ley de amor, una expresión de la bondad divina. Demostró que la obediencia a sus principios entraña la felicidad de la humanidad, y con ella la estabilidad, el mismo cimiento y la estructura de la sociedad.

Lejos de contener requisitos arbitrarios, la ley de Dios se da a los hombres como cerco o escudo. El que acepta sus principios es preservado del mal. La fidelidad a Dios entraña fidelidad al hombre. De ese modo la ley protege los derechos y la individualidad de todo ser humano. Prohíbe al superior oprimir, y al subalterno desobedecer. Asegura el bienestar del hombre, tanto para este mundo como para el venidero. Para el obediente es la garantía de la vida eterna, porque expresa los principios que permanecen para siempre.

Cristo vino a demostrar el valor de los principios divinos por medio de la revelación de su poder para regenerar a la especie humana. Vino a ,enseñar cómo se deben desarrollar y aplicar esos principios.

Para el pueblo de esa época, el valor de todo lo determinaba la apariencia exterior. Al perder su poder, la religión había aumentado su pompa. Los educadores de la época trataban de imponer respeto por medio de la ostentación y el fausto. Comparada con todo esto, la vida de Cristo establecía un marcado contraste. Ponía en evidencia la falta de valor de las cosas que los hombres consideraban como esenciales para la vida. Al nacer en el ambiente más tosco, al compartir un hogar y una vida humildes y la ocupación de un artesano, al vivir una vida sin deseos de fama e identificarse con los trabajadores ignorados por el mundo, Jesús siguió el plan divino relativo a la educación. No buscó las escuelas de su tiempo, que magnificaban las cosas pequeñas y empequeñecían las grandes. Obtuvo su educación directamente de las fuentes indicadas por el cielo, del trabajo útil, del estudio de las Escrituras y la naturaleza, y de las vicisitudes de la vida, que constituyen los libros de texto de Dios, llenos de instrucción para todos los que los buscan con manos dispuestas, ojos abiertos y corazón comprensivo.

"Y el niño crecía y se fortalecía, y se llenaba de sabiduría; y la gracia de Dios era sobre él"[3].

Preparado de esta manera, salió para cumplir su misión, y en todo momento que estuvo en relación con los hombres ejerció sobre ellos una influencia para bendecir, y un poder para transformar que el mundo no había conocido nunca.

El que trata de transformar a la humanidad, debe comprender a la humanidad. Solo por la compasión, la fe y el amor, pueden ser alcanzados y elevados los seres humanos. En esto Cristo se revela como el Maestro de los maestros: de todos los que alguna vez vivieran en la tierra, solamente él posee una perfecta comprensión del alma humana.

"No tenemos un sumo sacerdote que no pueda compadecerse de nuestras debilidades, sino uno que fue tentado en todo según nuestra semejanza, pero sin pecado"[4].

"Pues en cuanto él mismo padeció siendo tentado, es poderoso para socorrer a los que son tentados"[5].

Cristo es el único que experimentó todas las penas y tentaciones que sobrevienen a los seres humanos. Nunca fue tan fieramente perseguido por la tentación otro ser nacido de mujer; nunca llevó otro la carga tan pesada de los pecados y dolores del mundo. Nunca hubo otro cuya misericordia fuera tan abarcante y tierna. Habiendo participado de todo lo que experimenta la especie humana, no solamente podía condolerse de todo el que estuviera abrumado y tentado en la lucha, sino que sentía con él.

Practicaba lo que enseñaba. "Porque ejemplo os he dado dijo a los discípulos, para que como yo os he hecho, vosotros también hagáis". "Así como yo he guardado los mandamientos de mi padre"[6]. Así, las palabras de Cristo tuvieron en su vida una ilustración y un apoyo perfectos. Y más aún, él era lo que enseñaba. Sus palabras no solo eran la expresión de la experiencia de su propia vida, sino de su propio carácter. No solamente enseñó la verdad; él era la verdad. Eso fue lo que dio poder a su enseñanza.

Cristo reprendía fielmente. Nunca vivió otro que odiara tanto el mal, ni cuyas acusaciones fueran tan terribles. Su misma presencia era un reproche para todo lo falso y lo bajo. A la luz de su pureza, los hombres veían que eran impuros, y que el propósito de su vida era despreciable y falso. Sin embargo, él los atraía. El que había creado al hombre, apreciaba el valor de la humanidad. Delataba el mal como enemigo de aquellos a quienes trataba de bendecir y salvar. En todo ser humano, sin importar el nivel al cual hubiera caído, veía a un hijo de Dios, que podía recobrar el privilegio de su relación divina.

"Porque no envió Dios a su Hijo al mundo para condenar al mundo, sino para que el mundo sea salvo por él"[7]. Al contemplar a los hombres sumidos en el sufrimiento y la degradación, Cristo percibió que, donde nada más se veía desesperación y ruina, había motivos de esperanza. Dondequiera existiera una sensación de necesidad, él veía una oportunidad de restauración. Respondía a las almas tentadas, derrotadas, que se sentían perdidas, a punto de perecer, no con acusación, sino con bendición.

Las bienaventuranzas constituyeron su saludo para toda la familia humana. Al contemplar la gran multitud reunida para escuchar el Sermón del Monte, pareció olvidar por el momento que no se hallaba en el cielo, y usó el saludo familiar del mundo de la luz. De sus labios brotaron bendiciones como de un manantial por largo tiempo obstruido.

Apartándose de los ambiciosos y engreídos favoritos de este mundo, declaró que serían bendecidos los que, aunque fuera grande su necesidad, recibieran su luz y su amor. Tendió sus brazos a los pobres en espíritu, afligidos, perseguidos, diciendo: "Venid a mí [...] y yo os haré descansar"[8].

En todo ser humano percibía posibilidades infinitas. Veía a los hombres según podrían ser transformados por su gracia, en "la luz de Jehová nuestro Dios"[9]. Al mirarlos con esperanza, inspiraba esperanza. Al saludarlos con confianza, inspiraba confianza. Al revelar en sí mismo el verdadero ideal del hombre, despertaba el deseo y la fe de obtenerlo. En su presencia, las almas despreciadas y caídas se percataban de que todavía eran seres humanos, y anhelaban demostrar que eran dignas de su consideración. En más de un corazón que parecía muerto a todas las cosas santas, se despertaron nuevos impulsos. A más de un desesperado se presentó la posibilidad de una nueva vida.

Cristo ligaba a los hombres a su corazón con lazos de amor y devoción, y con los mismos lazos los ligaba a sus semejantes. Con él, el amor era vida y la vida servicio. "De gracia recibisteis dijo, dad de gracia"[10].

No tan solo en la cruz se sacrificó Cristo por la humanidad. Cuando "anduvo haciendo bienes"[11] su experiencia cotidiana era un derramamiento de su vida. Únicamente de un modo se podía sostener semejante vida. Jesús vivió dependiendo de Dios y de su comunión con él. Los hombres acuden de vez en cuando al lugar secreto del Altísimo, bajo la sombra del Omnipotente; permanecen allí un tiempo, y el resultado se manifiesta en acciones nobles; luego falla su fe, se interrumpe la comunión con Dios, y se echa a perder la obra de la vida. Pero la vida de Jesús era una vida de confianza constante, sostenida por una comunión continua, y su servicio para el cielo y la tierra fue sin fracaso ni vacilación.

Como hombre, suplicaba ante el trono de Dios, hasta que su humanidad se cargaba de una corriente celestial que unía la humanidad con la Divinidad. Recibía vida de Dios, y la impartía a los hombres.

"¡Jamás hombre alguno ha hablado como este hombre!"[12] Esto se habría aplicado a Cristo aun cuando hubiera enseñado únicamente en cuanto a lo físico y lo intelectual o en materias de teoría y especulación. Podría haber revelado misterios cuya comprensión ha requerido siglos de trabajo y estudio. Podría haber hecho sugerencias en ramos científicos que, hasta el fin del tiempo, hubieran proporcionado material para el pensamiento y estímulo a la inventiva. Pero no lo hizo. Nada dijo para satisfacer la curiosidad o estimular la ambición egoísta. No se ocupó de teorías abstractas, sino de lo que es indispensable para el desarrollo del carácter; de lo que amplía la aptitud del hombre para conocer a Dios y aumenta su poder para hacer el bien. Habló de las verdades que se refieren a la conducta de la vida, y que unen al hombre con la eternidad.

En vez de guiar al pueblo a estudiar las teorías humanas en cuanto a Dios, a su Palabra, o a sus obras, le enseñó a contemplarlo según se manifiesta en sus obras, en su Palabra y por medio de sus providencias. Puso sus mentes en contacto con la mente del Ser Infinito.

"Y se admiraban de su doctrina, porque su palabra era con autoridad"[13]. Nunca antes habló otro que tuviera tal poder para despertar el pensamiento, encender la aspiración y suscitar cada aptitud del cuerpo, la mente y el alma.

La enseñanza de Cristo, lo mismo que su amor, abarcaba el mundo. Nunca podrá haber una circunstancia de la vida, una crisis de la experiencia humana que no haya sido prevista en su enseñanza, y para la cual no tengan una lección sus principios. Las palabras del Príncipe de los maestros serán una guía para sus colaboradores, hasta el fin.

Para él eran uno el presente y el futuro, lo cercano y lo lejano. Tenía en vista las necesidades de toda la humanidad. Ante su mente estaban desplegadas todas las escenas de esfuerzo y progreso humanos, de tentación y conflicto, de perplejidad y peligro. Conocía todos los corazones, todos los hogares, todos los placeres, los gozos y las aspiraciones.

No solo hablaba para toda la humanidad, sino a ella misma. Su mensaje alcanzaba al niñito en la alegría de la mañana de su vida; al corazón ansioso e inquieto de la juventud; a los hombres, que en la plenitud de sus años llevaban la carga de la responsabilidad, a los ancianos en su debilidad y cansancio. Su mensaje era para todos; para todo ser humano, de todo país y toda época.

Su enseñanza abarcaba las cosas del tiempo y la eternidad, las cosas visibles en su relación con las invisibles, los incidentes pasajeros de la vida común, y los solemnes sucesos de la vida futura.

Establecía la verdadera relación que existe entre las cosas de esta vida, como subordinadas a las de interés eterno, pero no ignoraba su importancia. Enseñaba que el cielo y la tierra están ligados, y que el conocimiento de la verdad divina prepara mejor al hombre para desempeñar las responsabilidades de la vida diaria.

Para él, nada carecía de propósito. Los juegos del niño, los trabajos del hombre, los placeres, afanes y dolores de la vida, eran medios que respondían a un fin: la revelación de Dios para la elevación de la humanidad.

De sus labios la Palabra de Dios llegaba a los corazones de los hombres con poder y significado nuevos. Su enseñanza proyectó nueva luz sobre toda la creación. En la faz de la naturaleza se vio una vez más la luz que el pecado había eclipsado. En todos los hechos e incidentes de la vida, se revelaba una lección divina y la posibilidad de gozar de la compañía de Dios. El Señor volvió a morar en la tierra; los corazones humanos percibieron su presencia; el mundo fue rodeado por su amor. El cielo descendió a los hombres. En Cristo, sus corazones reconocieron a Aquel que les había dado acceso a la ciencia de la eternidad:

"Emanuel, que traducido es: Dios con nosotros".
****

En el Maestro enviado por Dios halla su centro toda verdadera obra educativa. De la obra de hoy, lo mismo que de la que estableció hace mil ochocientos años[*], el Salvador dice:

"Yo soy el primero y el último".

""Yo soy el Alfa y la Omega, el principio, y el fin"[14].

En presencia de semejante Maestro, de semejante oportunidad para obtener educación divina, es una necedad buscar educación fuera de él, esforzarse por ser sabio fuera de la Sabiduría; ser sincero mientras se rechaza la Verdad; buscar iluminación aparte de la Luz, y existencia sin la Vida; apartarse del Manantial de aguas vivas, y cavar cisternas rotas que no pueden contener agua.

Todavía mantiene la invitación: "Si alguno tiene sed, venga a mí, y beba. El que cree en mí, como dice la Escritura, de su interior correrán ríos de agua viva". "El agua que yo le daré será en él una fuente de agua que salte para vida eterna"[15].

[1] Isaías 9:6.

[2] Juan 3:19.

[3] Lucas 2:40.

[4] Hebreos 4:15.

[5] Hebreos 2:18.

[6] Juan 13:15; Juan 15:10.

[7] Juan 3:17.

[8] Mateo 11:28.

[9] Salmos 90:17.

[10] Mateo 10:8.

[11] Hechos 10:38.

[12] Juan 7:46.

[13] Lucas 4:32.

[*] Esta declaración fue publicada por primera vez en 1903.

[14] Apocalipsis 1:17; 21:6.

[15] Juan 7:37, 38; 4:14.

Capítulo 9—Una ilustración de los métodos de Cristo

"He manifestado tu nombre a los hombres que del mundo me diste". Juan 17:6.

La ilustración más completa de los métodos de Cristo como maestro, se encuentra en la educación que él dio a los doce primeros discípulos. Esos hombres debían llevar grandes responsabilidades. Los había escogido porque podía infundirles su Espíritu y prepararlos para impulsar su obra en la tierra una vez que él se fuera. A ellos más que a nadie les concedió la ventaja de su compañía. Por medio de su relación personal dejó su sello en estos colaboradores escogidos. "La vida fue manifestada—dice Juan, el amado—, y la hemos visto, y testificamos"[1].

Solamente por medio de una comunión tal—la comunión de la mente con la mente, del corazón con el corazón, de lo humano con lo divino—se puede transmitir esa energía vivificadora, transmisión que constituye el papel de la verdadera educación. Únicamente la vida engendra vida.

En la educación de sus discípulos, el Salvador siguió el sistema de educación establecido al principio. Los primeros doce escogidos, junto con unos pocos que, para atender sus necesidades, estaban de vez en cuando en relación con ellos, formaban la familia de Jesús. Estaban con él en la casa, junto a la mesa, en la intimidad, en el campo. Lo acompañaban en sus viajes, compartían sus pruebas y tareas y, hasta donde podían, participaban de su trabajo.

A veces les enseñaba cuando estaban sentados en la ladera de la montaña; a veces, junto al mar, o desde la barca de un pescador; otras, cuando iban por el camino. Cada vez que hablaba a la multitud los discípulos formaban el círculo más cercano a él. Se agolpaban alrededor de él para no perder nada de su instrucción. Eran oidores atentos, anhelosos de comprender las verdades que debían enseñar en todos los países y todos los tiempos.

Los primeros alumnos de Jesús fueron escogidos de entre el pueblo común. Estos pescadores de Galilea eran hombres humildes, sin educación; no conocían ni la erudición ni las costumbres de los rabinos, sino la severa disciplina del trabajo rudo. Eran hombres de capacidad innata y de espíritu dócil, que podían ser educados y formados para hacer la obra del Salvador. En las vocaciones humildes de la vida hay más de un trabajador que prosigue pacientemente con la rutina de sus tareas diarias, inconsciente de que hay en él facultades latentes que, puestas en acción, lo colocarían entre los grandes dirigentes del mundo. Así eran los hombres que el Salvador llamó para que fueran sus colaboradores. Y tuvieron la ventaja de gozar de tres años de educación, dirigida por el más grande Educador que haya tenido el mundo.

Estos primeros discípulos eran muy diferentes los unos de los otros. Iban a llegar a ser los maestros del mundo, y se veía en ellos toda clase de caracteres. Eran Leví-Mateo, el publicano, invitado a abandonar una vida de actividad comercial al servicio de Roma; Simón, el celote, enemigo inflexible de la autoridad imperial; el impulsivo, arrogante y afectuoso Pedro; su hermano Andrés; Judas, de Judea, pulido, capaz, y de espíritu ruin; Felipe y Tomás, fieles y fervientes, aunque de corazón tardo para creer; Santiago el menor y Judas, de menos prominencia entre los hermanos, pero hombres fuertes y definidos tanto en sus faltas como en sus virtudes; Natanael, semejante a un niño en sinceridad y confianza; y los hijos de Zebedeo, afectuosos y ambiciosos.

A fin de impulsar con éxito la obra a la cual habían sido llamados, estos discípulos, que diferían tanto en sus características naturales, en su educación y en sus hábitos de vida, necesitaban llegar a la unidad de sentimiento, pensamiento y acción. Cristo se proponía obtener esta unidad, y con este fin trató de unirlos a él. La preocupación de su trabajo por ellos está expresada en la oración que dirigió a su Padre: "Para que todos sean uno; como tú, oh Padre, en mí, y yo en ti, que también ellos sean uno en nosotros [...] para que el mundo conozca que tú me enviaste, y que los has amado a ellos como también a mí me has amado"[2].

El poder transformador de Cristo

De los doce discípulos, cuatro iban a desempeñar una parte importante, cada uno en su esfera. Previendo todo, Cristo les enseñó para prepararlos. Santiago, destinado a morir pronto y decapitado; Juan, su hermano, que por más tiempo seguiría a su Maestro en trabajos y persecuciones; Pedro, el primero que derribaría barreras seculares y enseñaría al mundo pagano; y Judas, que en el servicio era capaz de sobrepasar a sus hermanos, y sin embargo abrigaba en su alma propósitos cuyos frutos no vislumbraba. Estos fueron los objetos de la mayor solicitud de Cristo, y los que recibieron su más frecuente y cuidadosa instrucción.

Pedro, Santiago y Juan buscaban todas las oportunidades de ponerse en contacto íntimo con el Maestro, y su deseo les fue otorgado. De los doce, la relación de ellos con el Maestro fue la más íntima. Juan solamente podía hallar satisfacción en una intimidad aún más estrecha, y la obtuvo. En ocasión de la primera entrevista junto al Jordán, cuando Andrés, después de escuchar a Jesús, corrió a buscar a su hermano, Juan permaneció quieto, extasiado en la meditación de temas maravillosos. Siguió al Salvador siempre, como oidor absorto y ansioso. Sin embargo, el carácter de Juan no era perfecto. No era un entusiasta y bondadoso soñador. Tanto él como su hermano recibieron el apodo de "hijos del trueno"[3]. Juan era orgulloso, ambicioso, combativo; pero debajo de todo esto el Maestro divino percibió un corazón ardiente, sincero, afectuoso. Jesús reprendió su egoísmo, frustró sus ambiciones, probó su fe. Pero le reveló lo que su alma anhelaba: La belleza de la santidad, su propio amor transformador. "He manifestado tu nombre—dijo al Padre—a los hombres que del mundo me diste"[4].

Juan anhelaba amor, solidaridad y compañía. Se acercaba a Jesús, se sentaba a su lado, se apoyaba en su pecho. Así como una flor bebe del sol y del rocío, él bebía la luz y la vida divinas. Contempló al Salvador con adoración y amor hasta que la semejanza a Cristo y la comunión con él llegaron a constituir su único deseo, y en su carácter se reflejó el carácter del Maestro.

"Mirad—dijo—cuál amor nos ha dado el Padre, para que seamos llamados hijos de Dios; por esto el mundo no nos conoce, porque no le conoció a él. Amados, ahora somos hijos de Dios, y aún no se ha manifestado lo que hemos de ser; pero sabemos que cuando él se manifieste, seremos semejantes a él, porque le veremos tal como él es. Y todo aquel que tiene esta esperanza en él, se purifica a sí mismo, así como él es puro"[5].

De la debilidad a la fortaleza

La historia de ninguno de los discípulos ilustra mejor que la de Pedro el método educativo de Cristo. Temerario, agresivo, confiado en sí mismo, ágil mentalmente y pronto para actuar y vengarse era, sin embargo, generoso para perdonar. Pedro se equivocó a menudo, y a menudo fue reprendido. No fueron menos reconocidas y elogiadas su lealtad afectuosa y su devoción a Cristo. El Salvador trató a su impetuoso discípulo con paciencia y amor inteligente, y se esforzó por reprimir su engreimiento y enseñarle humildad, obediencia y confianza.

Pero la lección fue aprendida solo en parte. El engreimiento no fue desarraigado.

A menudo, cuando sentía su corazón abrumado por un pesar, Jesús trataba de revelar a sus discípulos las escenas de su prueba y su sufrimiento. Pero sus ojos estaban cerrados. La revelación no era bien recibida y no veían. La autocompasión, que lo impulsaba a evitar la comunión con Cristo en el sufrimiento, motivó la protesta de Pedro: "Señor, ten compasión de ti; en ninguna manera esto te acontezca"[6]. Sus palabras expresaban el pensamiento de los doce.

Así siguieron, jactanciosos y pendencieros, adjudicándose anticipadamente los honores reales, sin soñar en la cruz, mientras la crisis se iba acercando.

La experiencia de Pedro es una lección para todos. Para la confianza propia, la prueba implica derrota. Cristo no podía impedir las consecuencias seguras del mal que no había sido abandonado. Pero así como extendió la mano para salvar a Pedro cuando las olas estaban por hundirlo, su amor lo rescató cuando las aguas profundas anegaban su alma. Repetidas veces, al borde mismo de la ruina, las palabras jactanciosas de Pedro lo acercaron cada vez más al abismo. Repetidas veces Jesús le advirtió de que negaría que lo conocía. Del corazón apenado y amante del discípulo brotó la declaración: "Señor, dispuesto estoy a ir contigo no solo a la cárcel, sino también a la muerte"[7], y Aquel que lee el corazón dio a Pedro el mensaje, poco apreciado entonces, pero que en las tinieblas que iban a asentarse pronto sobre Él sería un rayo de esperanza: "Simón, Simón, he aquí Satanás os ha pedido para zarandearos como a trigo; pero yo he rogado por ti, que tu fe no falte; y tú, una vez vuelto, confirma a tus hermanos"[8].

Cuando Pedro negó en la sala del tribunal que lo conocía; cuando su amor y su lealtad, despertados por la mirada de compasión, amor y pena del Salvador, le hicieron salir al huerto donde Cristo había llorado y orado; cuando sus lágrimas de remordimiento cayeron al suelo que había sido humedecido con las gotas de sangre de la agonía del Señor, las palabras del Salvador: "Pero yo he rogado por ti; [...] y tú, una vez vuelto confirma a tus hermanos", fueron un sostén para su alma. Cristo, aunque había previsto su pecado, no lo había abandonado a la desesperación.

Si la mirada que Jesús le dirigió hubiera expresado condenación en vez de lástima; si al predecir el pecado no hubiera hablado de esperanza, ¡cuán densa habría sido la oscuridad que hubiera rodeado a Pedro! ¡Cuán incontenible la desesperación de esa alma torturada! En esa hora de angustia y aborrecimiento de sí mismo, ¿qué le hubiera podido impedir que siguiera el camino de Judas?

El que en ese momento no podía evitar la angustia de su discípulo, no lo dejó librado a la amargura. Su amor no falla ni abandona.

Los seres humanos, entregados al mal, se sienten inclinados a tratar con mucha severidad a los tentados y a los que yerran. No pueden leer el corazón, no conocen su lucha ni dolor. Necesitan aprender a reprender con amor, a herir para sanar, a amonestar con palabras de esperanza.

Cristo, después de su resurrección, no mencionó a Juan—el que veló junto con el Salvador en la sala del tribunal, el que estuvo junto a la cruz, y que fue el primero en llegar a la tumba—sino a Pedro. "Decid a sus discípulos, y a Pedro—dijo el ángel—que él va delante de vosotros a Galilea; allí le veréis"[9].

En ocasión de la última reunión de Cristo con los discípulos junto al mar, Pedro, probado con la pregunta repetida tres veces: "¿Me amas?"[10] recuperó el lugar que ocupaba entre los doce. Se le asignó su obra: Tendría que apacentar el rebaño del Señor. Luego, como última instrucción personal, Jesús le dijo: "¡Sígueme tú!"[11]

Entonces pudo apreciar esas palabras. Pudo comprender mejor la lección que Cristo había dado cuando puso a un niñito en medio de los discípulos y les dijo que se asemejaran a él. Puesto que conocía más plenamente tanto su propia debilidad como el poder de Cristo, estaba listo para confiar y obedecer. Con la fuerza del Maestro, podía seguirlo.

Y al fin de su vida de trabajo y sacrificio, el discípulo que una vez estuvo tan poco preparado para ver la cruz, consideró un gozo entregar su vida por el evangelio, con el único sentimiento de que, para el que había negado al Señor, morir del mismo modo como murió su Maestro era un honor demasiado grande.

La transformación de Pedro fue un milagro de la ternura divina. Es una vívida lección para todos los que tratan de seguir las pisadas del Maestro de los maestros.

Una lección de amor

Jesús reprendió a sus discípulos, los amonestó y los previno; pero Juan, Pedro y sus hermanos no lo abandonaron. A pesar de los reproches, decidieron quedarse con Jesús. Y el Salvador no se apartó de ellos a causa de sus errores. Él toma a los hombres como son, con todas sus faltas y debilidades, y los prepara para su servicio si están dispuestos a ser disciplinados e instruidos por él.

Pero hubo entre los doce uno al cual Cristo, casi hasta el fin de su obra, no le dirigió claramente ningún reproche.

Con Judas se introdujo entre los discípulos un espíritu de contienda. Al asociarse con Jesús, había respondido a la atracción de su carácter y su vida. Había deseado sinceramente que se operara en él un cambio, y había tenido la esperanza de experimentarlo por medio de la unión con Jesús. Pero este deseo no prevaleció. Lo dominaba la esperanza del beneficio egoísta que alcanzaría en el reino mundano que él esperaba que Cristo iba a fundar.

Aunque reconocía el poder divino del amor de Cristo, Judas no se entregó a su supremacía. Siguió alentando su criterio y sus propias opiniones, su tendencia a criticar y condenar. Los motivos y las acciones de Cristo, que a menudo estaban muy por encima de su comprensión, estimulaban su duda y su desaprobación, y compartía sus ambiciones y dudas con los discípulos. Muchas de las disputas provocadas por el afán de supremacía, gran parte del descontento manifestado hacia los métodos de Cristo, tenían su origen en Judas.

Jesús, al comprender que la oposición solamente lo endurecería, se abstuvo de provocar un conflicto directo. Trató de curar su egoísmo por medio del contacto con su propio amor abnegado. En su enseñanza desarrolló principios que tendían a desarraigar las ambiciones egoístas del discípulo. Así le dio una lección tras otra, y más de una vez Judas se dio cuenta de que se había desenmascarado su carácter y se había señalado su pecado; pero no quiso ceder.

La caída de Judas

Al resistir a las súplicas de la gracia, el impulso del mal triunfó finalmente. Judas, enojado por una velada reprensión, y desesperado al ver desmoronarse sus sueños ambiciosos, entregó su alma al demonio de la avaricia y decidió traicionar a su Maestro. Salió del aposento donde se celebró la Pascua, del gozo de la presencia de Cristo y de la luz de la esperanza inmortal, para realizar su perversa obra, a las tinieblas exteriores, donde no había esperanza.

"Porque Jesús sabía desde el principio quiénes eran los que no creían, y quien le había de entregar"[12]. Sin embargo, sabiéndolo todo, no había negado ningún pedido de gracia ni don de amor.

Al ver el peligro de Judas, lo había acercado a sí mismo, y lo había introducido en el círculo íntimo de sus discípulos escogidos y de confianza. Día tras día, cuando la carga que oprimía su corazón resultaba más pesada, había soportado el dolor que le producía el permanente contacto con esa personalidad terca, suspicaz, sombría; había vigilado y trabajado para contrarrestar entre sus discípulos ese antagonismo constante, secreto y sutil. ¡Y todo eso para que no faltara ninguna influencia salvadora a esa alma en peligro!

> "Las muchas aguas no podrán apagar el amor,
>   Ni lo ahogarán los ríos".
> "Porque fuerte es como la muerte el amor"[13].

Con respecto a Judas, la obra de amor de Cristo fue inútil. No ocurrió lo mismo con sus condiscípulos. Para ellos fue una lección cuya influencia duró toda la vida. Su ejemplo de ternura y paciencia siempre modeló su trato con los tentados y descarriados. Hubo además, otras lecciones. Cuando los doce fueron ordenados, los discípulos deseaban ardientemente que Judas formara parte del grupo, y habían considerado su llegada como un suceso promisorio para el grupo apostólico. Había estado en contacto con el inundo más que ellos; era un hombre de buenos modales, perspicaz, con capacidad administrativa y, como él mismo tenía un elevado concepto de sus propias cualidades, había inducido a los discípulos a que tuvieran la misma opinión sobre él. Pero los métodos que deseaba introducir en la obra de Cristo se basaban en principios mundanos, y estaban de acuerdo con el proceder del mundo. Su fin era alcanzar honores y reconocimientos mundanos, y el reino de este mundo. La manifestación de esas ambiciones en la vida de Judas ayudó a los discípulos a establecer el contraste que existe entre el principio del engrandecimiento propio y el de la humildad y la abnegación de Cristo, es decir, el principio del reino espiritual. En el destino de Judas vieron el fin a que conduce el servicio de sí mismo.

Finalmente, la misión de Cristo cumplió su propósito con estos discípulos. Poco a poco su ejemplo y sus lecciones de abnegación amoldaron sus caracteres. Su muerte destruyó su esperanza de grandeza mundana. La caída de Pedro, la apostasía de Judas, su propio fracaso al abandonar a Cristo cuando estaba en angustia y peligro, hicieron desaparecer su confianza propia. Vieron su debilidad; vieron algo de la grandeza de la obra que les había sido encomendada; sintieron la necesidad de que el Maestro guiara cada uno de sus pasos.

Sabían que ya no estaría con ellos su presencia personal, y reconocieron, como nunca antes, el valor de las oportunidades que habían tenido al andar y hablar con el Enviado de Dios. No habían apreciado ni comprendido muchas de sus lecciones en el momento cuando se las había dado; anhelaban recordarlas, volver a oír sus palabras. Con mucho gozo recordaban la promesa:

"Os conviene que yo me vaya; porque si no me fuere, el Consolador no vendría a vosotros; mas si me fuere, os lo enviaré". "Todas las cosas que oí de mi Padre, os las he dado a conocer". Y "el Consolador [...] a quien el Padre enviará en mi nombre, él os enseñará todas las cosas, y os recordará todo lo que yo os he dicho"[14].

"Todo lo que tiene el Padre es mío". "Pero cuando venga el Espíritu de verdad, él os guiará a toda la verdad [...] porque tomará de lo mío, y os lo hará saber"[15].

Los discípulos habían visto ascender a Cristo cuando estaba entre ellos en el Monte de los Olivos. Y mientras el cielo lo recibía, recordaron la promesa que les había hecho al partir: "Y he aquí yo estoy con vosotros todos los días, hasta el fin del mundo"[16].

Sabían que su amor aún los acompañaba. Sabían que tenían un Representante, un Abogado, ante el trono de Dios. Presentaban sus peticiones en el nombre de Jesús, repitiendo la promesa: "Todo cuanto pidiereis al Padre en mi nombre, os lo dará"[17].

Levantaban cada vez más en alto la mano de la fe, con este poderoso argumento: "Cristo es el que murió; más aún, el que también resucitó, el que además está a la diestra de Dios, el que también intercede por nosotros"[18].

Fiel a su promesa, el Ser divino, exaltado en las cortes celestiales, impartió algo de su plenitud a sus seguidores de la tierra. Su entronización a la diestra de Dios fue manifestada por el derramamiento del Espíritu sobre sus discípulos.

Gracias a la obra de Cristo, los discípulos sintieron su necesidad del Espíritu; debido a la enseñanza del Espíritu, recibieron su preparación final y salieron a completar la obra de sus vidas.

Dejaron de ser ignorantes e incultos. Dejaron de ser un conjunto de unidades independientes o de elementos discordantes y antagónicos. Dejaron de poner sus esperanzas en las grandezas mundanas. Eran "unánimes", "de un mismo corazón y una misma alma". Cristo ocupaba sus pensamientos. El progreso de su reino era la meta que tenían. Tanto en mente como en carácter se habían asemejado a su Maestro, y los hombres "reconocían que habían estado con Jesús[19].

Hubo entonces una revelación de la gloria de Cristo tal como nunca antes había sido vista por el hombre. Multitudes que habían denigrado su nombre y despreciado su poder, confesaron entonces que eran discípulos del Crucificado. Gracias a la cooperación del Espíritu divino, las labores de los hombres humildes a quienes Cristo había escogido conmovieron al mundo. En una generación el evangelio llegó a toda nación que existía bajo el cielo.

Cristo ha encargado al mismo Espíritu que envió en su lugar como Instructor de sus colaboradores, para que sea el Instructor de sus colaboradores de la actualidad. "Y he aquí yo estoy con vosotros todos los días, hasta el fin del mundo"[20], es su promesa.

La presencia del mismo Guía en la obra educativa de nuestros días producirá los mismos resultados que en la antigüedad. A este fin tiende la verdadera educación; esta es la obra que Dios quiere que se lleve a cabo.

---

[1] 1 Juan 1:2.
[2] Juan 17:21-23.
[3] Marcos 3:17.
[4] Juan 17:6.
[5] 1 Juan 3:1-3.
[6] Mateo 16:22.
[7] Lucas 22:33.
[8] Lucas 22:31, 32.
[9] Marcos 16:7.
[10] Juan 21:17.
[11] Juan 21:22.
[12] Juan 6:64.
[13] Cantares 8:7, 6.
[14] Juan 16:7; 15:15; 14:26.
[15] Juan 16:15, 13, 14.
[16] Mateo 28:20.
[17] Juan 16:23.
[18] Romanos 8:34.
[19] Hechos 4:13.
[20] Mateo 28:20.

Las enseñanzas de la naturaleza

"Las maravillas del que es Perfecto en sabiduría". Job 37:16.

Capítulo 10—Dios en la naturaleza

"Su gloria cubrió los cielos, y la tierra se llenó de su alabanza".
Habacuc 3:3.

En todas las cosas creadas se ve el sello de la Deidad. La naturaleza da testimonio de Dios. La mente sensible, puesta en contacto con el milagro y el misterio del universo, no puede dejar de reconocer la obra del poder infinito. La producción abundante de la tierra y el movimiento que efectúa año tras año alrededor del sol, no se deben a su energía inherente. Una mano invisible guía a los planetas en el recorrido de sus órbitas celestes. Una vida misteriosa satura toda la naturaleza. Una vida que sostiene los innumerables mundos que pueblan la inmensidad; que alienta al minúsculo insecto que flota en el céfiro estival; que dirige el vuelo de la golondrina y alimenta a los pichones de cuervos que graznan; que hace florecer el pimpollo y convierte en fruto la flor.

El mismo poder que sostiene la naturaleza, trabaja también en el ser humano. Las mismas leyes que guían a la estrella y al átomo, rigen la vida humana. Las leyes que gobiernan la acción del corazón para regular la salida de la corriente de vida al cuerpo, son las leyes de la poderosa Inteligencia que tiene jurisdicción sobre el alma. De esa Inteligencia procede toda la vida. Únicamente en la armonía con Dios se puede hallar la verdadera esfera de acción de la vida. La condición para todos los objetos de su creación es la misma: Una vida sostenida por la vida que se recibe de Dios, una vida que esté en armonía con la voluntad del Creador. Transgredir su ley, física, mental o moral, significa perder la armonía con el universo, introducir discordia, anarquía y ruina.

Toda la naturaleza se ilumina para aquel que aprende así a interpretar sus enseñanzas; el mundo es un libro de texto; la vida, una escuela. La unidad del hombre con la naturaleza y con Dios, el dominio universal de la ley, los resultados de la transgresión, no pueden dejar de impresionar la mente y modelar el carácter.

Estas son las lecciones que nuestros niños necesitan aprender. Para el niñito que todavía no es capaz de captar lo que se enseña por medio de la página impresa o de ser iniciado en la rutina del aula, la naturaleza presenta una fuente infalible de instrucción y deleite. El corazón que no ha sido endurecido por el contacto con el mal, es perspicaz para reconocer la Presencia que penetra todo lo creado. El oído que no ha sido entorpecido por el vocerío del mundo, está atento a la Voz que habla por medio de las expresiones de la naturaleza. Y para los de más edad, que necesitan continuamente los silenciosos recordativos de lo espiritual y lo eterno, la enseñanza de la naturaleza no dejará de ser una fuente de placer e instrucción. Así como los moradores del Edén aprendieron de las páginas de la naturaleza, así como Moisés percibió lo que Dios había escrito en los llanos y las montañas de Arabia, y el niño Jesús en los cerros de Nazaret, los niños de hoy día también pueden aprender del Creador. Lo visible ilustra lo invisible. En todo lo que existe sobre la tierra, desde el árbol más alto del bosque hasta el liquen que se adhiere a la roca, desde el océano sin límites hasta la concha más diminuta de la playa, pueden contemplar la imagen y la inscripción de Dios.

Hasta donde sea posible, colóquese al niño, desde su más tierna edad, en un ambiente que abra ante él este maravilloso libro de texto, donde él pueda contemplar las gloriosas escenas pintadas por el gran Artista en las telas variables de los cielos; que se familiarice con las maravillas de la tierra y el mar, que observe los misterios revelados por las diversas estaciones y aprenda del Creador en todas sus obras.

De ningún otro modo puede ponerse con tanta firmeza y seguridad el cimiento de una verdadera educación. Sin embargo, hasta el niño, al ponerse en contacto con la naturaleza, hallará causas de perplejidad. No puede dejar de reconocer la obra de fuerzas antagónicas. En esto la naturaleza necesita un intérprete. Al ver el mal manifiesto hasta en el mundo natural, todos tienen que aprender la triste lección: "Un enemigo ha hecho esto"[1].

Solo se puede leer debidamente la enseñanza de la naturaleza a la luz que procede del Calvario. Hágase ver por medio de la historia de Belén y de la cruz cuán bueno es vencer el mal, y cómo constituye un don de la redención cada bendición que recibimos.

En la zarza y la espina, el abrojo y la cizaña, está representado el mal que marchita y desfigura. En el canto del pájaro y el pimpollo que se abre, en la lluvia y la luz del sol, en la brisa estival y en el suave rocío, en diez mil objetos de la naturaleza, desde el cedro del bosque hasta la violeta que florece a su pie, se ve el amor que restaura. Y la naturaleza aún nos habla de la bondad de Dios.

"Porque yo sé los pensamientos que tengo acerca de vosotros, dice Jehová, pensamientos de paz, y no de mal"[2]. Este es el mensaje que, a la luz que procede de la cruz, ha de leerse en toda la naturaleza. Los cielos declaran la gloria de Dios, y la tierra está llena de sus riquezas.

---

[1]Mateo 13:28.
[2]Jeremías 29:11.

Capítulo 11—Lecciones de la vida

"Habla a la tierra, y ella te enseñará". Job 12:8.

El Gran Maestro puso a sus oyentes en contacto con la naturaleza, para que oyeran la voz que habla en todas las cosas creadas, y a medida que sus corazones se hacían más sensibles y sus mentes más receptivas, les ayudaba a interpretar la enseñanza espiritual de las escenas que contemplaban sus ojos. Las parábolas, por medio de las cuales le gustaba enseñar lecciones de verdad, muestran cuán abierto estaba su espíritu a las influencias de la naturaleza y cómo le agradaba extraer la enseñanza espiritual del ambiente en que transcurría la vida diaria.

Cristo se valía de las aves del cielo, los lirios del campo, el sembrador y la semilla, el pastor y las ovejas, para ilustrar verdades inmortales. También obtenía ilustraciones de los acontecimientos de la vida, de cosas familiares a sus oyentes, tales como la levadura, el tesoro escondido, la perla, la red del pescador, la moneda perdida, el hijo pródigo, las casas construidas en la arena y en la roca. En sus lecciones había algo para interesar a cada mente, e impresionar a cada corazón. De ese modo la tarea diaria, en vez de ser una serie repetida de trabajos, exenta de pensamientos elevados, resultaba animada por recuerdos constantes de lo espiritual y lo invisible.

Del mismo modo debemos enseñar nosotros. Aprendan los niños a ver en la naturaleza una expresión del amor y de la sabiduría de Dios; vincúlese el concepto del Creador al ave, la flor y el árbol; lleguen todas las cosas visibles a ser para ellos intérpretes de lo invisible y todos los sucesos de la vida medios de enseñanza divina.

Al mismo tiempo que aprenden así a estudiar lecciones que enseñan todas las cosas creadas y todas las circunstancias de la vida, muéstrese que las mismas leyes que rigen las cosas de la naturaleza y los sucesos de la vida, tienen que regirnos a nosotros; que son promulgadas para nuestro bien; y que únicamente obedeciéndolas podemos encontrar felicidad y éxito verdaderos.

La ley del servicio

Todo lo que existe tanto en el cielo como en la tierra declara que la gran ley de la vida es una ley de servicio. El Padre infinito cuida la vida de toda cosa animada. Cristo vino a la tierra "como el que sirve"[1]. Los ángeles son "espíritus ministradores, enviados para servicio a favor de los que serán herederos de la salvación"[2]. La misma ley de servicio está impresa en todos los objetos de la naturaleza. Las aves del cielo, las bestias del campo, los árboles del bosque, las hojas, el pasto y las flores, el sol en los cielos y las estrellas de luz, todos tienen su ministerio. El lago y el océano, el río y el manantial, todos toman para dar.

Cada objeto de la naturaleza, al mismo tiempo que contribuye a la vida del mundo, asegura la suya. No menos está escrita en la naturaleza que en las páginas de las Sagradas Escrituras, la lección: "Dad, y se os dará"[3].

Al abrir los cerros y las llanuras un canal para que el torrente de la montaña llegue por él hasta el mar, lo que dan les es devuelto centuplicado. El arroyo que recorre su camino susurrando, deja tras sí su don de belleza y fertilidad. A través de los campos, desnudos y tostados bajo el calor del verano, una línea de verdor marca el curso del río; cada árbol noble, cada brote, cada pimpollo, es un testigo de la recompensa que la gracia de Dios decreta para todos los que llegan a ser sus medios de comunicación con el mundo.

La siembra hecha con fe

De las lecciones casi innumerables enseñadas por los diversos procesos del crecimiento, algunas de las más preciosas son transmitidas por medio de la parábola del crecimiento de la semilla, dada por el Salvador. Sus lecciones son de beneficio para jóvenes y viejos.

"Así es el reino de Dios, como cuando un hombre echa semilla en la tierra. Duerma y vele, de noche y de día, la semilla brota y crece sin que él sepa cómo, porque de por sí lleva fruto la tierra: primero hierba, luego espiga, después grano lleno en la espiga"[4].

La semilla posee la capacidad de germinar implantada por Dios mismo; sin embargo, abandonada a su suerte, no tendría poder para brotar. El ser humano tiene que hacer su parte para estimular el crecimiento del grano, pero fuera de eso, no puede hacer nada. Necesita depender de Aquel que ha ligado la siembra y la siega con los eslabones maravillosos de su poder omnipotente.

Hay vida en la semilla, hay poder en el suelo, pero a menos que el poder infinito trabaje día y noche, la semilla no dará fruto. Las lluvias deben refrescar los campos sedientos; el sol tiene que impartir calor; la electricidad ha de llegar hasta la semilla sepultada. Solamente el Creador puede llamar a existencia la vida que Él ha implantado. Toda semilla crece y toda planta se desarrolla por el poder de Dios.

"La semilla es la Palabra de Dios". "Porque como la tierra produce su renuevo, y como el huerto hace brotar su semilla, así Jehová el Señor hará brotar justicia y alabanza delante de todas las naciones"[5]. En la siembra espiritual ocurre lo mismo que en la natural: El único poder que puede producir vida procede de Dios.

El trabajo del sembrador es un trabajo de fe. No puede comprender el misterio de la germinación y del crecimiento de la semilla, pero tiene confianza en los instrumentos por medio de los cuales Dios produce la vegetación. Echa la semilla, con la esperanza de recogerla multiplicada en una cosecha abundante. Del mismo modo han de trabajar los padres y maestros, con la esperanza de recoger una cosecha de la semilla que siembran.

Durante algún tiempo la buena semilla puede permanecer en el corazón sin ser notada, y sin dar evidencia de haber echado raíces, pero más tarde, al dar el Espíritu de Dios aliento al alma, la semilla oculta brotará, y al fin dará fruto. En la obra de nuestra vida no sabemos qué prosperará, si esto o aquello. No nos toca a nosotros resolver este problema. "Por la mañana siembra tu semilla, y a la tarde no dejes reposar tu mano"[6]. El gran pacto de Dios declara que "mientras la tierra permanezca, no cesarán la cementera y la siega"[7]. Puesto que confía en esta promesa, el agricultor ara y siembra. Al trabajar en la siembra espiritual, no debemos tener menos confianza en esta promesa: "Así será mi palabra que sale de mi boca; no volverá a mí vacía, sino que hará lo que yo quiero, y será prosperada en aquellos para que la envié". "Irá andando y llorando el que lleva la preciosa semilla; mas volverá a venir con regocijo, trayendo sus gavillas"[8].

La germinación de la semilla representa el comienzo de la vida espiritual, y el desarrollo de la planta es una figura del desarrollo del carácter. No puede haber vida sin crecimiento. La planta crece, o muere. Del mismo modo que su crecimiento es silencioso, imperceptible pero continuo, así es también el crecimiento del carácter. En cualquier etapa del desarrollo, nuestra vida puede ser perfecta; sin embargo, si se cumple el propósito de Dios para nosotros, habrá un progreso constante.

La planta crece porque recibe lo que Dios ha provisto para mantener su vida. Del mismo modo se logra el crecimiento espiritual por medio de la cooperación con los agentes divinos. Así como la planta se arraiga en el suelo, nosotros necesitamos arraigarnos en Cristo. Así como la planta recibe la luz del sol, el rocío y la lluvia, nosotros tenemos que recibir el Espíritu Santo. Si nuestros corazones se apoyan en Cristo, él vendrá a nosotros "como la lluvia tardía y temprana a la tierra"[9]. Como el Sol de Justicia, se levantará sobre nosotros "y en sus alas traerá salvación"[10]. Creceremos "como lirio". Nos vivificaremos "como trigo" y floreceremos "como la vid"[11].

El proceso del crecimiento del trigo es como sigue: "Primero hierba, luego espiga, después grano lleno en la espiga"[12]. El propósito que tiene el agricultor al sembrar la semilla y cultivar la planta, es obtener el grano: pan para el hambriento y semilla para cosechas futuras. Así también espera una cosecha el Agricultor divino. Trata de reproducirse en el corazón y en la vida de sus seguidores, para que por medio de ellos pueda ser reproducido en otras vidas y otros corazones.

El desarrollo gradual de la planta a partir de la semilla, es una ilustración de la educación del niño. "Primero hierba, luego espiga, después grano lleno en la espiga"[12]. El que dio esta parábola, creó la semillita, le dio sus propiedades vitales y dictó las leyes que rigen su crecimiento. Y las verdades enseñadas por la parábola fueron hechas una realidad en su propia vida. Él, la Majestad del cielo, el Rey de gloria, se hizo criatura en Belén, y representó por un tiempo a la infancia impotente que depende del cuidado materno. En su niñez habló y se condujo como niño, honró a sus padres, y realizó sus deseos en forma útil. Pero a partir del primer destello de inteligencia, fue creciendo constantemente en gracia y en conocimiento de la verdad.

Los padres y maestros deben proponerse cultivar de tal modo las tendencias de los jóvenes que, en cada etapa de la vida, estos representen la debida belleza de ese período, que se desarrollen naturalmente, como lo hacen las plantas del jardín.

Los niñitos deben ser educados con sencillez infantil. Debe enseñárseles a conformarse con los deberes simples y útiles y los placeres e incidentes naturales a sus años. La niñez corresponde a la hierba de la parábola, y la hierba tiene una belleza peculiar. No se debería forzar en los niños el desarrollo de una madurez precoz, sino que se debería tratar de conservar, tanto tiempo como fuera posible, la frescura y la gracia de sus primeros años. Cuanto más tranquila y sencilla sea la vida del niño, cuanto menos afectada por el estímulo artificial y más en armonía con la naturaleza, más favorables será para el desarrollo físico y mental, y la fuerza espiritual.

El milagro del Salvador, al alimentar a los cinco mil, ilustra la obra del poder de Dios en la producción de la cosecha. Jesús descorre el velo del mundo de la naturaleza, y revela la energía creadora ejercida constantemente para nuestro bien. Al multiplicar la semilla sembrada en el suelo, el que multiplicó los panes hace un milagro todos los días.

Por medio de un milagro alimenta constantemente a millones de personas con las cosechas de la tierra. Se llama a los hombres a cooperar con él en el cuidado del grano y la preparación del pan, y por este motivo pierden de vista al instrumento divino. Se atribuye la obra de su poder a causas naturales o a medios humanos y, con demasiada frecuencia, se pervierten sus dones dándoles un uso egoísta y convirtiéndolos así en una maldición en vez de una bendición. Dios está procurando cambiar todo esto. Desea que nuestros sentidos entorpecidos se aviven para percibir su bondad misericordiosa, que sus dones sean para nosotros la bendición que él se proponía que fuesen.

La palabra de Dios, la transmisión de su vida, es lo que da vida a la semilla y, al comer el grano, nos hacemos partícipes de esa vida. Dios desea que comprendamos eso; quiere que aún al recibir nuestro pan cotidiano, reconozcamos su intervención y alcancemos una comunión más íntima con él.

Según las leyes de Dios que rigen en la naturaleza, el efecto sigue a la causa con invariable seguridad. La siega es un testimonio de la siembra. Aquí no hay simulación posible. Los hombres pueden engañar a sus semejantes y recibir alabanza y compensación por un servicio que no han prestado. Pero en la naturaleza no puede haber engaño. La cosecha dicta sentencia de condenación para el agricultor infiel. Y en su sentido superior, esto se aplica también al campo de lo espiritual. El mal triunfa aparentemente, pero no en realidad. El niño que por jugar falta a clases, el joven perezoso para estudiar, el empleado o aprendiz que no cuida los intereses de su patrón, el hombre que en cualquier negocio o profesión es infiel a sus responsabilidades más elevadas, puede jactarse de que mientras la falta permanezca oculta obtiene ciertas ventajas. Pero no es así; se engaña a sí mismo. El carácter es la cosecha de la vida, y determina el destino tanto para esta vida como para la venidera.

La cosecha es la reproducción de la semilla sembrada. Toda semilla da fruto "según su género". Lo mismo ocurre con los rasgos de carácter que fomentamos. El egoísmo, el amor propio, el engreimiento, la propia complacencia, se reproducen, y el final es desgracia y ruina. "Porque el que siembra para su carne, de la carne segará corrupción; mas el que siembra para el espíritu, del espíritu segará vida eterna"[13]. El amor, la solidaridad y la bondad, dan fruto de bendición, una cosecha imperecedera.

En la cosecha, la semilla se multiplica. Un solo grano de trigo, multiplicado por repetidas siembras, cubriría todo un terreno de gavillas doradas. La misma extensión puede tener la influencia de una sola vida, y hasta de una sola acción.

¡Qué actos de amor ha inspirado, a través de los siglos, el recuerdo del vaso de alabastro roto para ungir a Cristo! ¡Cuántas ofrendas ha ganado para la causa del Salvador la contribución de "dos blancas, o sea un cuadrante"[14], hecha por una pobre viuda anónima!

Vida por medio de la muerte

La siembra enseña una lección de generosidad. "El que siembra escasamente, también segará escasamente; y el que siembra generosamente, generosamente también segará"[15].

El Señor dice: "Dichosos vosotros los que sembráis junto a todas las aguas"[16]. Sembrar junto a todas las aguas significa dar dondequiera que se necesite nuestra ayuda. Esto no será causa de pobreza. "El que siembra generosamente, generosamente también segará". Al esparcir la semilla, el sembrador la multiplica. Del mismo modo, al compartir con otros, aumentamos nuestras bendiciones. La promesa de Dios asegura abundancia, para que sigamos dando.

Más aún: al impartir bendiciones en esta vida, la gratitud del que las recibe prepara el corazón para recibir la verdad espiritual y se produce una cosecha para vida eterna.

La vida es resultado de su muerte

Mediante la acción de echar el grano en la tierra, el Salvador representa su sacrificio, por nosotros. "Que si el grano de trigo no cae en la tierra y muere—dice él—, queda solo; pero si muere, lleva mucho fruto"[17]. Únicamente por medio del sacrificio de Cristo, la Simiente, podía obtenerse fruto para el reino de Dios. De acuerdo con la ley del reino vegetal, la vida es resultado de su muerte.

Lo mismo ocurre con todos los que dan fruto como colaboradores con Cristo; el amor y el interés propios deben perecer; la vida tiene que ser echada en el surco de la necesidad del mundo. Pero la ley del sacrificio del yo es la ley de la conservación propia. El agricultor conserva el grano cuando lo arroja a la tierra. Del mismo modo será conservada la vida que se da generosamente para servicio de Dios y del hombre.

La semilla muere para dar origen a nueva vida. Por medio de esto se nos enseña la lección de la resurrección. Dios ha dicho del cuerpo humano depositado en el sepulcro donde se reduce a polvo: "Se siembra en corrupción, resucitará en incorrupción. Se siembra en deshonra, resucitará en gloria; se siembra en debilidad, resucitará en poder"[18].

Cuando los padres y maestros tratan de enseñar estas lecciones, deben hacerlo en forma práctica. Preparen los niños el terreno y siembren la semilla. Mientras trabajan así el terreno, el padre o el maestro puede compararlo con el jardín del corazón y la semilla buena o mala echada en él, y explicar que, así como es necesario preparar el jardín para sembrar la semilla natural, es necesario preparar el corazón para sembrar la semilla de la verdad. Al esparcir la semilla en el terreno, pueden enseñar la lección de la muerte de Cristo, y al brotar la hierba, la verdad de la resurrección. A medida que crece la planta, se puede continuar la comparación entre la siembra natural y la espiritual.

De modo semejante se debería enseñar a los jóvenes. Continuamente se pueden aprender lecciones del cultivo del suelo. Nadie se instala en un pedazo de tierra inculta con la esperanza de que dé inmediatamente una cosecha. Se necesita hacer una labor diligente, perseverante, en la preparación del suelo, la siembra de la semilla y el cultivo de las mieses. Del mismo modo se ha de proceder en la siembra espiritual. Debe cultivarse el jardín del corazón. La tierra tiene que ser roturada por el arrepentimiento. Deben sacarse de raíz las malas hierbas que ahogan el grano sembrado. Así como se requiere un trabajo diligente para limpiar un campo que se ha llenado de abrojos, nada más se pueden vencer las malas tendencias del corazón por medio de esfuerzos fervientes hechos en el nombre y el poder de Cristo.

Al cultivar la tierra, el agricultor reflexivo descubrirá que se abren ante él tesoros jamás soñados. Nadie puede tener éxito en los trabajos agrícolas o de la huerta sí no presta atención a las leyes que entrañan. Es necesario estudiar las necesidades especiales de cada variedad de plantas. Las diversas variedades requieren terreno y cultivo diferentes, y la condición del éxito es la obediencia a las leyes que rigen a cada una. La atención requerida al trasplantar, para que no se cambien de lugar ni amontonen siquiera las raíces más finas, el cuidado de las plantas tiernas, la poda y el riego; la protección contra la helada de la noche y el sol durante el día, el cuidado que hay que ejercer para mantener alejadas las malas hierbas, las enfermedades y las plagas de insectos, el arreglo de las plantas, no solo enseñan lecciones importantes en cuanto al desenvolvimiento del carácter, sino que el trabajo mismo es un medio de desarrollo. Al cultivar el cuidado, la paciencia, la atención a los detalles, la obediencia a la ley, se obtiene una educación esencial. El contacto constante con el misterio de la vida y el encanto de la naturaleza, así como la ternura necesaria para cuidar esos hermosos objetos de la creación de Dios, tienden a vivificar la mente y refinar y elevar el carácter, y las lecciones aprendidas preparan al trabajador para tratar con más éxito con otras mentes.

[1]Lucas 22:27.
[2]Hebreos 1:14.
[3]Lucas 6:38.
[4]Marcos 4:26-28.
[5]Lucas 8:11; Isaías 61:11.
[6]Eclesiastés 11:6.
[7]Génesis 8:22.
[8]Isaías 55:11; Salmos 126:6.
[9]Oseas 6:3.
[10]Malaquías 4:2.
[11]Oseas 14:5, 7.
[12]Marcos 4:28.
[12]Marcos 4:28.
[13]Gálatas 6:8.
[14]Marcos 12:42.
[15]2 Corintios 9:6.
[16]Isaías 32:20.
[17]Juan 12:24.
[18]1 Corintios 15:42, 43.

Capítulo 12—Otras ilustraciones

"Quién sea sabio y guarde estas cosas, y entenderá las misericordias de Jehová". Salmos 107:43.

El poder restaurador de Dios se hace sentir en toda la naturaleza. Si se corta un árbol, si un ser humano se lastima o se rompe un hueso, la naturaleza empieza inmediatamente a reparar el daño. Aun antes de que exista la necesidad, están listos los elementos que participarán en la restauración, y tan pronto como se lastima una parte, todas las energías se dedican restaurarlas. Lo mismo ocurre en el reino espiritual. Antes que el pecado creara la necesidad, Dios había provisto el remedio. Toda alma que cede a la tentación es herida por el adversario, pero dondequiera que haya pecado está el Salvador. Es trabajo de Cristo "sanar a los quebrantados de corazón [...] pregonar libertad a los cautivos [...] poner en libertad a los oprimidos"[1].

Nosotros debemos cooperar en esta obra. "Si alguno es sorprendido en alguna falta [...] restauradlo"[2]. La palabra aquí traducida por "restaurar" significa juntar, como si se tratara de un hueso dislocado. ¡Qué figura tan sugestiva! El que incurre en el error o el pecado llega a desarmonizar con todo lo que lo rodea. Puede percatarse de su error, llenarse de remordimiento, pero no puede restablecerse. Se encuentra confuso, perplejo, vencido, impotente. Necesita ser ganado de nuevo, sanado, rehabilitado. "Vosotros que sois espirituales, restauradlo". Solamente el amor que fluye del corazón de Cristo puede sanar. Únicamente aquel en quien fluye ese amor, como la savia en el árbol, o la sangre en el cuerpo, puede restaurar al alma herida.

Los instrumentos del amor

Los instrumentos del amor tienen un poder maravilloso, porque son divinos. La respuesta suave que "quita la ira"; el amor que "es sufrido" y "es benigno"; el amor que "cubrirá multitud de pecados"[3];

si aprendiéramos esta lección ¡qué poder sanador llenaría nuestras vidas! La vida sería transformada y la tierra llegaría a ser la misma semejanza y el goce anticipado del cielo.

Estas preciosas lecciones enseñadas de un modo sencillo, pueden ser comprendidas hasta por los niñitos. El corazón del niño es tierno y fácil de impresionar, y cuando nosotros, que somos mayores, lleguemos a ser "como niños"[4], cuando aprendamos la sencillez, la dulzura y el tierno amor del Salvador, no hallaremos difícil tocar el corazón de los pequeños y enseñarles el misterio sanador del amor.

La perfección existe en todas las obras de Dios, sean pequeñas o grandes. La misma mano que sostiene los mundos en el espacio, da forma a las flores del campo. Examinad bajo el microscopio las flores más pequeñas y comunes que crecen junto al camino, y notad en todas sus partes cuán exquisita es su belleza y perfección. Del mismo modo puede hallarse verdadera excelencia en la más humilde responsabilidad; las tareas más comunes, hechas con fidelidad amante, son hermosas a la vista de Dios. La atención concienzuda que se presta a las cosas pequeñas nos hará colaboradores con él y nos ganará el elogio de Aquel que ve y sabe todo.

El arcoíris que atraviesa los cielos con su arco de luz es una prenda del "pacto perpetuo entre Dios y todo ser viviente"[5]. Y el arcoíris que rodea el trono de lo alto es también para los hijos de Dios una prenda de su pacto de paz.

Así como el arco en las nubes es el resultado de la unión de la luz del sol y la lluvia, el arco que hay sobre el trono de Dios representa la unión de su misericordia y su justicia. Dios dice al alma pecadora pero arrepentida: Vive: Para ti se "halló redención"[6].

"Porque esto me será como en los días de Noé, cuando juré que nunca más las aguas de Noé pasarían sobre la tierra. Asimismo he jurado que no me enojaré contra ti, ni te reñiré. Porque los montes se moverán y los collados temblarán, pero no se apartará de ti mi misericordia ni el pacto de mi paz se romperá, dice Jehová, el que tiene misericordia de tí"[7].

El mensaje de las estrellas

También las estrellas tienen un mensaje de ánimo para todo ser humano. En los momentos que sobrevienen a todos, cuando el corazón es débil y la tentación abruma; cuando los obstáculos parecen invencibles, las metas de la vida imposibles de lograr, y sus hermosas promesas como manzanas de Sodoma, ¿dónde se pueden encontrar entonces un valor y una firmeza como los que ofrece la lección que Dios nos ha invitado a aprender de las estrellas que siguen su curso invariable?

"Levantad en alto vuestros ojos, y mirad quien creó estas cosas; él saca y cuenta su ejército; a todas llama por sus nombres; ninguna faltará; tal es la grandeza de su fuerza, y el poder de su dominio. ¿Por qué dices, oh Jacob, y hablas tú, Israel: Mi camino está escondido de Jehová, y de mi Dios pasó mi juicio? ¿No has sabido, no has oído que el Dios eterno es Jehová, el cual creó los confines de la tierra? No desfallece, ni se fatiga con cansancio, y su entendimiento no hay quien lo alcance. El da esfuerzo al cansado, y multiplica las fuerzas al que no tiene ningunas".

"No temas, porque yo estoy contigo; no desmayes, porque yo soy tu Dios que te esfuerzo; siempre te ayudaré, siempre te sustentaré con la diestra de mi justicia". "Porque yo Jehová soy tu Dios, quien te sostiene de tu mano derecha, y te dice: No temas, yo te ayudo"[8].

La palmera, herida por el sol ardiente y las tormentas de arena, se yergue verde, florecida y llena de fruto en medio del desierto. Manantiales vivos alimentan sus raíces. Su corona de verdor se divisa a la distancia, en medio de la llanura calcinada y desolada; y el viajero, que se siente morir, apresura su paso vacilante para llegar hasta la sombra fresca y el agua vivificante.

El árbol del desierto es un símbolo de lo que Dios quiere que sea la vida de sus hijos en este mundo. Tienen que guiar a las almas cansadas al agua viva, llenas de inquietud, y a punto de perecer en el desierto del pecado. Tienen que dirigir la atención de sus semejantes a Aquel de quien parte la invitación: "Si alguno tiene sed, venga a mí y beba"[9].

Se considera que el río ancho y profundo, que ofrece una vía de comunicación para el tráfico de las naciones y sus viajeros, es un beneficio para todo el mundo; pero, ¿qué diremos de los arroyuelos que contribuyen a formar esa noble corriente fluvial? Si no fuera por ellos, el río desaparecería. De ellos depende su misma existencia. También se honra a los hombres que dirigen una gran obra, como si ellos solos son los responsables del éxito de esta, pero ese éxito requirió la fiel cooperación de un sinnúmero de obreros más humildes, ignorados por el mundo. Las tareas no elogiadas y los trabajos no reconocidos constituyen la suerte de la mayor parte de los trabajadores del mundo. Esta situación llena de descontento a muchos. Les parece que están desperdiciando la vida. Pero el arroyuelo que corre silencioso por el bosquecillo y la pradera, y lleva salud, fertilidad y belleza, es tan útil en su lugar como el ancho río. Al contribuir a la vida del río ayuda a lograr lo que él solo nunca hubiera podido realizar.

Muchos necesitan esta lección. Se idolatra demasiado el talento y se codicia excesivamente la posición. Muchas personas no quieren hacer nada a menos que se los considere jefes; muchos no se interesan en el trabajo a menos que reciban alabanza. Necesitamos aprender a ser fieles para usar hasta lo sumo las facultades y oportunidades que tenemos, y a contentarnos con la suerte que el cielo nos asigna.

Una lección de confianza

"Pregunta ahora a las bestias, y ellas te enseñarán; a las aves de los cielos, y ellas te lo mostrarán [...]. Los peces del mar te lo declararán también". "Ve a la hormiga [...] mira sus caminos". "Mirad las aves". "Considerad los cuervos"[10].

No solamente hemos de hablar al niño de estas criaturas de Dios. Los mismos animales llegan a ser sus maestros. Las hormigas enseñan lecciones de trabajo paciente, de perseverancia para vencer los obstáculos, de previsión para el futuro. Los pájaros son maestros de la dulce lección de la confianza. Nuestro Padre celestial hace provisión para ellos, pero ellos deben buscar su alimento, construir sus nidos y criar a sus hijos. Constantemente están expuestos a los enemigos que tratan de destruirlos y, sin embargo, ¡con cuánto gozo realizan su trabajo! ¡cuán alegres son sus cantos!

Es hermosa la descripción que hace el salmista del cuidado de Dios por las criaturas de los bosques:

"Los montes altos para las cabras monteses;
Las peñas, madrigueras para los conejos"[11].

Él hace correr los manantiales por las montañas donde los pájaros tienen su habitación y "cantan entre las ramas". Todas las criaturas de los bosques y de las montañas forman parte de su gran familia. Él abre la mano y satisface "de bendición a todo ser viviente"[12].

El águila de los alpes

El águila de los Alpes es a veces arrojada por la tempestad a los estrechos desfiladeros de las montañas. Las nubes tormentosas cercan a esta poderosa ave del bosque y con su masa oscura la separan de las alturas asoleadas donde ha construído su nido. Los esfuerzos que hace para escapar parecen infructuosos. Se precipita de aquí para allá, bate el aire con sus fuertes alas y despierta el eco de las montañas con sus gritos. Al fin se eleva con una nota de triunfo y, atravesando las nubes, se encuentra una vez más en la claridad solar, por encima de la oscuridad y la tempestad. Nosotros también podemos hallarnos rodeados de dificultades, desaliento y oscuridad. Nos cerca la falsedad, la calamidad, la injusticia. Hay nubes que no podemos disipar. Luchamos en vano con las circunstancias. Hay una vía de escape, y tan solo una. Las neblinas y brumas cubren la tierra; más allá de las nubes brilla la luz de Dios. Podemos elevarnos con las alas de la fe hasta la región de la luz de su presencia.

Muchas lecciones se pueden aprender de ese modo. La de la confianza propia, del árbol que crece solo en la llanura o en la ladera de la montaña, hundiendo sus raíces hasta lo profundo de la tierra y desafiando con su fuerza la tempestad. La del poder de la primera influencia, del tronco torcido, nudoso y doblado, al cual ningún poder terrenal puede devolver la simetría perdida. La del secreto de una vida santa, del nenúfar que, en el fondo de un estanque sucio, rodeado por desperdicios y malezas, sepulta su tallo acanalado hasta encontrar la arena pura, y sacando de allí su vida, eleva hasta encontrar la luz su flor fragante, de una pureza impecable.

De ese modo, al mismo tiempo que los niños y los jóvenes obtienen el conocimiento de los hechos por medio de los maestros y libros de texto, pueden aprender a sacar lecciones y descubrir verdades por sí mismos. Cuando trabajan en el jardín, interrogadles sobre lo que aprenden del cuidado de sus plantas. Cuando contemplan un paisaje hermoso, preguntadles por que vistió Dios los campos y los bosques con tonos tan encantadores y variados. ¿Por qué no es todo de un tinte pardo sombrío? Cuando recogen flores, inducidlos a pensar por qué conservó para nosotros la belleza de esos restos del Edén. Enseñadles a notar por todas partes, mediante las evidencias que ofrece la naturaleza, el cuidado de Dios por nosotros, la maravillosa adaptación de todas las cosas a nuestras necesidades y felicidad.

Únicamente aquel que reconoce en la naturaleza la obra del Padre, que en la riqueza y belleza de la tierra lee lo que ha sido escrito por él, aprende de los elementos de la naturaleza sus más profundas lecciones y recibe su elevado ministerio. Solo puede apreciar plenamente el significado de la colina y el valle, el río y el mar aquel que los contempla como una expresión del pensamiento de Dios, una revelación del Creador.

Los escritores de la Biblia hacen uso de muchas ilustraciones que ofrece la naturaleza, y si observamos las cosas del mundo natural, podremos comprender más plenamente, bajo la mano guiadora del Espíritu Santo, las lecciones de la Palabra de Dios. De ese modo la naturaleza llega a ser una llave del tesoro de la Palabra.

Debe animarse a los niños a buscar en la naturaleza los objetos que ilustran las enseñanzas bíblicas y rastrear en la Biblia los símiles sacados de la naturaleza. Deben buscar, tanto en la naturaleza como en la Sagrada Escritura, todos los objetos que representan a Cristo, como también los que él empleó para ilustrar la verdad. Así pueden aprender a verle en el árbol y en la vid, en el lirio y en la rosa, en el sol y en la estrella. Pueden aprender a oír su voz en el canto de los pájaros, en el murmullo de los árboles, en el ruido del trueno y en la música del mar. Y cada objeto de la naturaleza les repetirá las preciosas lecciones del Creador.

Para los que así se familiaricen con Cristo, nunca jamás será la tierra un lugar solitario y desolado. Será para ellos la casa de su Padre, llena de la presencia de Aquel que una vez habitó entre los hombres.

[1] Lucas 4:18.

[2] Gálatas 6:1.

[3] Proverbios 15:1; 1 Corintios 13:4; 1 Pedro 4:8.

[4] Mateo 18:3.

[5] Génesis 9:16.

[6] Job 33:24.

[7]Isaías 54:9, 10.
[8]Isaías 40:26-29; 41:10, 13.
[9]Juan 7:37.
[10]Job 12:7. 8; Proverbios 6:6; Mateo 6:26; Lucas 12:24.
[11]Salmos 104:18.
[12]Salmos 104:12; 145:16.

La Biblia como instrumento educador

"Te guiarán cuando camines; te guardarán y cuando duermas hablarán contigo cuando despiertes". Proverbios 6:22.

Capítulo 13—La cultura mental y espiritual

"Con ciencia se llenan las cámaras de todo bien preciado y agradable". Proverbios 24:4.

Según la ley de Dios, la fuerza para la mente y el alma, lo mismo que para el cuerpo, se adquiere por medio del esfuerzo. El desarrollo se obtiene por medio del ejercicio. De acuerdo con esta ley, Dios ha provisto en su Palabra los recursos necesarios para el desarrollo mental y espiritual.

La Biblia contiene todos los principios que los hombres necesitan comprender, a fin de prepararse para esta vida o para la venidera. Estos principios pueden ser comprendidos por todos. Nadie que tenga disposición para apreciar su enseñanza puede leer un solo pasaje de la Biblia sin obtener de él algún pensamiento útil. Pero la enseñanza más valiosa de la Biblia no se obtiene por medio de un estudio ocasional o aislado. Su gran sistema de verdad no se presenta de tal manera que pueda descubrirlo el lector apresurado o descuidado. Muchos de sus tesoros están lejos de la superficie, y solamente pueden ser obtenidos por medio de una investigación diligente y de un esfuerzo continuo. Las verdades que forman el gran todo tienen que ser buscadas y reunidas "un poquito allí, otro poquito allá"[1].

Una vez buscadas y reunidas, corresponderán perfectamente unas a otras. Cada Evangelio es un complemento de los demás; cada profecía, una explicación de la otra; cada verdad, el desarrollo de otra verdad. El evangelio explica los símbolos del sistema judaico. Todo principio de la Palabra de Dios tiene su lugar; cada hecho, su relación. Y la estructura completa, tanto en su propósito como en su ejecución, da testimonio de su Autor. Únicamente el Ser infinito pudo concebir y dar forma a esa estructura.

Al buscar las diferentes partes y al estudiar su relación, entran en actividad las facultades superiores de la mente humana. Nadie puede emprender ese estudio sin que se desarrolle su mente.

Y el valor intelectual del estudio de la Biblia no consiste solamente en investigar la verdad y descubrir su estructura íntima, sino también en el esfuerzo requerido para abarcar los temas presentados. La mente ocupada solamente con asuntos vulgares se empequeñece y debilita. Si nunca se empeña en comprender verdades grandes y de vasto alcance, después de un tiempo pierde la facultad de crecer. Como salvaguardia contra esa degeneración, y como estímulo para el desarrollo, nada puede igualar al estudio de la Palabra de Dios. Como medio de educación intelectual, la Biblia es más eficaz que cualquier otro libro o que todos los demás libros juntos. La grandeza de sus temas, la elevada sencillez de sus expresiones, la belleza de sus figuras, avivan y elevan los pensamientos como ningún otro libro puede lograrlo. Ningún otro estudio puede impartir poder mental como el que imparte el esfuerzo que se realiza para abarcar las estupendas verdades de la revelación. La mente que en esa forma se pone en contacto con los pensamientos del Ser infinito no puede sino desarrollarse y fortalecerse.

Mayor aún es el poder de la Biblia en el desarrollo de la naturaleza espiritual. El hombre, creado para vivir en comunión con Dios, puede encontrar su verdadera vida y su auténtico desarrollo únicamente en esa comunión. Creado para descubrir en Dios su mayor gozo, en ninguna otra cosa puede hallar aquello que puede calmar los anhelos de su corazón, y satisfacer el hambre y la sed del alma. Aquel que con espíritu dócil y sincero estudia la Palabra de Dios para comprender sus verdades, se pondrá en contacto con su Autor y, a menos que sea por propia decisión, no tienen límite las posibilidades de su desarrollo.

En su vasta gama de estilo y temas, la Biblia tiene algo para interesar a cada mente y atraer cada corazón. Sus páginas encierran historia antiquísima; biografías fieles a la vida; principios de gobierno para regir al estado y gobernar la casa, principios que la sabiduría humana nunca ha conseguido igualar. Contiene la más profunda filosofía, la poesía más dulce y sublime, apasionada y emocionante. Los escritos de la Biblia, considerados de esta manera, son inconmensurablemente superiores en valor a las producciones de cualquier autor humano, pero considerados en su relación con su gran pensamiento central, son de alcance infinitamente más amplio, de valor infinitamente mayor. Desde este punto de vista, cada tema adquiere nuevo significado. En las verdades enunciadas con más sencillez se encierran principios tan altos como el cielo, y que abarcan la eternidad.

El tema central de la Biblia, el tema alrededor del cual se agrupan todos los demás, es el plan de la redención, la restauración de la imagen de Dios en el alma humana. Desde la primera insinuación de esperanza que se hizo en la sentencia pronunciada en el Edén, hasta la gloriosa promesa del Apocalipsis: "Y verán su rostro, y su nombre estará en sus frentes"[2], el propósito de cada libro y pasaje de la Biblia es el desarrollo de este maravilloso tema: la restauración del hombre, el poder de Dios, "que nos da la victoria por medio de nuestro Señor Jesucristo"[3].

El que capta este pensamiento, tiene delante sí un campo infinito de estudio. Tiene la llave que le abrirá todo el tesoro de la Palabra de Dios.

La ciencia de la redención es la ciencia de las ciencias; la ciencia que constituye el motivo de estudio de los ángeles y todos los seres inteligentes de los mundos no caídos; la ciencia que ocupa la atención de nuestro Señor y Salvador; la ciencia que penetra en el propósito ideado en la mente del Ser Infinito, "que se ha mantenido oculto desde tiempos eternos"[4]; la ciencia que será el estudio de los redimidos de Dios durante los siglos sin fin. Es este el estudio más elevado que puede emprender el ser humano. Aviva la mente y eleva el alma como ningún otro estudio podría hacerlo.

"Ventajosa es la sabiduría, porque da vida a sus poseedores". "Las palabras que yo os he hablado—dijo Jesús—son espíritu y son vida". "Y esta es la vida eterna: que te conozcan a ti, el único Dios verdadero, y a Jesucristo, a quien has enviado"[5].

En la palabra de Dios está la energía creadora que llamó los mundos a la existencia. Esta palabra imparte poder; engendra vida. Cada orden es una promesa; aceptada por la voluntad, recibida en el alma, trae consigo la vida del Ser infinito. Transforma la naturaleza y vuelve a crear el alma a imagen de Dios.

De igual modo se sostiene la vida así impartida. El hombre vivirá de "toda palabra que sale de la boca de Dios"[6].

La mente, el alma, se edifica con lo que le sirve de alimento, y a nosotros nos toca determinar la clase de alimento que recibirá. Está al alcance de todos escoger los temas que han de ocupar los pensamientos y amoldar el carácter. Dios dice de cada ser humano privilegiado con el acceso a las Escrituras: "Le escribí las grandezas de mi ley". "Clama a mí, y yo te responderé, y te enseñaré cosas grandes y ocultas que tú no conoces"[7].

Con la Palabra de Dios en la mano, todo ser humano, cualquiera que sea su suerte en la vida, puede gozar de la clase de comunión que escoja. Por medio de sus páginas puede relacionarse con lo mejor y lo más noble de la especie humana, y escuchar la voz del Eterno que habla con los hombres. Al estudiar y meditar en los temas que los ángeles "anhelan mirar"[8], puede gozar de su compañía. Puede seguir las pisadas del Maestro celestial y escuchar sus palabras como cuando él las enseñaba en la montaña, la llanura y el mar. Puede morar en esta tierra en la atmósfera del cielo, e impartir a los afligidos y tentados de la tierra pensamientos de esperanza y anhelos de santidad; puede lograr que su comunión con el Invisible sea cada vez más íntima, como aquel que antaño anduvo con Dios, acercándose cada vez más al umbral del mundo eterno, hasta que los portales se abran y pueda entrar. Entonces no se sentirá allí como un extraño. Lo saludarán las voces de los santos que, invisibles, eran sus compañeros en la tierra, voces que él aprendió a distinguir y amar aquí. El que por medio de la Palabra de Dios ha vivido en comunión con el cielo, se sentirá como en su casa en el ambiente celestial.

---

[1] Isaías 28:10.
[2] Apocalipsis 22:4.
[3] 1 Corintios 15:57.
[4] Romanos 16:25.
[5] Eclesiastés 7:12; Juan 6:63; 17:3.
[6] Mateo 4:4.
[7] Oseas 8:12; Jeremías 33:3.
[8] 1 Pedro 1:12.

Capítulo 14—La ciencia y la Biblia

"¿Cuál de entre todos ellos no entiende que la mano de Jehová lo hizo?" Job 12:9.

Puesto que el libro de la naturaleza y el de la revelación llevan el sello de una Mente maestra, no pueden sino hablar en armonía. Con diferentes métodos y lenguajes, dan testimonio de las mismas grandes verdades. La ciencia descubre siempre nuevas maravillas, pero en su investigación no obtiene nada que correctamente comprendido, discrepe con la revelación divina. El libro de la naturaleza y la Palabra escrita se alumbran mutuamente. Nos familiarizan con Dios al enseñarnos algo de las leyes por medio de las cuales él trabaja.

Sin embargo, algunas deducciones erróneas de fenómenos observados en la naturaleza, han hecho suponer que existe un conflicto entre la ciencia y la revelación y, en los esfuerzos realizados para restaurar la armonía entre ambas, se han adoptado interpretaciones de las Escrituras que minan y destruyen la fuerza de la Palabra de Dios. Se ha creído que la geología contradice la interpretación literal del relato mosaico de la creación. Se pretende que se requirieron millones de años para que la tierra evolucionara a partir del caos, y a fin de acomodar la Biblia a esta supuesta revelación de la ciencia, se supone que los días de la creación han sido largos e indefinidos períodos que abarcan miles y hasta millones de años.

Semejante conclusión es completamente innecesaria. El relato bíblico está en armonía consigo mismo y con la enseñanza de la naturaleza. Del primer día empleado en la obra de la creación se dice: "Y fue la tarde y la mañana un día"[1]. Lo mismo se dice en cada uno de los seis días de la semana de la creación. La Inspiración declara que cada uno de esos períodos ha sido un día compuesto de mañana y tarde, como cualquier otro día transcurrido desde entonces. En cuanto a la obra de la creación, el testimonio divino es como sigue: "Porque él dijo, y fue hecho; él mandó, y existió"[2]. ¿Cuánto tiempo necesitaría para sacar la tierra del caos Aquel que podía llamar de ese modo a la existencia a los mundos innumerables? Para dar razón de sus obras, ¿hemos de violentar su Palabra?

Es cierto que los restos encontrados en la tierra testifican que existieron hombres, animales y plantas mucho más grandes que los que ahora se conocen. Se considera que son prueba de la existencia de una vida animal y vegetal antes del tiempo mencionado en el relato mosaico. Pero en cuanto a estas cosas, la historia bíblica proporciona amplia explicación. Antes del diluvio, el desarrollo de la vida animal y vegetal era muy superior al que se ha conocido desde entonces. En ocasión del diluvio, la superficie de la tierra sufrió conmociones, ocurrieron cambios notables, y en la nueva formación de la corteza terrestre se conservaron muchas pruebas de la vida preexistente. Los grandes bosques sepultados en la tierra cuando ocurrió el diluvio, convertidos después en carbón, forman los extensos yacimientos carboníferos y suministran petróleo, sustancias necesarias para nuestra comodidad y conveniencia. Estas cosas, al ser descubiertas, son otros tantos testigos mudos de la veracidad de la Palabra de Dios.

Semejante a la teoría de la evolución de la tierra es la que atribuye a una línea ascendente de gérmenes, moluscos y cuadrúpedos, la evolución del hombre, corona gloriosa de la creación.

Cuando se consideran las oportunidades que tiene el hombre para investigar, cuando se considera cuán breve es su vida, cuán limitada su esfera de acción, cuán restringida su visión, cuán frecuentes y grandes son los errores de sus conclusiones, especialmente en lo que se refiere a los sucesos que se supone precedieron a la historia bíblica, cuán a menudo se revisan o desechan las supuestas deducciones de la ciencia, con qué prontitud se añaden o quitan millones de años al supuesto período del desarrollo de la tierra y cómo se contradicen las teorías presentadas por diferentes hombres de ciencia; cuando se considera esto, ¿consentiremos nosotros, por el privilegio de rastrear nuestra ascendencia a través de gérmenes, moluscos y monos, en desechar esa declaración de la Santa Escritura, tan grandiosa en su sencillez: "Y creó Dios al hombre a su imagen, a imagen de Dios lo creó"?[3] ¿Desecharemos el informe genealógico más magnífico que cualquiera que haya sido atesorado en las cortes de los reyes: "Hijo de Adán, hijo de Dios"?[4]

Debidamente comprendidas, tanto las revelaciones de la ciencia como las experiencias de la vida están en armonía con el testimonio de la Escritura en cuanto a la obra constante de Dios en la naturaleza.

En el himno registrado en el libro de Nehemías, los levitas cantaron: "Tú solo eres Jehová; tú hiciste los cielos, y los cielos de los cielos, con todo su ejército, la tierra y todo lo que está en ella, los mares y todo lo que hay en ellos; y tú vivificas todas estas cosas"[5].

En lo que respecta a esta tierra, las Escrituras declaran que la obra de la creación ha sido terminada. "Las obras suyas estaban acabadas desde la fundación del mundo"[6]. Pero el poder de Dios todavía está en acción para sostener los objetos de su creación. No late el pulso ni se suceden las respiraciones por el hecho de que el mecanismo una vez puesto en movimiento sigue actuando por su propia energía inherente. Cada respiración, cada latido del corazón es una evidencia del cuidado de Aquel en quien vivimos, nos movemos y somos. Desde el insecto más pequeño, hasta el hombre, toda criatura viviente depende diariamente de su providencia.

"Todos ellos esperan en ti [...].
   Les das, y ellos recogen;
Abres tu mano, se sacian de bien.
   Escondes tu rostro, se turban;
Les quitas el hálito, dejan de ser,
   Y vuelven al polvo.
Envías tu Espíritu son creados,
   Y renuevas la faz de la tierra"[7].
"Él extiende el norte sobre vacío,
   Cuelga la tierra sobre nada.
Ata las aguas en sus nubes,
   Y las nubes no se rompen debajo de ellas [...].
Ha puesto límite a la superficie de las aguas,
   Hasta el fin de la luz y las tinieblas.
Las columnas del cielo tiemblan,
   Y se espantan a su represión.
Él agita el mar con su poder [...].
   Su espíritu adornó los cielos;
Su mano creó la serpiente tortuosa.
   He aquí, estas cosas son solo los bordes de sus caminos;

¡Y cuán leve es el susurro que hemos oído de él!

Pero el trueno de su poder, ¿quién lo puede comprender?"[8]

"Jehová marcha en la tempestad y el torbellino, y las nubes son el polvo de sus pies"[9].

El enorme poder que trabaja en toda la naturaleza y sostiene todas las cosas, no es meramente, como dicen algunos hombres de ciencia, un principio que todo lo penetra, ni una energía activa. Dios es espíritu, y no obstante es un ser personal, pues el hombre fue hecho a su imagen. Como ser personal, Dios se ha revelado en su Hijo. Jesús, el resplandor de la gloria de su Padre "y la imagen misma de su sustancia"[10], se halló en la tierra en forma de hombre. Como Salvador personal, vino al mundo y ascendió a lo alto. Como Salvador personal intercede en las cortes celestiales. Delante del trono de Dios ministra en favor nuestro, "Uno como un hijo de hombre"[11].

El apóstol Pablo, al escribir movido por el Espíritu Santo, declara de Cristo que "en él fueron creadas todas las cosas [...] y para él. Y él es antes de todas las cosas, y todas las cosas en él subsisten"[12]. La mano que sostiene los mundos en el espacio, la mano que mantiene en su disposición ordenada y actividad incansable todo lo que existe en el universo de Dios, es la mano que fue clavada en la cruz por nosotros.

La grandeza de Dios no es incomprensible. "Jehová tiene en el cielo su trono"[13]; sin embargo, es omnipresente mediante su Espíritu. Tiene un íntimo conocimiento de todas las obras de su mano y un interés personal en ellas.

"¿Quién como Jehová nuestro Dios,
  Que se sienta en las alturas,
Que se humilla a mirar
  En el cielo y en la tierra?"
"¿A dónde me iré de tu Espíritu?
  ¿Y a dónde huiré de tu presencia?
Si subiere a los cielos, allí estás tú;
  Y si en el Seol hiciere mi estrado,
He aquí, allí tú estás.
  Si tomare las alas del alba

Y habitare en el extremo del mar,
　　Aun allí me guiará tu mano,
Y me asirá tu diestra"[14].
　　"Tú has conocido mi sentarme
y mi levantarme.
　　Has entendido desde lejos mis pensamientos.
Has escudriñado mi andar y mi reposo,
　　y todos mis caminos te son conocidos,
pues aún no está la palabra en mi lengua
　　y ya tú, Jehová, la sabes toda.
Detrás y delante me rodeaste,
　　y sobre mí pusiste tu mano.
Tal conocimiento es demasiado maravilloso para mí;
　　¡alto es, no lo puedo comprender!"[15]

El Creador de todo fue el que ordenó la maravillosa adaptación de los medios a su fin, del abastecimiento a la necesidad. Él fue quien hizo provisión en el mundo material para suplir todo deseo implantado por él mismo. Él fue quien creó el alma humana con su capacidad de conocer y amar. Y él, por su propia naturaleza, no puede dejar de satisfacer los anhelos del alma. Ningún principio intangible, ninguna esencia impersonal o mera abstracción puede saciar las necesidades y los anhelos de los seres humanos en esta vida de lucha contra el pecado, el pesar y el dolor. No es suficiente creer en la ley y en la fuerza, en cosas que no pueden tener piedad, y que nunca oyen un pedido de ayuda. Necesitamos saber que existe un brazo todopoderoso que nos puede sostener, de un Amigo infinito que se compadece de nosotros. Necesitamos estrechar una mano cálida y confiar en un corazón lleno de ternura. Y precisamente así se ha revelado Dios en su Palabra.

El que estudie profundamente los misterios de la naturaleza, comprenderá plenamente su propia ignorancia y su debilidad. Comprenderá que hay profundidades y alturas que no puede alcanzar, secretos que no puede penetrar, vastos campos de verdad que están delante de él sin explorar. Estará dispuesto a decir con Newton: "Me parece que yo mismo he sido como un niño que busca guijarros y conchas a la orilla del mar, mientras el gran océano de la verdad se hallaba inexplorado delante de mí".

Los más profundos estudiosos de la ciencia se ven constreñidos a reconocer en la naturaleza la obra de un poder infinito. Sin embargo, para la sola razón humana, la enseñanza de la naturaleza no puede ser sino contradictoria y llena de frustraciones. Solo se la puede leer correctamente a la luz de la revelación. "Por la fe entendemos"[16]

"En el principio [...] Dios"[17]. Únicamente aquí puede encontrar reposo la mente en su investigación anhelosa, cuando vuela como la paloma del arca. Arriba, debajo, más allá, habita el amor infinito, que hace que todas las cosas cumplan su "propósito de bondad"[18].

"Lo invisible de él, su eterno poder y deidad, se hacen claramente visibles [...] por medio de las cosas hechas"[19]. Pero su testimonio nada más puede ser entendido con la ayuda del divino Maestro. "¿Quién de los hombres sabe las cosas del hombre, sino el espíritu del hombre que está en él? Así tampoco nadie conoció las cosas de Dios, sino el Espíritu de Dios"[20].

"Pero cuando venga el Espíritu de verdad, él os guiará a toda la verdad"[21]. Solamente mediante la ayuda de ese Espíritu que en el principio "se movía sobre la faz de las aguas"; de aquel Verbo por quien "todas las cosas [...] fueron hechas"; de aquella "Luz verdadera que alumbra a todo hombre", puede interpretarse correctamente el testimonio de la ciencia. Tan solo mediante su dirección pueden descubrirse sus verdades más profundas.

Únicamente bajo la dirección del Omnisciente podremos llegar a pensar lo mismo que él cuando estudiemos sus obras.

---

[1]Génesis 1:5.

[2]Salmos 33:9.

[3]Génesis 1:27.

[4]Lucas 3:33.

[5]Nehemías 9:6.

[6]Hebreos 4:3.

[7]Salmos 104:27-30.

[8]Job 26:7, 8, 10-14.

[9]Nahúm 1:3.

[10]Hebreos 1:3.

[11]Daniel 7:13.

[12]Colosenses 1:16, 17.

[13]Salmos 11:4.

[14]Salmos 113:5, 6; 139:7-10.

[15]Salmos 139:2-6.

[16]Hebreos 11:3.
[17]Génesis 1:1.
[18]2 Tesalonicenses 1:11.
[19]Romanos 1:20.
[20]1 Corintios 2:11.
[21]Juan 16:13.

Capítulo 15—Principios y métodos aplicables a los negocios

"El que camina en integridad anda confiado". Proverbios 10:9.

No hay ocupación lícita para la cual la Biblia no provea una preparación esencial. Sus principios de diligencia, honradez, economía, temperancia y pureza, son el secreto del verdadero éxito. Estos principios, según los presenta el libro de Proverbios, constituyen un tesoro de sabiduría práctica. ¿Dónde pueden hallar el comerciante, el artesano, el conductor de hombres en cualquier tipo de actividad, mejores máximas para sí mismos y sus empleados que las que se encuentran en las palabras del sabio?

"¿Has visto un hombre cuidadoso en su trabajo? Delante de los reyes estará; no delante de gente de baja condición"[1].

"Toda labor da fruto; mas las vanas palabras de los labios empobrecen"[2].

"El alma del perezoso desea, y nada alcanza". "Porque el bebedor y el comilón empobrecerán, y el mucho dormir los hará vestir de harapos"[3].

"El que anda en chismes descubre el secreto; no te entremetas, pues, con el suelto de lengua"[4].

"El que ahorra sus palabras tiene sabiduría"; pero "todo insensato se envolverá en ella"[5].

"No entres por la vereda de los impíos". "¿Andará el hombre sobre brasas sin que sus pies se quemen?"[6]

"El que anda con sabios, sabio será"[7].

"El hombre que tiene amigos ha de mostrarse amigo"[8].

Toda la gama de nuestras obligaciones mutuas está resumida en esta declaración de Cristo: "Así que, todas las cosas que queráis que los hombres hagan con vosotros, así también haced vosotros con ellos"[9].

Más de un hombre hubiera escapado del fracaso y de la ruina financiera, si hubiese tenido en cuenta las advertencias que las Escrituras repiten y recalcan.

"El que se apresura a enriquecerse no será sin culpa"[10].

"Las riquezas de vanidad disminuirán; pero el que recoge con mano laboriosa las aumenta"[11].

"Amontonar tesoros con lengua mentirosa es aliento fugaz de aquellos que buscan la muerte"[12].

"El que toma prestado es siervo del que presta"[13].

"Con ansiedad será afligido el que sale por fiador de un extraño; mas el que aborreciere las fianzas vivirá seguro"[14].

"No traspases el lindero antiguo, ni entres en la heredad de los huérfanos; porque el defensor de ellos es el fuerte, el cual juzgará la causa de ellos contra ti". "El que oprime al pobre para aumentar sus ganancias, o que da al rico, ciertamente se empobrecerá". "El que cava foso caerá en él; y al que revuelve la piedra, sobre él le volverá"[15].

A estos principios está ligado el bienestar de la sociedad, tanto en las relaciones seculares como en las religiosas. Ellos son los que dan seguridad a la propiedad y la vida. Por todo lo que hace posible la confianza y la cooperación, el mundo es deudor a la ley de Dios, según la da su Palabra, y según se puede encontrar aún, en rasgos a menudo oscuros y casi borrados, en el corazón de los hombres.

Las palabras del salmista: "Mejor me es la ley de tu boca, que millares de oro y plata"[16] declaran algo que es cierto desde otros puntos de vista, fuera del religioso. Declaran una verdad absoluta, reconocida en el mundo de los negocios. Hasta en esta época de pasión por la acumulación de dinero, cuando hay tanta competencia y los métodos son inescrupulosos, se reconoce ampliamente que, para el joven que se inicia en la vida, la integridad, la diligencia, la temperancia, la economía y la pureza constituyen un capital mejor que el constituido meramente por una suma de dinero.

Sin embargo, aun entre los que aprecian el valor de estas cualidades y reconocen que tienen su origen en la Biblia, hay pocos que aceptan el principio en que se fundan.

El cimiento de la integridad comercial y del verdadero éxito es el reconocimiento del derecho de propiedad de Dios. El Creador de todas las cosas es el propietario original. Nosotros somos sus mayordomos. Todo lo que tenemos es depósito suyo para que lo usemos de acuerdo con sus indicaciones.

Esta obligación pesa sobre todo ser humano. Se aplica a toda la gama de la actividad humana. Reconozcámoslo o no, somos mayordomos a quienes Dios ha otorgado talentos y capacidades, y nos ha puesto en el mundo para llevar a cabo la obra que él nos ha asignado.

A todo ser humano se le confiere "su obra"[17], la obra para la cual lo capacitan sus aptitudes, la que dará como resultado la mayor suma de bien para sí mismo y sus semejantes, y la mayor honra para Dios.

De modo que nuestro negocio o vocación forma parte del gran plan de Dios y, mientras se lleve a cabo de acuerdo con su voluntad, él se responsabilizará de los resultados. Como "colaboradores de Dios"[18], la parte que nos toca es obedecer fielmente sus instrucciones. No hay, por lo tanto, lugar para la preocupación y la ansiedad. Se requieren diligencia, fidelidad, cuidado, economía y discreción. Cada facultad debe emplearse hasta lo sumo. Pero no hemos de poner nuestra confianza en el feliz resultado de nuestros esfuerzos, sino en la promesa de Dios. La Palabra que alimentó a Israel en el desierto, y mantuvo a Elías mientras prevalecía el hambre, tiene hoy el mismo poder que entonces. "No os afanéis, pues, diciendo: ¿Qué comeremos, o qué beberemos? [...] Mas buscad primeramente el reino de Dios y su justicia, y todas estas cosas os serán añadidas"[19].

El que da a los hombres la facultad de obtener riquezas, ha unido al don una obligación. Reclama una porción determinada de todo lo que adquirimos. El diezmo pertenece al Señor. "Y el diezmo de la tierra, así de la simiente de la tierra como del fruto de los árboles"... "Y todo diezmo de vacas o de ovejas [...] será consagrado a Jehová"[20]. La promesa hecha por Jacob en Betel, muestra lo que abarca la obligación. "De todo lo que me dieres—dijo—, el diezmo apartaré para ti"[21].

"Traed los diezmos al alfolí"[22], es la orden de Dios. No se extiende ninguna invitación a la gratitud o generosidad. Es una cuestión de simple honradez. El diezmo pertenece al Señor, y él nos ordena que le devolvamos lo que le pertenece.

"Se requiere de los administradores, que cada uno sea hallado fiel"[23]. Si la honradez es un principio esencial en los negocios, ¿no hemos de reconocer nuestra obligación hacia Dios, obligación en la que se basan todas las demás?

De acuerdo con las condiciones en que se funda nuestra mayordomía, tenemos obligaciones, no solo con Dios, sino con los hombres. Todo ser humano está en deuda con el amor infinito del Redentor por los dones de la vida. El alimento, el vestido, el abrigo, el cuerpo, la mente y el alma, todo ha sido comprado con su sangre. Y por la deuda de gratitud y servicio que nos ha impuesto, Cristo nos ha ligado a nuestros semejantes. Nos ordena: "Servíos por amor los unos a los otros"[24]. "En cuanto lo hicisteis a uno de estos mis hermanos más pequeños, a mí lo hicisteis"[25].

"A griegos y a no griegos, a sabios y a no sabios—declara Pablo— soy deudor"[26]. Lo mismo ocurre con nosotros. Puesto que nos ha bendecido más que a los demás, somos deudores de todo ser humano a quien podamos beneficiar.

Estas verdades tienen que ver no solo con la cámara privada, sino con la oficina de contabilidad también. Los bienes que manejamos no nos pertenecen, y jamás estaremos seguros si perdemos de vista este hecho. Somos simplemente administradores, y del cumplimiento de nuestra obligación hacia Dios dependen tanto el bienestar de nuestros semejantes, como nuestro propio destino en esta vida y la venidera.

"Hay quienes reparten y les es añadido más, y hay quienes retienen más de lo justo y acaban en la miseria". "Echa tu pan sobre las aguas; después de muchos días lo hallarás". "El alma generosa será prosperada: el que sacie a otros, también él será saciado"[27].

"No te afanes por hacerte rico"

"No te afanes por hacerte rico [...]. ¿Has de poner tus ojos en las riquezas, que son nada? De cierto se hacen como alas de águila, y vuelan al cielo"[28].

"Dad y se os dará; medida buena, apretada, remecida y rebosando darán en vuestro regazo, porque con la misma medida con que medís, os volverán a medir"[29].

"Honra a Jehová con tus bienes y con las primicias de todos tus frutos; entonces tus graneros estarán colmados con abundancia y tus lagares rebosarán de mosto"[30].

"Traed todos los diezmos al alfolí y haya alimento en mi Casa: Probadme ahora en esto, dice Jehová de los ejércitos, a ver si no os abro las ventanas de los cielos y derramo sobre vosotros bendición hasta que sobreabunde. Reprenderé también por vosotros al devorador, y no os destruirá el fruto de la tierra, ni vuestra vid en el campo será estéril [...]. Todas las naciones os dirán bienaventurados, porque seréis tierra deseable, dice Jehová de los ejércitos"[31].

"Si andáis en mis preceptos y guardáis mis mandamientos, y los ponéis por obra, yo os enviaré las lluvias a su tiempo, y la tierra y el árbol del campo darán su fruto. Vuestra trilla alcanzará hasta la vendimia y la vendimia alcanzará hasta la siembra; comeréis vuestro pan hasta saciaros y habitaréis seguros en vuestra tierra. Yo daré paz en la tierra y dormiréis sin que haya quien os espante"[32].

"Aprended a hacer el bien, buscad el derecho, socorred al agraviado, haced justicia al huérfano, amparad a la viuda". "Bienaventurado el que piensa en el pobre; en el día malo lo librará Jehová. Jehová lo guardará, le dará vida y será bienaventurado en la tierra. No lo entregarás a la voluntad de sus enemigos". "A Jehová presta el que da al pobre; el bien que ha hecho se lo devolverá"[33].

El que invierte de este modo, acumula un doble tesoro. Además de lo que, aunque lo haya aprovechado sabiamente, deba dejar al fin, acumula riqueza para la eternidad: el tesoro del carácter, que es la posesión más valiosa de la tierra y el cielo.

El trato honrado en los negocios

"Conoce Jehová los días de los íntegros y la heredad de ellos será para siempre. No serán avergonzados en el tiempo de dificultad, y en los días de hambre serán saciados"[34].

"El que anda en integridad y hace justicia; el que habla verdad en su corazón [...]. El que aun jurando en perjuicio propio, no por eso cambia". Isaías 33:15-17. El que camina en justicia y habla lo recto, el que aborrece la ganancia de violencias, el que sacude sus manos para no recibir soborno [...], el que cierra sus ojos para no ver cosa mala, este habitará en las alturas [...], se le dará su pan y sus aguas tendrá seguras. Tus ojos verán al Rey en su hermosura, verán la tierra que está lejos"[35].

Dios ha descripto en su Palabra a un hombre próspero, cuya vida
fue un éxito en el sentido más verdadero, hombre al cual el cielo y
la tierra se complacían en honrar. Job mismo dice de su vida:

"Así fue en los días de mi juventud,
    cuando el favor de Dios protegía mi morada;
cuando aún estaba conmigo el Omnipotente
    y mis hijos me rodeaban [...].
"Entonces yo salía a la puerta, a juicio,
    y en la plaza hacía preparar mi asiento.
Al verme, los jóvenes se escondían,
    los ancianos se levantaban y permanecían en pie,
los príncipes dejaban de hablar
    y se tapaban la boca con la mano,
y la voz de los principales se apagaba [...].
    "Entonces los que me oían
me llamaban bienaventurado,
    y los que me veían testimoniaban a favor mío,
porque yo libraba al pobre que clamaba
    y al huérfano que carecía de ayudador.
La bendición del que estaba a punto
    de perderse venía sobre mí,
y al corazón de la viuda
    yo procuraba alegría.
Iba yo vestido de justicia, cubierto con ella;
    como manto y diadema era mi rectitud.
Yo era ojos para el ciego,
    pies para el cojo y padre para los necesitados.
De la causa que no entendía,
    me informaba con diligencia"[36].
"Porque ningún forastero pasaba fuera la noche,
    sino que yo abría mis puertas al caminante"
"Los que me escuchaban, esperaban [...].
    Yo les indicaba su camino
y me sentaba entre ellos como el jefe.
    Vivía como un rey en medio de su ejército,
o como el que consuela a los que lloran".
    "La bendición de Jehová es la que enriquece,

y no añade tristeza con ella"[37].

"Las riquezas y la honra están conmigo
—declara la Sabiduría—; riquezas duraderas, y justicia"[38].

Algunas causas de fracaso

La Biblia también nos muestra el resultado de apartarnos de los principios rectos en nuestro trato con Dios y con nuestros semejantes. El Señor dice lo siguiente a los que ha confiado sus dones, pero que son indiferentes a sus requerimientos:

Meditad bien sobre vuestros caminos. [...] Buscáis mucho, pero halláis poco; lo que guardáis en casa yo lo disiparé con un soplo". "Antes que sucedieran estas cosas, venían al montón de veinte efas, y solo había diez; venían al lagar para sacar cincuenta cántaros, y solo había veinte". "¿Robará el hombre a Dios? Pues vosotros me habéis robado. Y aún preguntáis: "¿En qué te hemos robado?". En vuestros diezmos y ofrendas". "Por eso los cielos os han negado la lluvia, y la tierra retuvo sus frutos"[39].

"Por tanto, puesto que humilláis al pobre [...] edificasteis ni beberéis del vino de las hermosas viñas que plantasteis". "Jehová enviará contra ti la maldición, el quebranto y el asombro en todo cuanto pongas tu mano y hagas". "Tus hijos y tus hijas serán entregados a otro pueblo; tus ojos lo verán, y desfallecerán tras ellos todo el día, pero nada podrás hacer"[40]. "El que injustamente amontona riquezas en la mitad de sus días las dejará, y en su postrimería será insensato"[41].

Las cuentas de cada negocio, los detalles de cada transacción, son sometidos al escrutinio de inspectores invisibles, agentes de Aquel que nunca transige con la injusticia, nunca tolera el mal, nunca disculpa el agravio.

"Si ves en la provincia que se oprime a los pobres [...], no te maravilles: porque sobre uno alto vigila otro más alto, y uno más alto está sobre ambos". "No hay tinieblas ni sombra de muerte donde se puedan esconder los que hacen el mal"[42].

"¿Hay conocimiento en el altísimo?"

"Ponen su boca contra el cielo [...] Y dicen: "¿Cómo sabe Dios? ¿Acaso hay conocimiento en el Altísimo?"" "Estas cosas hiciste y yo he callado; pensabas que de cierto sería yo como tú; ¡pero te reprenderé y las pondré delante de tus ojos!"[43]

"De nuevo alcé mis ojos y tuve una visión: Vi un rollo que volaba. Me preguntó: "¿Qué ves?" Respondí: "Veo un rollo que vuela, de veinte codos de largo y diez codos de ancho". Entonces me dijo: "Esta es la maldición que se extiende sobre la faz de toda la tierra; porque todo aquel que hurta (según está escrito en un lado del rollo) será destruido; y todo aquel que jura falsamente (como está del otro lado del rollo) será destruido. Yo la he enviado, dice Jehová de los ejércitos, para que entre en la casa del ladrón y en la casa del que jura falsamente en mi nombre; permanecerá en medio de su casa y la consumirá junto con sus maderas y sus piedras""[44].

La ley de Dios condena a todo aquel que práctica la maldad. Esta puede desatender su voz, tratar de acallar su advertencia, pero es en vano. A todas partes lo sigue. Se hace oír. Perturba su paz. Si no le presta atención, lo persigue hasta el sepulcro. Da testimonio contra él en el juicio. Como fuego inextinguible, consume al fin el alma y el cuerpo. "Porque ¿qué aprovechará al hombre ganar todo el mundo, si pierde su alma?"[45]

Este asunto requiere la consideración de todo padre, maestro y alumno, de todo ser humano, joven o viejo. No puede ser perfecto o completo ningún proyecto de negocios o plan de vida que abarque únicamente los pocos años de la vida actual y no haga provisión para el futuro eterno. Hay que enseñar a los jóvenes a considerar la eternidad al hacer sus cálculos. Hay que enseñarlos a escoger los principios y buscar los bienes eternos, a acumular para sí aquel "tesoro en los cielos que no se agote, donde ladrón no llega, ni polilla destruye"[46], a conquistar amigos "por medio de las riquezas injustas", para que cuando estas falten, aquellos os "reciban en las moradas eternas"[47].

Todos los que hacen esto, se están preparando de la mejor manera posible para la vida en este mundo. Nadie puede acumular tesoro en el cielo, sin descubrir que de esa manera se enriquece y ennoblece su vida en la tierra.

"La piedad para todo aprovecha, pues tiene promesa de esta vida presente, y de la venidera"[48].

[1]Proverbios 22:29.

[2]Proverbios 14:23.

[3]Proverbios 13:4; 23:21.

[4]Proverbios 20:19.

[5]Proverbios 17:27; 20:3.

[6]Proverbios 4:14; 6:28.

[7]Proverbios 13:20.

[8]Proverbios 18:24.

[9]Mateo 7:12.

[10]Proverbios 28:20.

[11]Proverbios 13:11.

[12]Proverbios 21:6.

[13]Proverbios 22:7.

[14]Proverbios 11:15.

[15]Proverbios 23:10, 11; 22:16; 26:27.

[16]Salmos 119:72.

[17]Marcos 13:34.

[18]1 Corintios 3:9.

[19]Mateo 6:31-33.

[20]Levítico 27:30, 32.

[21]Génesis 28:22.

[22]Malaquías 3:10.

[23]1 Corintios 4:2.

[24]Gálatas 5:13.

[25]Mateo 25:40.

[26]Romanos 1:14.

[27]Proverbios 11:24; Eclesiastés 11:1; Proverbios 11:25.

[28]Proverbios 23:4, 5.

[29]Lucas 6:38.

[30]Proverbios 3:9, 10.

[31]Malaquías 3:10-12.

[32]Levítico 26:3-6.

[33]Isaías 1:17; Salmos 41:1, 2; Proverbios 19:17.

[34]Salmos 37:18, 19.

[35]Salmos 15:2-4; Isaías 33:15-17.

[36]Job 29:4-16; 31:32; 29:21-25.

[37]Proverbios 10:22.

[38]Proverbios 8:18.

[39]Hageo 1:5-9; Hageo 2:16; Malaquías 3:8; Hageo 1:10.

[40]Amós 5:11; Deuteronomio 28:20, 32.

[41]Jeremías 17:11.

[42]Eclesiastés 5:8; Job 34:22.

[43]Salmos 73:9-11; 50:21.

[44]Zacarías 5:1-4.

[45]Marcos 8:36, 37.
[46]Lucas 12:33.
[47]Lucas 16:9.
[48]1 Timoteo 4:8.

Capítulo 16—Biografías bíblicas

"Por fe conquistaron reinos, hicieron justicia [...], sacaron fuerzas de debilidad". Hebreos 11:33-34.

Como medio de educación, ninguna porción de la Biblia es de mayor valor que sus biografías. Estas difieren de todas las demás porque son absolutamente fieles a la realidad. Es imposible que una mente finita intérprete exactamente, en todas las cosas, lo que hace otra. Solamente Aquel que lee el corazón, que percibe la fuente secreta de los motivos y las acciones, puede describir con absoluta fidelidad el carácter, o presentar un resumen fiel de una vida humana. Únicamente en la Palabra de Dios encontramos tal fidelidad.

No hay verdad que se enseñe con más claridad en la Biblia que esta: lo que hacemos, es resultado de lo que somos. En gran parte, los incidentes de la vida son el fruto de nuestros propios pensamientos y acciones. "La maldición nunca viene sin causa"[1].

"Decid al justo que le irá bien [...]. ¡Ay del malvado! Mal le irá, porque según las obras de sus manos le será pagado"[2].

"Oye, tierra: He aquí yo traigo mal sobre este pueblo, el fruto de sus pensamientos; porque no escucharon mis palabras, y aborrecieron mi ley"[3].

Es terrible esta verdad y debe ser profundamente inculcada. Toda acción recae sobre el que la ejecuta. Nunca un ser humano puede dejar de reconocer, en los males que aquejan su vida, el fruto de su propia siembra. Sin embargo, no estamos sin esperanza.

Jacob recurrió al fraude para obtener el derecho de la primogenitura que ya le correspondía según la promesa de Dios, y la cosecha que recogió fue el odio de su hermano. Durante los veinte años de su destierro fue defraudado y sufrió injusticias, y al fin se vio obligado a buscar seguridad en la fuga, y recogió la segunda cosecha cuando vio reproducidos en sus hijos las debilidades de su propio carácter, cuadro fiel de las retribuciones de la vida humana.

De suplantador a príncipe de Dios

Pero Dios dice: "Porque no contenderé para siempre, ni por siempre estaré enojado, pues decaerían ante mí el espíritu y las almas que yo he creado. Por la iniquidad de su codicia me enojé y lo herí, escondí mi rostro y me indigné; pero él, rebelde, siguió por el camino de su corazón. He visto sus caminos, pero lo sanaré y lo pastorearé; le daré consuelo a él y a sus enlutados [...]. "Paz, paz para el que está lejos y para el que está cerca", dice Jehová. "Yo lo sanaré""[4].

Jacob, en medio de sus dificultades, no fue abrumado. Se había arrepentido, trató de expiar el mal que le había hecho a su hermano. Y cuando se vio amenazado de muerte a causa de la ira de Esaú, buscó ayuda en Dios. "Venció al ángel, y prevaleció; lloró, y le rogó". "Y lo bendijo allí"[5]. Gracias al poder de Dios, el perdonado dejó de ser suplantador para convertirse en príncipe con Dios. No solamente se le libró de la ira de su hermano, sino de sí mismo. Quebrantó el poder del mal en su propia naturaleza; su carácter fue transformado.

Al final de su vida, Jacob lo comprendió todo. Al repasar su historia, reconoció el poder sustentador de Dios, "el Dios que me mantiene desde que yo soy hasta este día, el ángel que me liberta de todo mal"[6].

El mismo caso se repite en la historia de los hijos de Jacob, es decir, la retribución del pecado por una parte, y el arrepentimiento que da fruto de justicia para vida, por la otra.

Dios no anula sus leyes, ni las contradice. No deshace la obra del pecado: la transforma. Por medio de su gracia, la maldición se convierte en bendición.

De los hijos de Jacob, Leví fue uno de los más crueles y vengativos, uno de los dos más culpables del asesinato traicionero de los habitantes de Siquem. Las características de Leví, reflejadas en sus descendientes, acarrearon sobre estos el decreto de Dios: "Los apartaré en Jacob, y los esparciré en Israel"[7]. Pero el arrepentimiento dio por resultado la reforma, y mediante su fidelidad a Dios, en medio de la apostasía de las otras tribus, la maldición se transformó en una señal del más alto honor.

"En aquel tiempo apartó Jehová la tribu de Leví para que llevara el arca del pacto de Jehová, para que estuviera delante de Jehová para servirle, y para bendecir en su nombre, hasta hoy". "Mi pacto con él fue de vida y de paz. Se las di para que me temiera; y tuvo temor de mí, y ante mi nombre estuvo humillado [...] en paz y en justicia anduvo conmigo, y a muchos hizo apartar de la maldad"[8].

Los levitas, como ministros del santuario, no recibieron tierras por herencia; moraban juntos en ciudades apartadas para su uso, y su sostén lo constituían las ofrendas y los diezmos dedicados al servicio de Dios. Eran los maestros del pueblo, huéspedes de todas sus fiestas, y honrados por todas partes como siervos y representantes de Dios. Toda la nación recibió el mandato: "Ten cuidado de no desamparar al levita en todos tus días sobre la tierra". "Por lo cual Leví no tuvo parte ni heredad con sus hermanos; Jehová es su heredad, como Jehová tu Dios le dijo"[9].

La victoria por la fe

El caso de Israel ilustra la verdad de que el hombre "cual es su pensamiento en su corazón, tal es él"[10]. Cuando se encontraban en la frontera de la tierra de Canaán, los espías, después de recorrerla, presentaron su informe. Perdieron de vista la belleza y la fertilidad de la tierra, por temor a las dificultades que presentaría la invasión. Las ciudades rodeadas de altas murallas, los guerreros gigantescos, los férreos carros de guerra, debilitaron su fe. Al excluir a Dios, la multitud se hizo eco de la decisión de los espías incrédulos: "No podremos subir contra aquel pueblo, porque es más fuerte que nosotros"[11]. Sus palabras resultaron ciertas. No pudieron subir y consumieron sus vidas en el desierto.

Sin embargo, entre los doce que vieron la tierra, hubo dos que razonaron de otro modo. "Más podremos nosotros que ellos"[12], decían, considerando que la promesa de Dios era superior a los gigantes, las ciudades amuralladas o los carros de hierro. Para ellos, su palabra era cierta. Aunque compartieron con sus hermanos los cuarenta años de peregrinación, Caleb y Josué entraron en la tierra prometida. El primero, tan valiente como cuando salió de Egipto con las huestes del Señor, pidió y recibió como porción la fortaleza de los gigantes. Gracias al poder de Dios, expulsó a los cananeos. Fue dueño de los viñedos y bosquecillos de olivos que sus pies habían pisado. Aunque los cobardes y rebeldes perecieron en el desierto, los hombres de fe comieron las uvas de Escol.

No hay verdad en la Biblia que se presente tan claramente como la del peligro de apartarse, aunque sea una vez, de la justicia, peligro que afecta tanto al culpable de la mala acción como a todos los que están al alcance de su influencia. El ejemplo tiene un poder extraordinario y cuando se pone a disposición de las malas tendencias de nuestra naturaleza, su poder llega a ser casi irresistible.

Ejemplos aleccionadores

La fortaleza más poderosa del vicio en nuestro mundo no es la vida inicua del pecador abandonado, o del paria degradado; es la vida que parece virtuosa, honorable, noble, pero en la cual se fomenta un pecado, se abriga un vicio. Para el alma que lucha en secreto contra alguna tentación gigantesca y tiembla al borde del precipicio, semejante ejemplo es uno de los más poderosos incentivos para pecar. El que, dotado de elevados conceptos de la vida, la verdad y el honor, viola intencionalmente un precepto de la santa ley de Dios, pervierte sus nobles dones hasta convertirlos en una tentación para pecar. El genio, el talento, la compasión, hasta las acciones generosas y bondadosas; pueden llegar a ser así lazos de Satanás para atraer a las almas al precipicio de la ruina.

Por eso Dios ha dado tantos ejemplos que muestran los resultados que puede tener un solo acto malo. Desde la triste historia de aquel pecado "que trajo la muerte al mundo, y toda nuestra desgracia, con la pérdida del Edén", hasta la de aquel que por treinta piezas de plata vendió al Señor de gloria, la biografía bíblica abunda en ejemplos dados como advertencias puestas en las sendas que se apartan del camino de la vida.

También son una advertencia los resultados que han seguido al hecho de ceder una sola vez a la debilidad humana y al error, fruto de la pérdida de la fe.

Por faltarle una vez la fe, Elías redujo la obra de su vida. La carga que había llevado en favor de Israel era pesada; fieles habían sido sus advertencias contra la idolatría nacional, y profunda su preocupación cuando, durante los tres años y medio de hambre, esperó una señal de arrepentimiento. En el Monte Carmelo estuvo solo de parte de Dios. La idolatría fue derribada por el poder de la fe, y la lluvia dio testimonio de las lluvias de bendición que aguardaban para ser derramadas sobre Israel. Luego, cansado y débil, huyó ante las amenazas de Jezabel, y solo en el desierto deseaba morir. Le había faltado la fe. No podría completar la obra que había empezado. Dios le ordenó que ungiera a otro como profeta en su lugar.

La disciplina del sufrimiento

Pero el Señor tuvo en cuenta el servicio sincero de su siervo. Elías no iba a perecer desalentado y solo en el desierto. No le tocaría descender a la tumba, sino subir con los ángeles de Dios a la presencia de su gloria.

Estos casos declaran lo que algún día comprenderá todo ser humano: que el pecado solamente puede acarrear vergüenza y pérdida, que la incredulidad significa fracaso, pero que la misericordia de Dios llega hasta las mayores profundidades; que la fe eleva al alma arrepentida hasta compartir la condición de hijos de Dios.

Todos los que en este mundo prestan verdadero servicio a Dios o al hombre, reciben una educación preparatoria en la escuela del dolor. Cuanto mayor sea la confianza y más elevado el servicio, más difícil será la prueba y más severa la disciplina.

Estudiad las vidas de José y Moisés, de Daniel y David. Comparad la historia de los primeros años de David con la de Salomón, y considerad los resultados.

David estuvo en su juventud íntimamente relacionado con Saúl, y su permanencia en la corte y su contacto con los miembros de la casa del rey le permitieron descubrir la naturaleza de los afanes, las penas y las perplejidades ocultas bajo el brillo y la pompa de la realeza. Vio cuán incapaz es la gloria humana para dar paz al alma, y sintió alivio y alegría al regresar de la corte del rey para cuidar los rebaños.

Cuando, a causa de los celos de Saúl, tuvo que huir al desierto, David, aislado de toda ayuda humana, se apoyó más fuertemente en Dios. La incertidumbre y la inquietud de la vida del desierto, su incesante peligro, la necesidad de huir con frecuencia, el carácter de los hombres que se le unieron allí, "todos los afligidos, y todo el que estaba endeudado, y todos los que se hallaban en amargura de espíritu"[13], hacían aún más necesaria la severa disciplina propia. Estas vicisitudes despertaron y desarrollaron en él la facultad de tratar con los hombres, la solidaridad hacia los oprimidos y el odio a la injusticia. En los años de espera y peligro, David aprendió a buscar en Dios su consuelo, su sostén, su vida. Aprendió que solamente por medio del poder de Dios podría llegar al trono; solamente por medio de la sabiduría divina podría gobernar sabiamente. Mediante la instrucción recibida en la escuela de las dificultades y el dolor, David pudo merecer este juicio, aunque más tarde lo manchara su gran pecado: "Administraba justicia y equidad a todo su pueblo"[14].

La experiencia de Salomón

En los primeros años de la vida de Salomón faltó la disciplina de los primeros años de la vida de David. En cuanto a condiciones, carácter y vida, parecía más favorecido que todos los demás. Noble en su juventud y en su adultez, amado por su Dios, Salomón se inició en un reinado que prometía gran prosperidad y honor. Las naciones se maravillaban del conocimiento y la perspicacia del hombre a quien Dios había dado sabiduría. Pero el orgullo de la prosperidad lo separó de Dios. Salomón se apartó del gozo de la comunión divina para buscar satisfacción en los placeres de los sentidos. Él mismo escribió:

"Acometí grandes obras, me edifiqué casas, planté viñas para mí; me hice huertos y jardines, y planté en ellos toda clase de árboles frutales [...]. Compré siervos y siervas, y tuve siervos nacidos en casa. Tuve muchas más vacas y ovejas que cuantos fueron antes de mí en Jerusalén. Amontoné también plata y oro, y preciados tesoros dignos de reyes y de provincias. Me hice de cantores y cantoras, y de toda clase de instrumentos musicales, y gocé de los placeres de los hijos de los hombres. Fui engrandecido y prosperé más que todos cuantos fueron antes de mí en Jerusalén [...]. No negué a mis ojos ninguna cosa que desearan, ni privé a mi corazón de placer alguno, porque mi corazón se gozaba de todo lo que hacía [...]. Miré luego todas las obras de mis manos y el trabajo que me tomé para hacerlas; y he aquí, todo es vanidad y aflicción de espíritu, y sin provecho debajo del sol. Después volví a considerar la sabiduría, los desvaríos y la necedad; pues ¿qué podrá hacer el hombre que venga después de este rey? Nada, sino lo que ya ha sido hecho"[15].

"Aborrecí, por tanto, la vida [...]. Asimismo aborrecí todo mi trabajo que había hecho debajo del sol"[16].

Por medio de su amarga experiencia, Salomón conoció la vanidad de una vida que busca su mayor bien en los placeres terrenales. Construyó altares a dioses paganos solo para comprender cuán vana es la promesa de descanso que ofrecen al alma.

En sus últimos años, Salomón se apartó, cansado y sediento, de las resquebrajadas cisternas de la tierra, y volvió a beber de la fuente de la vida. Inspirado por el Espíritu Santo, escribió para las futuras generaciones la historia de sus años malgastados, con sus lecciones de advertencia, y así aunque su pueblo cosechó el mal que él había sembrado, la obra de la vida de Salomón no se perdió totalmente. Al fin, la disciplina del sufrimiento llevó a cabo en él su obra.

Pero con semejante alborear, ¡cuán glorioso hubiera podido ser el día de su vida si Salomón hubiera aprendido en su juventud la lección que el sufrimiento había enseñado a otros!

La prueba de Job

Para los que aman a Dios, "a los que conforme a sus propósitos son llamados"[17], la biografía bíblica presenta una lección aún mayor basada en el ministerio del dolor. "Vosotros, pues, sois mis testigos, dice Jehová"[18], testigos de que él es bueno, y que su bondad es suprema. "Pues hemos llegado a ser espectáculo al mundo, a los ángeles y a los hombres"[19].

El altruismo, principio básico del reino de Dios, concita el odio de Satanás, que niega hasta su misma existencia. Desde el comienzo del gran conflicto ha tratado de demostrar que los principios que constituyen el fundamento de la actividad divina son egoístas, y califica del mismo modo a todos los que sirven a Dios. La obra de Cristo y la de todos los que llevan su nombre consiste en refutar las acusaciones de Satanás.

Jesús vino en forma humana para ofrecer en su propia vida un ejemplo de altruismo. Y todos los que aceptan este principio necesitan ser colaboradores con él y demostrarlo en la vida práctica. Escoger la justicia por la justicia misma; ponerse de parte de la verdad aunque cueste sufrimiento y sacrificio, "esta es la herencia de los siervos de Jehová, y su salvación de mí vendrá, dice Jehová"[20].

Casi al principio de la historia de este mundo se desarrolló la vida de alguien que fue víctima de esta contienda de Satanás.

De Job, el patriarca de Uz, el testimonio del Escudriñador de corazones fue: "No hay otro como él en la tierra, varón perfecto y recto, temeroso de Dios y apartado del mal"[21].

Satanás pronunció una despectiva acusación contra este hombre: "¿Acaso teme Job a Dios de balde? ¿No le has rodeado de tu protección a él y a su casa y a todo lo que tiene?[...] Pero extiende ahora tu mano y toca todo lo que tiene", "su hueso y su carne y verás sino blasfema contra ti en tu misma presencia"[22].

El Señor dijo a Satanás: "He aquí todo lo que tiene está en tu mano"[23]. "He aquí él está en tu mano, mas guarda su vida"[24].

Después de obtener permiso, Satanás quitó a Job todo lo que poseía: ganados, rebaños, siervos, siervas, hijos e hijas, e "hirió a Job con una sarna maligna desde la planta del pie hasta la coronilla de la cabeza"[25].

Luego se añadió otro ingrediente amargo a su copa. Sus amigos, que consideraban la adversidad como una retribución del pecado, afligieron con sus acusaciones su espíritu herido y abrumado.

Aparentemente abandonado por el cielo y por la tierra, pero con fe firme en Dios y consciente de su integridad, clamó con angustia y perplejidad:

"¡Mi alma está hastiada de mi vida!"
"¡Ojalá me escondieras en el seol,
me ocultaras hasta apaciguarse tu ira!
¡Ojalá me pusieras plazo para acordarte de mí!"
"Yo grito: "¡Agravio!", pero no se me oye;
doy voces, pero no se me hace justicia [...].
Me ha despojado de mi gloria
y ha quitado la corona de mi cabeza [...].
Mis parientes se detienen;
mis conocidos me olvidan [...].
Los que yo amo se vuelven contra mí [...].
Vosotros, mis amigos, tened compasión de mí!
¡Tened compasión de mí, porque la mano

de Dios me ha tocado!"

"¡Quién me diera el saber dónde hallar a Dios!
 Yo iría hasta su morada [...].
Si me dirijo al oriente, no lo encuentro;
 si al occidente, no lo descubro.
Si él muestra su poder en el norte, yo no lo veo;
 ni tampoco lo veo si se oculta en el sur.
Mas él conoce mi camino: si me prueba,
 saldré como el oro".
"Aunque él me mate, en él esperaré".
 "Pero yo sé que mi Redentor vive,
y que al fin se levantará sobre el polvo,
 y que después de deshecha esta mi piel,
en mi carne he de ver a Dios.
 Lo veré por mí mismo; mis ojos lo verán,
no los de otro"[26].

Job fue tratado en conformidad con su fe. "Me probará—dijo—, y saldré como oro"[27]. Así ocurrió. Por medio de su paciente resistencia vindicó su propio carácter, y de ese modo el carácter de Aquel de quién era representante. Y "quitó Jehová la aflicción de Job [...] y aumentó al doble todas las cosas que habían sido de Job [...] y bendijo Jehová el postrer estado de Job más que el primero"[28].

Entre los que por su abnegación han compartido los sufrimientos de Cristo, figuran los nombres de Jonatán y de Juan el Bautista, uno en el Antiguo Testamento y otro en el Nuevo.

Jonatán, que por nacimiento era heredero del trono, sabía que había sido privado de él por decreto divino; sin embargo, fue el más tierno y fiel amigo de David, su rival, y lo protegió a riesgo de su vida; fue fiel a su padre durante los días sombríos de la decadencia de su poder, y cayó al fin a su lado. El nombre de Jonatán está registrado en el cielo, y en la tierra es un testigo de la existencia y el poder del amor abnegado.

Cuando Juan el Bautista apareció como heraldo del Mesías, conmovió a la nación. Grandes multitudes constituidas por toda clase de personas seguían sus pasos de un lugar a otro. Pero todo cambió cuando llegó Aquel de quien había dado testimonio. Las multitudes siguieron a Jesús, y el trabajo de Juan pareció llegar a

su fin. Sin embargo, su fe no vaciló. "Es necesario que él crezca—
dijo—, pero que yo mengüe"[29].

Transcurrió el tiempo y no se estableció el reino que Juan había
esperado confiadamente. En la celda donde lo arrojó Herodes, privado del aire vivificador y de la libertad del desierto, esperó y veló.
No hubo despliegue de armas ni se hicieron pedazos las puertas de
la prisión, pero la curación de los enfermos, la predicación del evangelio, la elevación de las almas de los hombres, dieron testimonio
de la misión de Cristo.

Solo en la celda, al ver a qué fin semejante al de su Maestro lo
conducía su senda, Juan aceptó su destino: la comunión con Cristo
en los padecimientos. Los mensajeros celestiales lo acompañaron
hasta el sepulcro. Los seres del universo, caídos y no caídos, fueron
testigos de la reivindicación de su servicio abnegado.

Y en todas las generaciones que han surgido desde entonces, las
almas dolientes han sido consoladas por el testimonio de la vida
de Juan. En la cárcel, en el cadalso, en la hoguera, los hombres y
mujeres han sido fortalecidos a través de los siglos de tinieblas,
por el recuerdo de aquel de quien Cristo declaró: "Entre los que
nacen de mujer, no se ha levantado otro mayor"[30]. "¿Y qué más
digo? El tiempo me faltaría para hablar de Gedeón, de Barac, de
Sansón, de Jefté, de David, así como de Samuel y de los profetas.
Todos ellos, por fe, conquistaron reinos, hicieron justicia, alcanzaron
promesas, taparon bocas de leones, apagaron fuegos impetuosos,
evitaron filo de espada, sacaron fuerzas de debilidad, se hicieron
fuertes en batallas, pusieron en fuga ejércitos extranjeros.

"Hubo mujeres que recobraron con vida a sus muertos;
    pero otros fueron atormentados, no aceptando el rescate,
a fin de obtener mejor resurrección.
    Otros experimentaron oprobios, azotes y,
a más de esto, prisiones y cárceles.
    "Fueron apedreados, aserrados,
puestos a prueba, muertos a filo de espada.
    Anduvieron de acá para allá
cubiertos de pieles de ovejas y de cabras,
    pobres, angustiados, maltratados.
Estos hombres, de los cuales el mundo no era digno,

anduvieron errantes por los desiertos,
por los montes, por las cuevas
y por las cavernas de la tierra.
"Pero ninguno de ellos, aunque alcanzaron
buen testimonio mediante la fe,
recibió lo prometido, porque Dios
tenía reservado algo mejor para nosotros,
para que no fueran ellos perfeccionados
aparte de nosotros"[31].

---

[1]Proverbios 26:2.
[2]Isaías 3:10, 11.
[3]Jeremías 6:19.
[4]Isaías 57:16-19.
[5]Oseas 12:4; Génesis 32:29.
[6]Génesis 48:15. 16.
[7]Génesis 49:7.
[8]Deuteronomio 10:8; Malaquías 2:5, 6.
[9]Deuteronomio 12:19; 10:9.
[10]Proverbios 23:7.
[11]Números 13:31.
[12]Números 13:30.
[13]1 Samuel 22:2.
[14]2 Samuel 8:15.
[15]Eclesiastés 2:4-12.
[16]Eclesiastés 2:17. 18.
[17]Romanos 8:28.
[18]Isaías 43:12.
[19]1 Corintios 4:9.
[20]Isaías 54:17.
[21]Job 1:8.
[22]Job 1:9-12; 2:5.
[23]Job 1:12.
[24]Job 2:6.
[25]Job 2:7.
[26]Job 10:1; 14:13; 19:7-21; 23:3-10; 13:15; 19:25-27.
[27]Job 23:10.
[28]Job 42:10-12.
[29]Juan 3:30.
[30]Mateo 11:11.
[31]Hebreos 11:32-40.

Capítulo 17—Poesía y canto

"Cánticos fueron para mi tus estatutos en la casa donde fui extranjero". Salmos 119:54.

En las Escrituras se encuentran las expresiones poéticas más antiguas y sublimes. Antes que cantaran los poetas más antiguos del mundo, el pastor de Madián registró las palabras que Dios dirigió a Job, palabras cuya majestad no igualan ni siquiera remotamente las producciones más sublimes del genio humano:

"¿Dónde estabas tú cuando yo fundaba la tierra? [...]
Quién encerró con puertas el mar,
cuando se derramaba saliéndose de su seno,
cuando yo le puse nubes por vestidura
y oscuridad por faja?
Yo establecí para él los límites;
le puse puertas y cerrojo, y dije:
"Hasta aquí llegarás y no pasarás adelante;
ahí parará el orgullo de tus olas".
¿Has dado órdenes a la mañana
alguna vez en tu vida?
¿Le has mostrado al alba su lugar,
para que ocupe los confines de la tierra
y sean sacudidos de ella los malvados?
Ella cambia luego de aspecto
como el barro bajo el sello,
y toma el aspecto de una vestidura;
mas la luz les es quitada a los malvados
y el brazo enaltecido es quebrantado.
"¿Has penetrado tú hasta las fuentes
del mar y has caminado escudriñando el abismo?"
¿Te han sido descubiertas las puertas de la muerte
y has visto las puertas de la sombra de muerte?

¿Has considerado tú la extensión de la tierra?
¡Declara si sabes todo esto!
     "¿Dónde está el camino que conduce
a la morada de la luz?"
     ¿Y dónde está el lugar de las tinieblas [...].
¿Has penetrado tú hasta los depósitos de la nieve?
     ¿Has visto los depósitos del granizo,
que tengo reservados para el tiempo de angustia,
     para el día de la guerra y de la batalla?
¿Por qué camino se difunde la luz
     y se esparce el viento del este sobre la tierra?
¿Quién le abrió un cauce al turbión
     y un camino a los relámpagos y los truenos,
haciendo llover sobre la tierra deshabitada,
     sobre el desierto, donde no vive ningún ser humano,
para saciar la tierra desierta y sin cultivo
     y para hacer que brote la tierna hierba? [...]
"¿Podrás tú anudar los lazos de las Pléyades?
     ¿Desatarás las ligaduras de Orión?
¿Haces salir a su tiempo las constelaciones de los cielos?
     ¿Guías a la Osa Mayor con sus hijos?"[1]

En cuanto a la belleza de expresión, leed también la descripción
de la primavera, registrada en el Cantar de los Cantares:

     "Ya ha pasado el invierno,
          la lluvia ha cesado y se fue;
     han brotado las flores en la tierra,
          ha venido el tiempo de la canción
     y se oye el arrullo de la tórtola en nuestro país.
          Ya la higuera ha dado sus higos
     y las vides en cierne, su olor.
          ¡Amada mía, hermosa mía, levántate y ven!"[2]

No es inferior en belleza la profecía involuntaria de bendición
para Israel pronunciada por Balaam:

     "De Aram me trajo Balac, rey de Moab,

desde los montes del oriente.
"¡Ven, maldíceme a Jacob; ven, execra a Israel!"
¿Por qué maldeciré yo al que Dios no maldijo?
¿Por qué he de execrar al que Jehová no ha execrado? [9]

Porque desde la cumbre de las peñas puedo verlo,
desde los collados puedo mirarlo;
es un pueblo que habita confiado
y no se cuenta entre las naciones [...].

"He recibido orden de bendecir;
él dio una bendición, y no podré revocarla,
No ha notado iniquidad en Jacob
ni ha visto perversidad en Israel.

Jehová, su Dios, está con él,
y ellos lo aclaman como rey.

Dios, que los ha sacado de Egipto,
tiene fuerzas como de búfalo.

Porque contra Jacob no vale agüero,
ni adivinación contra Israel.

Como ahora, será dicho de Jacob
y de Israel: ¡Lo que ha hecho Dios!"

"Dice el que oyó los dichos de Dios,
el que vio la visión del Omnipotente;
caído, pero abiertos los ojos:
¡Cuán hermosas son tus tiendas,
Jacob, y tus habitaciones, Israel!
Como arroyos están extendidas,
como huertos junto al río,
como áloes plantados por Jehová,
como cedros junto a las aguas".
"Dice el que oyó los dichos de Jehová,
el que sabe la ciencia del Altísimo [...].
Lo veo, mas no ahora; lo contemplo,
mas no de cerca: Saldrá estrella de Jacob,
se levantará cetro de Israel,
y herirá las sienes de Moab
y destruirá a todos los hijos de Set.

Será tomada Edom, será también tomada Seir
por sus enemigos, Israel [...].

De Jacob saldrá el vencedor
y destruirá lo que quede de la ciudad"[3].

La melodía de la alabanza es la atmósfera del cielo; y cuando el cielo se pone en contacto con la tierra, se oye música y alabanza, "alegría y gozo, alabanza y voces de canto"[4].

Por encima de la tierra recién creada, hermosa e inmaculada, bajo la sonrisa de Dios, "alababan todas las estrellas del alba, y se regocijaban todos los hijos de Dios"[5]. Los corazones humanos, al identificarse con el cielo, han respondido a la bondad de Dios con notas de alabanza. Muchos de los eventos de la historia humana han estado ligados al canto.

El primer himno que registra la Biblia, que haya brotado de labios humanos, es la gloriosa expresión de agradecimiento de las huestes de Israel junto al Mar Rojo:

"Cantaré yo a Jehová,
porque se ha cubierto de gloria;
ha echado en el mar al caballo y al jinete.
Jehová es mi fortaleza y mi cántico.
Ha sido mi salvación.
Este es mi Dios, a quien yo alabaré;
el Dios de mi padre, a quien yo enalteceré".
"Tu diestra, Jehová, ha magnificado su poder.
Tu diestra, Jehová, ha aplastado al enemigo"
"¿Quién como tú, Jehová, entre los dioses?
¿Quién como tú, magnífico en santidad,
terrible en maravillosas hazañas, hacedor de prodigios?"
"¡Jehová reinará eternamente y para siempre! [...]
Cantad a Jehová, porque se ha cubierto de gloria;
ha echado en el mar al caballo y al jinete"[6].

Grandes han sido las bendiciones recibidas por los hombres en respuesta a los himnos de alabanza. Las pocas palabras que resumen un incidente del viaje de Israel por el desierto, contienen una lección digna de nuestra reflexión:

"De allí vinieron a Beer: este es el pozo del cual Jehová dijo a Moisés: Reúne al pueblo, y les daré agua"[7]. "Entonces cantó Israel este cántico:

"Sube, oh pozo; a él cantad;
Pozo, el cual cavaron los señores.
Lo cavaron los príncipes del pueblo,
Y el legislador, con sus báculos"[8].

¡Cuán a menudo se repite esta historia en la vida espiritual! ¡Cuán a menudo, por medio de las palabras de una canción sagrada, brotan en el alma manantiales de penitencia y fe, de esperanza, de amor y gozo!

El ejército de Israel salió con cantos de alabanza a la gran liberación bajo las órdenes de Josafat, que había recibido la noticia de la amenaza de guerra.

"Contra ti viene una gran multitud—decía el mensaje—, los hijos de Moab y de Amón, y con ellos otros de los amonitas". "Entonces él tuvo temor; y Josafat humilló su rostro para consultar a Jehová, e hizo pregonar ayuno a todo Judá. Y se reunieron los de Judá para pedir socorro a Jehová; y también de todas las ciudades de Judá vinieron a pedir ayuda a Jehová"[9]. Y Josafat, de pie en el atrio del templo, delante del pueblo, derramó su alma en oración invocando la promesa de Dios, y confesando la impotencia de Israel. "Porque en nosotros no hay fuerza contra tan grande multitud que viene contra nosotros; no sabemos qué hacer, y a ti volvemos nuestros ojos"[10].

Entonces sobre Jahaziel, levita, "vino el Espíritu de Jehová [...] y dijo: "Oíd, Judá todo, y vosotros moradores de Jerusalén, y tú, rey Josafat. Jehová os dice así: 'No temáis ni os amedrentéis delante de esta multitud tan grande, porque no es vuestra la guerra, sino de Dios [...]. No habrá para qué peleéis vosotros en este caso; paraos, estad quietos, y ved la salvación de Jehová con vosotros [...]. No temáis ni desmayéis; salid mañana contra ellos porque Jehová estará con vosotros'""[11].

"Y cuando se levantaron por la mañana, salieron al desierto de Tecoa"[12].

Delante del ejército iban cantores que elevaban sus voces en alabanza a Dios por la victoria prometida.

Al cuarto día, el ejército volvió a Jerusalén, cargado con el botín obtenido de los enemigos, y cantando alabanzas por la victoria lograda.

David, en medio de las vicisitudes de su vida borrascosa, mantenía comunión con el cielo por medio del canto. Cuán dulcemente se reflejan los episodios de su vida de muchacho pastor en las palabras:

"Jehová es mi pastor; nada me faltara.
En lugares de delicados pastos me hará descansar.
Junto a aguas de reposo me pastoreará [...].
Aunque ande en valle de sombra de muerte,
No temeré mal alguno, porque tú estarás conmigo;
Tu vara y tu cayado me infundirán aliento"[13].

Ya hombre, y como fugitivo que tenía que buscar refugio en las rocas y las cuevas del desierto, escribió:

"Dios, Dios mío eres tú; de madrugada te buscaré;
Mi alma tiene sed de ti, mi carne te anhela,
En tierra seca y árida donde no hay aguas...
Porque has sido mi socorro,
Y así en la sombra de tus alas me regocijaré".
"¿Por qué te abates, oh alma mía,
Y por qué te turbas dentro de mí?
Espera en Dios,
Porque aún he de alabarle,
Salvación mía y, Dios mío".
"¡Jehová es mi luz y mi salvación!
¿De quién temeré?
¡Jehová es la fortaleza de mi vida!
¿De quién he de atemorizarme?"[14]

La misma confianza respiran las palabras escritas cuando, como rey destronado y sin corona, David huyó de Jerusalén a causa de la rebelión de Absalón. Abatido por la pena y el cansancio producido por la fuga, se detuvo con sus compañeros junto al Jordán, para descansar unas horas. Lo despertó la invitación a huir de inmediato. El grupo de hombres, mujeres y niños debía cruzar el río profundo y torrentoso, en la oscuridad; porque lo perseguían tenazmente las fuerzas del hijo traidor.

En aquella hora de amarga prueba, David cantó:

"Con mi voz clame a Jehová,
    Y él me respondió desde su monte santo.
Yo me acosté y dormí,
    Y desperté, porque Jehová me sustentaba.
No temeré a diez millares de gentes,
    Que pusieren sitio contra mí"[15].

Después de cometer su gran pecado, en la angustia del remordimiento y la repugnancia de sí mismo, se dirigió aún a Jehová como a su mejor amigo:

"Ten piedad de mí, oh Dios, conforme a tu misericordia;
    Conforme a la multitud de tus piedades borra mis rebeliones[...].
    Purifícame con hisopo, y seré limpio;
Lávame, y seré más blanco que la nieve"[16].

En su larga vida, David no halló en la tierra lugar de descanso. "Extranjeros y advenedizos somos delante de ti dijo, como todos nuestros padres; y nuestros días sobre la tierra, cual sombra que no dura"[17].

"Dios es nuestro amparo y fortaleza,
    Nuestro pronto auxilio en las tribulaciones.
Por tanto, no temeremos, aunque la tierra sea removida,
    Y se traspasen los montes al corazón del mar".
"Del río sus corrientes alegran la ciudad de Dios,
    El santuario de las moradas del Altísimo.
Dios está en medio de ella; no será conmovida.
    Dios la ayudará al clarear la mañana [...].
Jehová de los ejércitos está con nosotros;
    Nuestro refugio es el Dios de Jacob".
"Porque este Dios es Dios nuestro eternamente y para siempre.
    Él nos guiará aún más allá de la muerte"[18].

Durante su vida terrenal, Jesús enfrentó a la tentación con un canto. A menudo, cuando se decían palabras mordaces y ofensivas, cuando la atmósfera que lo rodeaba era sombría a causa de la melancolía, el disgusto, la desconfianza o el temor opresivo, se oía su canto de fe y santa alegría.

En aquella última triste noche de la cena de Pascua, cuando estaba por salir a hacer frente a la traición y la muerte, se elevó su voz en este salmo:

"Sea el nombre de Jehová bendito,
　　Desde ahora y para siempre.
Desde el nacimiento del sol hasta donde se pone,
　　Sea alabado el nombre de Jehová".

"Amo a Jehová, pues ha oído mi voz y mis súplicas;
　　Porque ha inclinado a mí su oído;
Por tanto, le invocaré en todos mis días".

"Me rodearon ligaduras de muerte,
　　Me encontraron las angustias del Seol;
Angustia y dolor había yo hallado.
　　Entonces invoqué el nombre de Jehová, diciendo:
Oh Jehová, libra ahora mi alma.
　　Clemente es Jehová, y justo;
Sí, misericordioso es nuestro Dios".

"Jehová guarda a los sencillos;
　　Estaba yo postrado, y me salvó.
Vuelve, oh alma mía, a tu reposo,
　　Porque Jehová te ha hecho bien.
Pues tú has librado mi alma de la muerte,
　　Mis ojos de lágrimas,
Y mis pies de resbalar"[19].

En medio de las sombras densas de la última gran crisis de la tierra, la luz de Dios alumbrará con más brillo, y se oirá en los acordes más diáfanos y sublimes el canto de esperanza y confianza.

"En aquel día cantarán
　　este cántico en tierra de Judá:
Fuerte ciudad tenemos;

salvación puso Dios por muros y antemuro.
Abrid las puertas y entrará la gente justa,
    guardadora de verdades.
Tú guardarás en completa paz
    a aquel cuyo pensamiento en ti persevera,
porque en ti ha confiado.
    Confiad en Jehová perpetuamente,
porque en Jehová, el Señor
    está la fortaleza de los siglos" [20].
"Y los redimidos por Jehová
    volverán a Sión con alegría;
y habrá gozo perpetuo sobre sus cabezas.
    Tendrán gozo y alegría, y huirán la tristeza
y el gemido"[21].
    "Vendrán con gritos de gozo a lo alto de Sión
y correrán a los bienes de Jehová [...].
    Su vida será como un huerto de riego
y nunca más tendrán dolor alguno"[22].

La historia de los cantos de la Biblia está llena de insinuaciones en cuanto a los usos y beneficios de la música y el canto. A menudo se pervierte la música haciéndola servir a malos propósitos, y de ese modo llega a ser uno de los instrumentos más seductores de la tentación. Pero, debidamente empleada es un precioso don de Dios, destinado a elevar los pensamientos hacia temas más nobles, y a inspirar y engrandecer el alma.

Así como los israelitas cuando andaban por el desierto alegraron su camino con la música del canto sagrado, Dios invita a sus hijos a alegrar por el mismo medio su vida de peregrinaje. Hay pocos medios más eficaces para grabar sus palabras en la memoria que el de repetirlas mediante el canto. Y esa clase de canto tiene un poder maravilloso. Tiene poder para subyugar naturalezas rudas e incultas, para avivar el pensamiento y despertar simpatía, para promover la armonía en la acción, y desvanecer la melancolía y los presentimientos que destruyen el valor y debilitan el esfuerzo.

Es uno de los medios más eficaces para grabar en el corazón la verdad espiritual. Cuán a menudo recuerda la memoria alguna palabra de Dios al alma oprimida y a punto de desesperar, mediante el tema olvidado de algún canto de la infancia. Entonces las tentaciones pierden su poder, la vida adquiere nuevo significado y nuevo propósito, y se imparte valor y alegría a otras almas.

Nunca se debe perder de vista el valor del canto como medio educativo. Entonen en el hogar cantos dulces y puros, y habrá menos palabras de censura y más de alegría, esperanza y gozo. Cántese en la escuela, y los alumnos serán atraídos más a Dios, a sus maestros, y los unos a los otros.

Como parte del servicio religioso, el canto no es menos importante que la oración. En realidad, más de un canto es una oración. Si se enseña al niño a comprender esto, pensará más en el significado de las palabras que canta, y será más sensible a su poder.

Al conducirnos nuestro Redentor al umbral de lo infinito, inundado con la gloria de Dios, podremos comprender los temas de alabanza y acción de gracias del coro celestial que rodea el trono, y al despertarse el eco del canto de los ángeles en nuestros hogares terrenales, los corazones estarán más cerca del coro celestial. La comunión con el cielo inicia en la tierra. Aquí aprendemos la clave de su alabanza.

---

[1] Job 38:4-27, 31, 32.
[2] Cantares 2:11-13.
[3] Números 23:7-23; 24:6; 16-19.
[4] Isaías 51:3.
[5] Job 38:7.
[6] Éxodo 15:1, 2, 6, 11, 18-21.
[7] Números 21:16.
[8] Números 21:17, 18.
[9] 2 Crónicas 20:2, 1, 3, 4.
[10] 2 Crónicas 20:12.
[11] 2 Crónicas 20:14-17.
[12] 2 Crónicas 20:20.
[13] Salmos 23:4.
[14] Salmos 63:1-7; 42:11; 27:1.
[15] Salmos 3:4-6.
[16] Salmos 51:1-7.
[17] 1 Crónicas 29:15.
[18] Salmos 46:1, 2, 4-7; 48:14.
[19] Salmos 113:2, 3; 116:18.
[20] Isaías 26:1-4.
[21] Isaías 35:10.
[22] Jeremías 31:12.

Capítulo 18—Los misterios de la Biblia

"¿Descubrirás tú los secretos de Dios?" Job 11:7.

Ninguna mente finita puede comprender plenamente el carácter o las obras del Ser infinito. No podemos descubrir a Dios por medio de la investigación. Para las mentes más fuertes y mejor cultivadas, lo mismo que para las más débiles e ignorantes, el Ser santo debe permanecer rodeado de misterio. Pero aunque "nubes y oscuridad alrededor de él; justicia y juicio son el cimiento de su trono"[1], podemos comprender lo suficiente de su trato con nosotros para descubrir una misericordia ilimitada unida a un poder infinito. Podemos comprender, de sus propósitos, lo que seamos capaces de asimilar; más allá de esto, hemos de confiar en la mano omnipotente, en el corazón lleno de amor.

La Palabra de Dios, como el carácter de su Autor, presenta misterios que nunca podrán ser completamente comprendidos por los seres finitos. Pero Dios ha dado en las Escrituras suficiente evidencia de su autoridad divina. Su propia existencia, su carácter, la veracidad de su Palabra, lo corrobora un testimonio que toca a nuestra razón, y ese testimonio es abundante. Es cierto, él no ha eliminado la posibilidad de dudar; la fe debe apoyarse en la evidencia, no en la demostración; los que desean dudar tienen oportunidad de hacerlo, pero los que desean conocer la verdad tienen suficiente terreno para ejercer la fe.

No tenemos motivos para dudar de la Palabra de Dios por el hecho de que no podamos comprender los misterios de su providencia. En el mundo natural, estamos constantemente rodeados de maravillas superiores a nuestra comprensión. ¿Nos ha de sorprender, entonces, encontrar también en el mundo espiritual misterios que no podemos sondear? La dificultad reside solamente en la estrechez y la debilidad de la mente humana.

Los misterios de la Biblia, lejos de ser un argumento contra ella, se encuentran entre las más fuertes pruebas de su inspiración divina. Si su descripción de Dios consistiera solo en lo que nosotros pudiéramos comprender, si su grandeza y su majestad pudieran ser abarcadas por mentes finitas, la Biblia no llevaría, como lleva, evidencias inconfundibles de la Divinidad. La grandeza de sus temas tiene que inspirar fe en ella como la Palabra de Dios.

La Biblia revela la verdad con tal sencillez y tal adaptación a las necesidades y los anhelos del corazón humano, que ha asombrado y maravillado a los intelectos más cultos, y al mismo tiempo ha explicado el camino de la vida al humilde e ignorante. "El que anduviere en este camino, por torpe que sea, no se extraviará"[2]. Ningún niño tiene por qué equivocar el camino. Ningún buscador tembloroso necesita dejar de andar en la luz pura y santa. Sin embargo, las verdades expuestas con gran sencillez comprenden temas elevados, de vasto alcance, infinitamente superiores al poder de la comprensión humana, misterios que son el escondite de su gloria, misterios que vencen la mente en su investigación, mientras inspiran fe y reverencia al buscador sincero de la verdad. Cuanto más escudriñamos la Biblia, tanto más profunda es nuestra convicción de que es la Palabra del Dios viviente, y la razón humana se inclina ante la majestad de la revelación divina.

Dios quiere que siempre sean reveladas las verdades de su Palabra al investigador ferviente. Aunque "las cosas secretas pertenecen a Jehová nuestro Dios", "las reveladas son para nosotros y para nuestros hijos"[3]. La idea de que ciertas secciones de la Biblia no pueden ser entendidas, ha inducido a descuidar algunas de sus más importantes verdades. Es necesario recalcar con frecuencia el hecho de que los misterios de la Biblia no son tales porque Dios haya tratado de ocultar la verdad, sino porque nuestra debilidad e ignorancia nos hacen incapaces de comprender o posesionarnos de la verdad. El límite no está fijado por su propósito, sino por nuestra capacidad. Dios desea que comprendamos tanto como lo permite nuestra mente, precisamente aquellas partes de las Escrituras que a menudo se pasan por alto por considerárselas imposibles de comprender. "Toda la Escritura es inspirada por Dios" para que el hombre de Dios sea "enteramente preparado para toda buena obra"[4].

Es imposible para cualquier mente humana abarcar completamente siquiera una verdad o promesa de la Biblia. Uno comprende la gloria desde un punto de vista, otro desde otro, y sin embargo, solamente podemos percibir destellos. La plenitud del brillo está fuera del alcance de nuestra visión.

Al contemplar las grandes verdades de la Palabra de Dios, observamos una fuente que se amplía y profundiza bajo nuestra mirada. Su amplitud y profundidad sobrepasan nuestro conocimiento. Al mirar, la visión se expande; contemplamos extendido delante de nosotros un mar sin límites.

Este estudio tiene poder vivificador. La mente y el corazón adquieren fuerza y vida nuevas.

Esta experiencia es la mayor evidencia de que la Biblia es de origen divino. Recibimos la Palabra de Dios como alimento para el alma, mediante la misma evidencia por la cual recibimos el pan como alimento para el cuerpo. El pan suple la necesidad de nuestra naturaleza. Sabemos por experiencia que produce sangre, huesos y cerebro. Apliquemos la misma prueba a la Biblia: Cuando sus principios han llegado a formar efectivamente parte del carácter, ¿cuál ha sido el resultado? ¿Qué cambios se han efectuado en la vida? "Las cosas viejas pasaron; he aquí todas son hechas nuevas"[5]. Gracias a su poder, los hombres y mujeres han roto las cadenas de los hábitos pecaminosos. Han renunciado al egoísmo. Los profanos se han vuelto reverentes; los beodos, sobrios; los libertinos, puros. Las almas que exponían la semejanza de Satanás, han sido transformadas a la imagen de Dios. Este cambio es en sí el milagro de los milagros. Es un cambio realizado por la Palabra, uno de los más profundos misterios de la Palabra. No lo podemos comprender; solo podemos creer, según lo declara la Escritura, que es "Cristo en vosotros, la esperanza de la gloria"[6].

El conocimiento de este misterio es la clave de todos los demás. Abre al alma los tesoros del universo, las posibilidades de un desarrollo infinito.

Y este desarrollo se obtiene por medio de la constante revelación del carácter de Dios a nosotros, de la gloria y el misterio de la Palabra escrita. Si nos fuera posible lograr una plena comprensión de Dios y su Palabra, no habría para nosotros más descubrimientos de la verdad, mayor conocimiento, ni mayor desarrollo. Dios dejaría de ser supremo, y el hombre dejaría de progresar. Gracias a Dios, no es así. Puesto que Dios es infinito, y en él están todos los tesoros de la sabiduría, podremos escudriñar y aprender siempre, durante toda la eternidad, sin agotar jamás las riquezas de su sabiduría, su bondad o su poder.

[1] Salmos 97:2.

[2] Isaías 35:8.

[3] Deuteronomio 29:29.

[4] 2 Timoteo 3:16. 17.

[5] 2 Corintios 5:17.

[6] Colosenses 1:27.

Capítulo 19—La historia y la profecía

"¿Quién hizo oír esto desde el principio [...] sino yo, Jehová? Y no hay más Dios que yo". Isaías 45:21.

La Biblia es la historia más antigua y abarcante que poseen los hombres. Nació de la fuente de la verdad eterna y una mano divina ha preservado su pureza a través de los siglos. Ilumina el lejano pasado en el cual en vano trata de penetrar la investigación humana. Solamente en la Palabra de Dios contemplamos el poder que puso los cimientos de la tierra y extendió los cielos. Tan solo en ella hallamos un relato auténtico del origen de las naciones. Únicamente en ella se da una historia de nuestra raza, libre de prejuicios u orgullo humanos.

En los anales de la historia humana, el crecimiento de las naciones, el levantamiento y la caída de los imperios, parecen depender de la voluntad y las proezas del hombre. Los sucesos parecen ser determinados, en gran parte, por su poder, su ambición o su capricho. Pero en la Palabra de Dios se descorre el velo, y contemplamos detrás, encima y entre la trama y la urdimbre de los intereses, las pasiones y el poder de los hombres, los agentes del Ser misericordioso, que ejecutan silenciosa y pacientemente los consejos de la voluntad de Dios.

La Biblia revela la verdadera filosofía de la historia. En las palabras de belleza inmaculada y ternura que el apóstol Pablo dirigió a los filósofos de Atenas, se expone el propósito que tenía Dios al crear y distribuir las razas y naciones. Él "de una sangre ha hecho todo el linaje de los hombres para que habiten sobre toda la faz de la tierra; y les ha prefijado el orden de los tiempos y los límites de su habitación, para que busquen a Dios, si en alguna manera, palpando, puedan hallarlo, aunque ciertamente no está lejos de cada uno de nosotros"[1]. Dios declara que cualquiera que lo desee puede "entrar en los vínculos del pacto"[2]. Al crear la tierra, su propósito era que fuese habitada por seres cuya existencia fuera una bendición para

148

sí mismos y para los demás, y un honor para su Creador. Todos los que quieran pueden identificarse con este propósito. De ellos se dirá: "Este pueblo he creado para mí; mis alabanzas publicará"[3].

Dios ha revelado en su ley los principios básicos de toda prosperidad verdadera, tanto de las naciones como de los individuos. "Porque esta es vuestra sabiduría y vuestra inteligencia", declaró Moisés a los israelitas, refiriéndose a la ley de Dios. "Porque no os es cosa vana; es vuestra vida"[4]. Las bendiciones así aseguradas a Israel, se prometen en las mismas condiciones y en el mismo grado a toda nación y a todo individuo que existe debajo del amplio cielo.

El poder que ejerce todo gobernante en la tierra, se lo otorga el cielo, y su éxito depende de cómo lo ejerce. El Atalaya divino dice a cada cual: "Yo te ceñiré, aunque tú no me conociste"[5]. Y para todos constituyen una lección de vida las palabras dirigidas a Nabucodonosor: "Redime tus pecados con justicia, y tus iniquidades haciendo misericordias con los oprimidos, pues tal vez será eso una prolongación de tu tranquilidad"[6].

Comprender todo esto, comprender que "la justicia engrandece a la nación"; que "con la justicia será afirmado el trono" y con "misericordia"[7]; reconocer la obra de estos principios en la manifestación del poder que "quita reyes, y pone reyes"[8], es comprender la filosofía de la historia.

Únicamente en la Palabra de Dios está esto claramente expuesto. En ella se muestra que la fuerza de las naciones, lo mismo que la de los individuos, no se encuentra en las oportunidades o medios que parecen hacerlos invencibles; ni tampoco en su pregonada grandeza. Se mide por la fidelidad con que cumplen el propósito de Dios.

En la historia de la antigua Babilonia tenemos una ilustración de esta verdad. El verdadero propósito del gobierno nacional se le presentó al rey Nabucodonosor bajo la figura de un gran árbol, cuya "copa llegaba hasta el cielo y se le alcanzaba a ver desde todos los confines de la tierra. Su follaje era hermoso, su fruto abundante y había en él alimento para todos. Debajo de él, a su sombra, se ponían las bestias del campo, en sus ramas anidaban las aves del cielo"[9].

Esta figura muestra el carácter de un gobierno que cumple el propósito de Dios, un gobierno que protege y edifica a la nación.

Dios engrandeció a Babilonia para que cumpliera ese propósito. La nación prosperó hasta llegar a una altura de riqueza y poder que desde entonces nunca ha sido igualada, y que en las Escrituras está adecuadamente representada por el símbolo de una "cabeza de oro"[10].

Pero el rey no reconoció el poder que lo había encumbrado. Lleno de orgullo, dijo Nabucodonosor:

"¿No es esta la gran Babilonia que yo edifiqué para casa real con la fuerza de mi poder, y para gloria de mi majestad?"[11]

En vez de ser protectora de los hombres, Babilonia se convirtió en orgullosa y cruel opresora. Las palabras de la Inspiración, que describen la crueldad y la voracidad de los gobernantes de Israel, revelan el secreto de la caída de Babilonia, y de la de muchos otros reinos que han caído desde que empezó el mundo: "Os alimentáis con la leche de las ovejas, os vestís con su lana y degolláis a la engordada, pero no las apacentáis. No fortalecisteis a las débiles ni curasteis a la enferma; no vendasteis la perniquebrada ni volvisteis al redil a la descarriada ni buscasteis a la perdida, sino que os habéis enseñoreado de ellas con dureza y con violencia"[12].

El Atalaya divino pronunció contra el rey de Babilonia la sentencia: "¡A ti se te dice, rey Nabucodonosor: El reino ha sido quitado de ti"[13].

"Baja y siéntate en el polvo,
    virgen, hija de Babilonia.
Siéntate en la tierra, sin trono [...].
    Siéntate, calla y entra en las tinieblas,
hija de los caldeos, porque nunca más te llamarán
    "soberana de reinos""[14].
"Tú, la que moras entre muchas aguas, rica en tesoros,
    Ha venido tu fin, la medida de tu codicia".
"Y Babilonia, hermosura de reinos,
    Gloria y orgullo de los caldeos,
Será como Sodoma y Gomorra, a las que trastornó Dios"[15].

"Y la convertiré en posesión de erizos,
    y en tierra cenagosa;
y la barreré con escobas de destrucción,
    dice Jehová de los ejércitos"[16].

Se ha permitido a toda nación que ha ascendido al escenario de la historia que ocupe su lugar en la tierra para ver si va a cumplir o no el propósito del "Vigilante y Santo". La profecía ha anunciado el levantamiento y la caída de los grandes imperios del mundo: Babilonia, Medo-Persia, Grecia y Roma. La historia se repitió con cada una de ellas, lo mismo que con naciones menos poderosas. Cada una tuvo su período de prueba, fracasó, su gloria se marchitó, perdió su poder, y su lugar fue ocupado por otra.

Aunque las naciones rechazaron los principios de Dios y provocaron con ese rechazamiento su propia ruina, es evidente que el propósito divino predominó y se manifestó en todos sus movimientos.

Una maravillosa representación simbólica dada al profeta Ezequiel durante su destierro en la tierra de los caldeos, enseña esta lección. Recibió la visión cuando estaba abrumado por recuerdos tristes y presentimientos inquietantes. La tierra de sus padres estaba desolada; Jerusalén, despoblada. El profeta mismo era extranjero en un país donde la ambición y la crueldad reinaban. Por todas partes veía manifestaciones de tiranía e injusticia. Su alma estaba afligida y se lamentaba día y noche. Pero los símbolos que se le presentaron ponían en evidencia un poder superior al de los gobernantes terrenales.

A orillas del río Quebar, Ezequiel vio un torbellino que parecía proceder del norte, "una gran nube, con un fuego envolvente, y alrededor de él un esplendor. En medio del fuego algo semejante al bronce refulgente"[17]. Cuatro seres vivientes movían numerosas ruedas entrelazadas. Por encima de todo esto "se veía la figura de un trono que parecía de piedra de zafiro; y sobre la figura del trono había una semejanza que parecía de hombre sentado sobre él". "Y apareció en los querubines la figura de una mano de hombre debajo de sus alas"[18].

Las ruedas estaban dispuestas en forma tan complicada, que a primera vista parecía que estaban en desorden; pero se movían en perfecta armonía. Seres celestiales empujaban las ruedas, y ellos, a su vez, eran sostenidos y guiados por la mano que estaba debajo de los querubines; sobre ellos, en el trono de zafiro, estaba el Eterno, y alrededor del trono un arco iris, emblema de la misericordia divina.

Así como la disposición complicada de las ruedas estaba bajo la dirección de la mano que se veía debajo de las alas de los querubines, Dios dirige el complicado manejo de los acontecimientos humanos. En medio de la lucha y el tumulto de las naciones, Aquel que se sienta por encima de los querubines, todavía dirige los asuntos terrenales.

La historia de las naciones que sucesivamente ocuparon el tiempo y el lugar que se les asignó, y que inconscientemente dieron testimonio de la verdad cuyo significado ignoraban, tiene un mensaje para nosotros. Dios ha asignado un lugar en su gran plan a toda nación y a todo individuo de la actualidad. Hoy los hombres y las naciones son medidos por la plomada que sostiene Aquel que no se equivoca. Todos deciden su destino por su propia resolución, y Dios dirige todo para que se cumplan sus propósitos.

La historia que el gran Yo Soy ha trazado en su Palabra, al unir los eslabones de la cadena profética desde la eternidad pasada hasta la eternidad futura, nos dice dónde estamos hoy en el transcurso de los siglos, y qué es lo que se puede esperar del futuro. Todo lo que la profecía anunció que sucedería hasta el presente, ha sido registrado en las páginas de la historia, y podemos estar seguros de que todo lo que falta se cumplirá en su orden.

En la Palabra de verdad se predice claramente la caída final de los reinos terrenales. En la profecía anunciada cuando Dios pronunció la sentencia contra el último rey de Israel, se da el mensaje: "Así ha dicho Jehová, el Señor: ¡Depón el turbante, quita la corona! [...] Sea exaltado lo bajo y humillado lo alto. ¡A ruina, a ruina, a ruina lo reduciré, y esto no será más, hasta que venga aquel a quien corresponde el derecho, y yo se lo entregaré!"[19]

La corona que se le quitó a Israel pasó sucesivamente a los reinos de Babilonia, Medo-Persia, Grecia y Roma. Dios dice: "Esto no será más, hasta que venga aquel a quien corresponde el derecho, y yo se lo entregaré".

Ese tiempo está cerca. Las señales de los tiempos declaran hoy que estamos en el umbral de sucesos grandes y solemnes. Todo está en agitación en el mundo. Ante nuestra vista se cumple la profecía del Salvador referente a los sucesos que precederán a su venida: "Oiréis de guerras, y rumores de guerras [...]. Se levantará nación contra nación, y reino contra reino; y habrá pestes, y hambres, y terremotos en diferentes lugares"[20].

La época actual es de sumo interés para todos los vivientes. Los gobernantes y estadistas, los hombres que ocupan puestos de confianza y autoridad, los hombres y mujeres que piensan, de toda clase social tienen la atención fija en los sucesos que ocurren alrededor de nosotros. Observan las relaciones tirantes que mantienen las naciones. Observan la tensión que se está apoderando de todo elemento terrenal, y reconocen que está por ocurrir algo grande y decisivo, que el mundo está al borde de una gran crisis.

En este mismo momento los ángeles están sosteniendo los vientos de contienda para que no soplen hasta que el mundo reciba la advertencia de su próxima condenación; pero se está preparando una tormenta; ya está lista para estallar sobre la tierra; y cuando Dios ordene a sus ángeles que suelten los vientos, habrá una escena tal de lucha, que ninguna pluma podrá describir.

Solo la Biblia aclara la historia

La Biblia, y nada más la Biblia da una idea exacta de estas cosas. En ella se revelan las grandes escenas finales de la historia de nuestro mundo, sucesos que ya proyectan sus sombras, que al aproximarse hacen temblar la tierra con su ruido y hacen desfallecer de temor a los hombres.

"He aquí que Jehová devasta la tierra y la arrasa, trastorna su faz y hace esparcir a sus moradores [...]. Y la tierra fue profanada por sus moradores, porque traspasaron las leyes, falsearon el derecho, quebrantaron el pacto eterno. Por esta causa la maldición consumió la tierra y sus moradores fueron asolados; por esta causa fueron consumidos los habitantes de la tierra y disminuyó la población. Se perdió el vino, enfermó la vid, gimieron todos los que eran alegres de corazón. Cesó el regocijo de los panderos, se acabó el estruendo de los que se alegran, cesó la alegría del arpa"[21].

"Ay del día!, porque cercano está el día de Jehová; vendrá como destrucción de parte del Todopoderoso [...]. El grano se pudrió debajo de los terrones; los graneros fueron asolados y los silos destruidos porque se había secado el trigo. ¡Cómo gemían las bestias! ¡Cuán turbados andaban los hatos de los bueyes, porque no tenían pastos! Y fueron también asolados los rebaños de las ovejas". "La vid está seca y pereció la higuera; también el granado, la palmera y el manzano: Todos los árboles del campo se secaron. Y así se extinguió el gozo de los hijos de los hombres"[22].

"¡Mis entrañas, mis entrañas! Me duelen las fibras de mi corazón [...], no callaré, porque sonido de trompeta has oído, alma mía: ¡un pregón de guerra! Se anuncia quebranto tras quebranto, porque toda la tierra es destruida. ¡De repente son destruidas mis tiendas, en un momento mis cortinas!"

"Miré a la tierra, y vi que estaba desordenada y vacía; y a los cielos, y no había luz en ellos. Miré a los montes, y vi que temblaban, y todos los collados fueron destruidos. Miré, y no había hombre, y todas las aves del cielo se habían ido. Miré, y vi que el campo fértil era un desierto, y todas sus ciudades estaban asoladas delante de Jehová, delante del ardor de su ira"[23].

"¡Ah, cuán grande es aquel día! Tanto, que no hay otro semejante a él; tiempo de angustia para Jacob; pero de ella será librado"[24].

"Anda, pueblo mío, entra en tus aposentos, cierra tras ti tus puertas; escóndete un poquito, por un momento, en tanto que pasa la indignación"[25].

"Porque has puesto a Jehová, que es mi esperanza,
    Al Altísimo por tu habitación,
No te sobrevendrá mal, ni plaga tocará tu morada"[26].

"El Dios de dioses, Jehová, ha hablado
    y ha convocado la tierra desde el nacimiento del sol
hasta donde se pone.
    Desde Sión, perfección de hermosura,
Dios ha resplandecido.
    Vendrá nuestro Dios y no callará;
fuego consumirá delante de él
    y tempestad poderosa lo rodeará.
Convocará a los cielos de arriba y a la tierra,
    para juzgar a su pueblo [...].
¡Los cielos declararán su justicia,
    porque Dios es el juez!"[27]

"Hija de Sión [...] allí serás librada; allí te redimirá Jehová de manos de tus enemigos. "Ahora se han juntado muchas naciones en contra tuya, y dicen: "¡Que sea profanada y se recreen nuestros ojos a la vista de Sión!" Mas ellos no conocieron los pensamientos de Jehová, ni entendieron su consejo".

"Mas yo haré venir sanidad para ti, y sanaré tus heridas, dice Jehová, porque "Desechada" te llamaron, diciendo: "Esta es Sión, de la que nadie se acuerda". Así ha dicho Jehová: "He aquí yo hago volver a los cautivos de las tiendas de Jacob, y de sus tiendas tendré misericordia""[28].

"¡He aquí, este es nuestro Dios! Le hemos esperado, y nos salvará. ¡Este es Jehová, a quien hemos esperado! Nos gozaremos y nos alegraremos en su salvación".

"Destruirá a la muerte para siempre [...] y quitará la afrenta de su pueblo de toda la tierra; porque Jehová lo ha dicho[29].

"Mira a Sión, ciudad de nuestras fiestas solemnes. Tus ojos verán a Jerusalén, morada de quietud, tienda que no será desarmada [...]. Porque Jehová es nuestro juez, Jehová es nuestro legislador, Jehová es nuestro Rey. ¡Él mismo nos salvará!"[30]

"Juzgará con justicia a los pobres, y resolverá con equidad a favor de los mansos de la tierra"[31].

Entonces se cumplirá el propósito de Dios; los principios de su reino serán honrados por todos los que habiten debajo del sol.

> "Nunca más se oirá en tu tierra violencia,
>   Destrucción ni quebrantamiento en su territorio,
> Sino que a tus muros llamarás Salvación,
>   Y a tus puertas Alabanza".
> "Con justicia serás adornada;
>   Estarás lejos de opresión, porque no temerás,
> Y de temor, porque no se acercará a ti"[32].

Los profetas a quienes fueron reveladas estas grandes escenas anhelaban comprender su significado. Ellos "inquirieron [...] diligentemente [...] escudriñando qué persona y qué tiempo indicaba el Espíritu de Cristo que estaba en ellos [...]. A estos se les reveló que no para sí mismos, sino para nosotros, administraban las cosas que ahora os son anunciadas [...] cosas en las cuales anhelan mirar los ángeles"[33].

Para nosotros, que estamos al borde mismo de su cumplimiento, ¡de cuán profunda importancia, de cuán palpitante interés, son estas descripciones de los sucesos venideros, que los hijos de Dios han esperado, anhelado, y orado desde que nuestros primeros padres salieron del Edén!

En este tiempo, antes de la gran crisis final, lo mismo que antes de la primera destrucción del mundo, los hombres están absortos en los placeres y otras ocupaciones que atañen a los sentidos. Embargados por lo visible y lo transitorio, han perdido de vista lo invisible y lo eterno. Sacrifican riquezas imperecederas por riquezas que perecen con el uso. Es necesario elevar sus mentes y ampliar sus conceptos de la vida. Es necesario despertarlos del letargo del sueño mundano.

Necesitan aprender, del nacimiento y la caída de las naciones, tal como lo presenta la Santa Escritura, de cuán poco valor es la gloria externa y mundanal. Babilonia, con todo su poder y magnificencia, que el mundo no volvió a contemplar—poder y magnificencia que parecieron estables y duraderos—ha desaparecido completamente. Ha perecido "como la flor del campo". Así perece todo lo que no tiene a Dios como cimiento. Solo puede durar lo que está ligado al propósito divino y expresa el carácter de Dios. Sus principios son lo único firme que el mundo conoce.

Estas son las grandes verdades que tanto los jóvenes como los ancianos necesitan aprender. Necesitamos estudiar el cumplimiento del propósito de Dios en la historia de las naciones y en la revelación de las realidades futuras, a fin de poder estimar en su verdadero valor las cosas visibles e invisibles, aprender cuál es el verdadero ideal de la vida; dar el uso más noble y adecuado a las cosas del tiempo, una vez consideradas a la luz de la eternidad. De este modo, al aprender aquí los principios de su reino, y al llegar a ser sus súbditos y ciudadanos, podremos prepararnos para entrar en posesión de él cuando el Señor venga.

El día está cerca. El tiempo que queda es demasiado breve para las lecciones que hay que aprender, la obra que hay que hacer, la transformación del carácter que debe efectuarse.

"Hijo de hombre, ahora los de la casa de Israel dicen: "La visión que este ve es para dentro de muchos días; para lejanos tiempos profetiza este". Diles, por tanto: "Así ha dicho Jehová, el Señor: No se tardará más ninguna de mis palabras, sino que la palabra que yo hable se cumplirá, dice Jehová, el Señor"[34].

---

[1] Hechos 17:26, 27.

[2] Ezequiel 20:37.

[3] Isaías 43:21.

[4] Deuteronomio 4:6; 32:47.

[5] Isaías 45:5.

[6] Daniel 4:27.

[7] Proverbios 14:34; 16:12; Proverbios 20:28.

[8] Daniel 2:21.

[9] Daniel 4:11, 12.

[10] Daniel 2:38.

[11] Daniel 4:30.

[12] Ezequiel 34:3, 4.

[13] Daniel 4:31.

[14] Isaías 47:1-5.

[15] Jeremías 51:13; Isaías 13:19.

[16] Isaías 14:23.

[17] Ezequiel 1:4.

[18] Ezequiel 1:4, 26; 10:8.

[19] Ezequiel 21:26, 27.

[20] Mateo 24:6, 7.

[21] Isaías 24:1-8.

[22] Joel 1:15-18, 12.

[23] Jeremías 4:19, 20, 23-26.

[24] Jeremías 30:7.

[25] Isaías 26:20.

[26] Salmos 91:9, 10.

[27] Salmos 50:13, 46.

[28] Miqueas 4:10-12; Jeremías 30:17, 18.

[29] Isaías 25:9, 8.

[30] Isaías 33:20-22.

[31] Isaías 11:4.

[32] Isaías 60:18; 54:14.

[33] 1 Pedro 1:10-12.

[34] Ezequiel 12:27, 28.

Capítulo 20—La enseñanza y el estudio de la Biblia

"Haciendo estar atento tu oído a la sabiduría [...]. y la escudriñares como a tesoros". Salmos 2:2-4.

En su niñez, juventud y adultez, Jesús estudió las Escrituras. En su infancia, su madre le enseñó diariamente conocimientos obtenidos de los pergaminos de los profetas. En su juventud, a la hora de la aurora y el crepúsculo, a menudo estuvo solo en la montaña o entre los árboles del bosque, para dedicar unos momentos a la oración y al estudio de la Palabra de Dios. Durante su ministerio, su íntimo conocimiento de las Escrituras dio testimonio de la diligencia con que las había estudiado. Y puesto que él obtuvo su conocimiento del mismo modo como podemos obtenerlo nosotros, su maravilloso poder mental y espiritual es una prueba del valor de la Biblia como medio educativo.

Nuestro Padre celestial, al dar su Palabra, no olvidó a los niños. ¿Puede hallarse entre los escritos de los hombres algo que tenga tanta influencia sobre el corazón, algo tan adecuado para despertar el interés de los pequeñuelos, como los relatos de la Biblia?

Mediante esas sencillas historias se pueden explicar los principios de la ley de Dios. Así, por medio de ilustraciones adecuadas a la comprensión del niño, los padres y maestros pueden empezar desde los primeros años a cumplir la orden del Señor en cuanto a sus leyes: "Y las repetirás a tus hijos, y hablarás de ellas estando en tu casa, y andando por el camino, y al acostarte, y cuando te levantes"[1].

El uso de ilustraciones, pizarrones, mapas y figuras ayudará a explicar estas lecciones y grabarlas en la memoria. Los padres y maestros deben buscar constantemente mejores métodos. La enseñanza de la Biblia merece nuestros pensamientos más frescos, nuestros mejores métodos y nuestro más ferviente esfuerzo.

Para despertar y fortalecer el amor hacia el estudio de la Biblia, mucho depende del uso que se haga de la hora del culto. Las horas del culto matutino y del vespertino deben ser las más dulces y útiles del día. Entiéndase que no han de interferir con esa hora pensamientos perturbadores y poco amables. Reúnanse los padres y los niños para encontrarse con Jesús, y para invitar a los santos ángeles a estar presentes en el hogar. Los cultos tienen que ser breves y llenos de vida, adaptados a la ocasión, y variados. Todos deberían tomar parte en la lectura de la Biblia, y aprender y repetir a menudo la ley de Dios. Los niños tendrán más interés si a veces se les permite que escojan la lectura. Háganseles preguntas sobre lo leído y permítaseles que también las hagan ellos. Menciónese cualquier cosa que sirva para ilustrar su significado. Si el culto no es demasiado largo, permítase que los pequeñuelos oren y se unan al canto, aunque se trate de una sola estrofa.

A fin de dar al culto el carácter que debe tener, es necesaria cierta preparación. Los padres necesitan consagrar tiempo diariamente al estudio de la Biblia con sus hijos. Sin duda, se requerirá esfuerzo, reflexión y algún sacrificio para llevar a cabo esto, pero el esfuerzo será ricamente recompensado.

Dios ordena a los padres, como preparación para enseñar sus preceptos, que los guarden en su corazón. "Y estas palabras que yo te mando hoy, estarán sobre tu corazón—dice Jehová—; y las repetirás a tus hijos"[2]. Para interesar a nuestros niños en la Biblia, nosotros mismos hemos de tener interés en ella. Para despertar en ellos el amor hacia su estudio, nosotros mismos debemos amarlo. La instrucción que les demos irá acompañada del peso de la influencia que le presten nuestro propio ejemplo y espíritu.

Dios llamó a Abraham para que fuera maestro de su palabra, lo escogió para que sea padre de una gran nación, porque vio que instruiría a sus hijos y a su casa en los principios de la ley de Dios. El poder de la enseñanza de Abraham se debió a la influencia de su vida. Formaban parte de su casa más de mil personas, muchas de las cuales eran jefes de familia y no pocas recién convertidas del paganismo. Semejante casa necesitaba que una mano firme manejara el timón. Los métodos débiles y vacilantes no servían. Dios dijo a Abraham: "Porque yo sé que mandará a sus hijos y a su casa después de sí". Sin embargo, ejercía su autoridad con tal sabiduría y ternura que cautivaba los corazones. El testimonio del Atalaya divino es: "Que guarden el camino de Jehová, haciendo justicia y juicio"[3]. Y la influencia de Abraham se extendió más allá de su casa.

En cualquier lugar levantaba su tienda, erigía un altar a su lado para ofrecer sacrificios y adorar. Cuando trasladaba la tienda a otro lugar, quedaba el altar, y más de un nómada cananeo que había llegado a conocer a Dios por medio de la vida de Abraham, su siervo, se detenía junto a ese altar para ofrecer un sacrificio a Jehová.

No será menos eficaz hoy la enseñanza de la Palabra de Dios cuando halle un reflejo tan fiel como ese en la vida del maestro.

No basta saber lo que otros han pensado o aprendido de la Biblia. En el juicio cada uno deberá dar cuenta de sí mismo a Dios, y cada uno debe aprender ahora por sí mismo cuál es la verdad. Pero para que el estudio sea eficaz, hay que despertar el interés del alumno. Y especialmente el que tiene que tratar con niños y jóvenes, que difieren muchísimo en carácter, educación y hábitos mentales, no ha de perder de vista este asunto. Al enseñar la Biblia a los niños, será conveniente observar la tendencia de sus mentes, los temas que les llaman la atención, y despertar su interés por ver lo que la Biblia dice sobre esos temas. El que nos creó y nos dotó de diferentes aptitudes, ha dado en su Palabra algo para cada cual. A medida que los alumnos vean que las lecciones de la Biblia se aplican a sus vidas, hay que enseñarles a considerarla su consejera.

También hay que ayudarles a apreciar su maravillosa belleza. Se recomienda o a lo menos se permite la lectura de muchos libros que no son de verdadero valor, libros excitantes y malsanos, solo por su supuesto valor literario. ¿Por qué hemos de invitar a nuestros niños a beber de esos manantiales contaminados, cuando pueden tener libre acceso a las fuentes puras de la Palabra de Dios? La Biblia tiene una inagotable abundancia, fuerza y profundidad de significado. Hay que animar a los niños y jóvenes a buscar sus tesoros, tanto de significado como de expresión.

A medida que la belleza de estas cosas preciosas atraiga la mente, un poder transformador y subyugante conmoverá el corazón. Serán atraídos a Aquel que se les reveló de ese modo. Y pocos serán los que no sientan deseos de conocer más sus obras y caminos.

Debe enseñarse al estudiante de la Biblia a acercarse a ella con el espíritu del que aprende. Debemos escudriñar sus páginas, no en busca de pruebas que apoyen nuestras opiniones, sino para saber lo que Dios dice.

Únicamente se puede obtener un verdadero conocimiento de la Biblia mediante la ayuda del Espíritu que dio la Palabra. Y a fin de obtener ese conocimiento hemos de vivir de acuerdo con él. Debemos obedecer todo lo que la Palabra de Dios manda. Podemos reclamar todas sus promesas. Mediante su poder, necesitamos vivir la vida que ella recomienda. Solo si se la considera de este modo, se la puede estudiar eficazmente.

El estudio de la Biblia requiere nuestro más diligente esfuerzo y nuestra más perseverante meditación. Con el mismo afán y la misma persistencia con que el minero excava la tierra en busca del tesoro, debemos buscar nosotros el tesoro de la Palabra de Dios.

En el estudio diario, el método que consiste en examinar un versículo tras otro es a menudo de mucha utilidad. Tome el estudiante un versículo, concentre la mente para descubrir el pensamiento que Dios encerró para él allí, y luego medite en él hasta hacerlo suyo. Un pasaje estudiado en esa forma, hasta comprender su significado, es de más beneficio que la lectura de muchos capítulos sin propósito definido y sin que se obtenga verdadera instrucción.

Una de las principales causas de la ineficacia mental y la debilidad moral es la falta de concentración para lograr fines importantes. Nos enorgullecemos de la inmensa difusión de las publicaciones, pero esa gran cantidad de libros—incluso los que en sí mismos no son perjudiciales—pueden ser definidamente dañina. Con la inmensa corriente de material impreso que sale constantemente de las prensas, tanto los adultos como los jóvenes adquieren el hábito de leer en forma apresurada y superficial, y la mente pierde la facultad de elaborar pensamientos vigorosos y coordinados. Además, gran parte de los periódicos y libros que, como las ranas de Egipto, se esparcen por la tierra, no son solamente vulgares, inútiles y debilitantes, sino que corrompen y destruyen el alma. La mente y el corazón indolentes, que no tienen propósito definido, son presa fácil del maligno. El hongo se arraiga en organismos enfermos, sin vida. Satanás instala su taller en la mente ociosa. Diríjase la mente a ideales elevados y santos, dese a la vida un propósito noble, absorbente, y el enemigo hallará poco terreno para afirmarse.

Enséñese, pues a los jóvenes a estudiar detenidamente la Palabra de Dios. Una vez que haya sido recibida en el alma, será una poderosa barricada contra la tentación. "En mi corazón he guardado tus dichos—declara el salmista—, para no pecar contra ti". "Por la palabra de tus labios yo me he guardado de las sendas de los violentos"[4].

La Biblia es su propio intérprete. Debe compararse texto con texto. El estudiante ha de aprender a considerar la Biblia como un todo y a ver la relación que existe entre sus partes. Tiene que adquirir el conocimiento de su gran tema central, del propósito original de Dios hacia el mundo, del comienzo de la gran controversia y de la obra de la redención. Necesita comprender la naturaleza de los principios que luchan por la supremacía, y aprender a rastrear su obra a través de las crónicas de la historia y la profecía, hasta la gran culminación. Deber verificar cómo interviene este conflicto en todos los aspectos de la vida humana; cómo en su mismo caso todo acto de su vida revela uno u otro de esos dos motivos antagónicos; y cómo, consciente o inconscientemente, ahora mismo está decidiendo en qué lado de la contienda se va a encontrar.

Toda la Biblia es inspirada por Dios. Tanta atención merece el Antiguo Testamento como el Nuevo. Al estudiar el Antiguo Testamento hallaremos manantiales vivos que brotan de lugares donde el lector indiferente tan solo encuentra un desierto.

El libro de Apocalipsis, junto con el de Daniel, merece estudio especial. Todo maestro temeroso de Dios debe considerar cómo comprender y presentar más claramente el evangelio que nuestro Salvador en persona dio a conocer a su siervo Juan: "La revelación de Jesucristo, que Dios le dio, para manifestar a sus siervos las cosas que deben suceder pronto"[5]. Nadie debe desanimarse al estudiar el Apocalipsis a causa de sus símbolos aparentemente místicos. "Y si alguno de vosotros tiene falta de sabiduría, pídala a Dios, el cual da a todos abundantemente y sin reproche, y le será dada"[6].

"Bienaventurado el que lee, y los que oyen las palabras de la profecía, y guardan las cosas en ella escritas; porque el tiempo está cerca"[7].

Cultivemos el amor a las escrituras

Cuando se despierte un amor verdadero por la Biblia, y el estudiante empiece a ver cuán vasto es el campo y cuán precioso su tesoro, deseará echar mano de toda oportunidad que se le presente para familiarizarse con la Palabra de Dios. Su estudio no se limitará a un tiempo y un lugar determinados. Y este estudio continuo es uno de los mejores medios de cultivar el amor hacia las Escrituras. El estudiante debería tener siempre consigo la Biblia. Si tenéis una oportunidad, leed un texto y meditad en él. Mientras andáis por la calle, esperáis en la estación del ferrocarril, o en el lugar de una cita, aprovechad la oportunidad de adquirir algún pensamiento del tesoro de la verdad.

Las grandes fuerzas motrices del alma son la fe, la esperanza y el amor; y a ellas se dirige el estudio de la Biblia, hecho debidamente. La hermosura exterior de las Escrituras, la belleza de las imágenes y la expresión, no es sino el engarce, por así decirlo, de su verdadera joya: La belleza de la santidad. En la historia que ofrece de los hombres que anduvieron con Dios, podemos ver fulgores de su gloria. En el que es "del todo amable" contemplamos a Aquel de quien toda la belleza del cielo y de la tierra no es más que un pálido reflejo. "Y cuando yo sea levantado de la tierra, -dijo-, a todos atraeré a mí mismo"[8]. A medida que el estudiante de la Biblia contempla al Redentor, se despierta en el alma el misterioso poder de la fe, la adoración y el amor. La mirada se fija en la visión de Cristo y el que observa se asemeja cada vez más a lo que adora. Las palabras del apóstol Pablo llegan a ser el lenguaje del alma: "Y ciertamente, aun estimo todas las cosas como pérdida por la excelencia del conocimiento de Cristo Jesús, mi Señor [...] a fin de conocerle, y el poder de su resurrección, y la participación de sus padecimientos, llegando a ser semejante a él en su muerte"[9].

Los manantiales de paz y gozo celestial abiertos en el alma por las palabras de la Inspiración, se convertirán en un río poderoso de influencia bendita para todos los que se pongan a su alcance. Conviértanse los jóvenes de hoy día, los jóvenes que crecen con la Biblia en la mano, en receptores y transmisores de su energía vivificadora, y fluirán hacia el mundo corrientes de bendición; influencias cuyo poder para sanar y consolar apenas podemos concebir, un río de agua viva "que brote para vida eterna".

[1]Deuteronomio 6:7.
[2]Deuteronomio 6:6, 7.
[3]Génesis 18:19.
[4]Salmos 119:11; 17:4.
[5]Apocalipsis 1:1.
[6]Santiago 1:5.
[7]Apocalipsis 1:3.
[8]Juan 12:32.
[9]Filipenses 3:8-10.

La cultura física

"Amado, yo deseo que tú seas prosperado en todas las cosas, y que tengas salud, así como prospera tu alma". 3 Juan 2.

Capítulo 21—El estudio de la fisiología

"Asombrosa y maravillosamente he sido formado" (VM).

Puesto que la mente y el alma hallan expresión por medio del cuerpo, tanto la fortaleza mental como la espiritual dependen en gran parte de la fuerza y la actividad físicas; todo lo que promueva la salud física, promueve el desarrollo de una mente fuerte y un carácter equilibrado. Sin salud, nadie puede comprender en forma clara ni cumplir completamente sus obligaciones hacia sí mismo, sus semejantes, o su Creador. Ha de cuidarse, por lo tanto, tan fielmente la salud como el carácter. El conocimiento de la fisiología y la higiene debe ser la base de todo esfuerzo educativo.

Aunque está tan difundido el conocimiento de los hechos fisiológicos, se nota una alarmante indiferencia hacia los principios higiénicos. Aun entre los que conocen esos principios, son pocos aquellos que los practican. Se sigue tan ciegamente el impulso o la inclinación, como si la vida fuera regida por la mera casualidad, más bien que por leyes permanentes e invariables.

La juventud, que está en la frescura y en la flor de la vida, no valora su gran fortaleza. ¡Con cuánta ligereza considera un tesoro más precioso que el oro, más esencial para el progreso que el saber, la alcurnia o las riquezas! ¡Con qué precipitación lo despilfarra! ¡Cuántos hay que, después de sacrificar la salud en la lucha por obtener riquezas o poder, cuando están a punto de lograr su objetivo, caen impotentes, mientras que otro, poseedor de una resistencia física superior, se apropia del anhelado premio! ¡Cuántos son los que, a causa de condiciones morbosas, consecuencia del descuido de las leyes de la higiene, han adquirido malas costumbres, y han sacrificado toda esperanza para este mundo y el venidero!

Al estudiar fisiología, debe enseñarse a los alumnos a apreciar el valor de la energía física, y cómo se la puede conservar y desarrollar para que contribuya en el mayor grado posible al éxito en la gran lucha de la vida.

Mediante lecciones sencillas y fáciles se tiene que enseñar a los niños, desde sus primeros años, los rudimentos de la fisiología y la higiene. Esta obra la debe empezar la madre en el hogar, y la debe continuar fielmente la escuela. A medida que la edad de los alumnos aumente, es necesario seguir instruyéndolos en ese ramo, hasta que estén capacitados para cuidar de la casa en la cual viven. Deben comprender la importancia que tiene el evitar las enfermedades mediante la conservación de la salud de cada órgano, y también se les debe enseñar a actuar en caso de enfermedades comunes y accidentes. En toda escuela se debe enseñar fisiología e higiene, y en cuanto sea posible se debe proveer material para ilustrar la estructura del cuerpo, su empleo y cuidado.

En el estudio de la fisiología no se incluyen por lo general algunos asuntos que deben considerarse, que son de mayor valor para el estudiante que muchos detalles técnicos que comúnmente se enseñan bajo ese título. Como principio fundamental de toda la educación correspondiente a este ramo, se ha de enseñar a los jóvenes que las leyes de la naturaleza son leyes de Dios, tan ciertamente divinas como los preceptos del Decálogo. El Señor ha escrito en cada nervio, músculo y fibra del cuerpo las leyes que gobiernan nuestro organismo. Toda violación de esas leyes, cometida por descuido o con premeditación, es un pecado contra nuestro Creador.

¡Cuán necesario es, pues, que se imparta un conocimiento completo de estas leyes! Se debería prestar mucha mayor atención de la que comúnmente se concede a los principios de higiene que se aplican al régimen alimentario, al ejercicio, al cuidado de los niños, al tratamiento de los enfermos y a muchos asuntos semejantes.

Se debe dar realce a la influencia que tiene la mente sobre el cuerpo y este sobre aquella. La energía eléctrica del cerebro, aumentada por la actividad mental, vitaliza todo el organismo, y es de ayuda inapreciable para resistir la enfermedad. Tiene que explicarse bien este punto. También es necesario presentar el poder de la voluntad y la importancia del dominio propio, tanto en la conservación de la salud como en su recuperación, como asimismo el efecto depresivo y hasta ruinoso de la ira, el descontento, el egoísmo o la impureza y, por otra parte, el maravilloso poder vivificador que se encuentra en la alegría, la abnegación y la gratitud.

Hay en la Escritura una verdad sobre la fisiología que necesitamos considerar: "El corazón alegre constituye buen remedio"[1]. "Y tu corazón guarde mis mandamientos dice Dios; porque muchos días y años de vida y paz te aumentarán". "Porque son vida a los que las hallan, y medicina a todo su cuerpo". "Panal de miel son los dichos suaves; suavidad al alma y medicina para los huesos"[2].

Los jóvenes necesitan comprender la profunda verdad fundamental de la declaración bíblica según la cual con Dios "está el manantial de la vida"[3]. No solo es el Creador de todo, también es la vida de todo ser viviente. Es su vida la que recibimos en la luz del sol, en el aire puro y suave, en el alimento que da vigor a nuestros cuerpos y sostiene nuestra fuerza. Por su vida existimos hora tras hora, momento tras momento. A menos que hayan sido pervertidos, todos sus dones tienden a la vida, la salud y el gozo.

"Todo lo hizo hermoso en su tiempo"[4] y se obtendrá la verdadera belleza no echando a perder la obra de Dios, sino poniéndola en armonía con las leyes de Aquel que creó todo cuanto existe y que se complace en su belleza y perfección.

Cuando se estudia el funcionamiento del cuerpo, se debe dirigir la atención a su maravillosa adaptación de los medios al fin, a la armoniosa acción y dependencia de los diferentes órganos. Una vez que se ha despertado el interés del estudiante y se le ha hecho ver la importancia de la cultura física, el maestro puede hacer mucho para obtener el debido desarrollo y formar hábitos correctos.

Entre las primeras cosas que se tiene que lograr es saber cuál es la postura correcta, tanto cuando se está sentado como de pie. Dios creó al hombre erguido y desea que obtenga no solo beneficio físico, sino mental y moral, como asimismo la gracia, la dignidad, el aplomo, el valor y la confianza en sí mismo que tiende a producir esa postura. Enseñe esto el maestro por precepto y por ejemplo. Muéstrese en qué consiste una postura erguida e insístase en que se mantenga.

Siguen en importancia a la postura correcta la respiración y la cultura vocal. Es más probable que respire correctamente aquel que se mantiene erguido cuando está sentado o de pie. Pero el maestro debería inculcar en los alumnos la importancia de la respiración profunda. Muéstrese cómo la acción sana de los órganos respiratorios, que ayuda a la circulación de la sangre, beneficia a todo el organismo, despierta el apetito, promueve la digestión, ayuda a tener un sueño sano y dulce, y de ese modo no tan solo le da descanso al cuerpo, sino que calma y sirve de sedante a la mente. Al mismo tiempo que se muestra la importancia de la respiración profunda, es necesario insistir en que se la practique. Háganse ejercicios que la estimulen y al mismo tiempo trátese de formar el hábito.

La educación de la voz ocupa un lugar importante en el desarrollo físico, puesto que tiende a dilatar y fortalecer los pulmones, y prevenir la enfermedad. Para conseguir una formación correcta, tanto en la lectura como en la conversación, cuídese que los músculos abdominales tengan libertad de movimientos al respirar, y que los órganos respiratorios no estén oprimidos. La presión ha de ejercerse sobre los músculos del abdomen más que sobre los de la garganta. De ese modo se evitará que esta se fatigue, y que se enferme gravemente. Debe procurarse con cuidado una pronunciación clara, con tonos suaves y bien modulados y con una forma de expresarse que no sea muy rápida. Esto no solo será beneficioso para la salud, sino que contribuirá en gran medida a que sea más agradable y eficaz la tarea del estudiante.

La enseñanza de estas cosas proporciona una áurea oportunidad para demostrar lo necio y malo que es el uso de fajas que oprimen la cintura, y cualquier otra costumbre que restrinja la acción vital. Las modas malsanas dan por resultado una serie casi interminable de enfermedades, y debe darse cuidadosa instrucción con respecto a este asunto. Hágase comprender a los alumnos el peligro de permitir que la ropa cuelgue de las caderas u oprima cualquier órgano del cuerpo. Se deben llevar vestidos que permitan respirar libremente y levantar sin dificultad los brazos por encima de la cabeza. La opresión de los pulmones no solo impide su desarrollo, sino que estorba el proceso de la digestión y la circulación, debilitando así todo el cuerpo. Todas estas costumbres menoscaban la fuerza física y mental, y estorban el progreso del alumno, privándolo a menudo del éxito.

En el estudio de la higiene, el maestro concienzudo aprovechará toda oportunidad posible para mostrar la necesidad de una perfecta pureza, tanto de las costumbres personales como del ambiente en que uno vive. Ha de darse énfasis en los beneficios que da el baño diario a la salud y la acción mental. También debe prestarse atención a la luz solar y a la ventilación, a la higiene del dormitorio y de la cocina. Enséñese a los alumnos que un dormitorio que reúna todas las condiciones higiénicas, una cocina limpia y una mesa arreglada con gusto y con alimentos saludables, contribuirán más para lograr la felicidad de la familia y el aprecio de cualquier visita sensata, que un costoso juego de muebles que adorne la sala. No es menos necesaria ahora que cuando se enseñó hace mil ochocientos años[*] esta lección del Maestro divino: "La vida es más que la comida, y el cuerpo más que el vestido"[5].

El estudiante de fisiología necesita aprender que el objetivo de su estudio no consiste solamente en obtener un conocimiento de hechos y principios. Este solo daría poco beneficio. Puede ser que comprenda la importancia de la ventilación; su pieza puede tener aire puro, pero a menos que llene debidamente sus pulmones, sufrirá los resultados de una respiración imperfecta. Debe comprenderse, pues, la necesidad de la limpieza, y proveerse los recursos necesarios, pero todo será inútil a menos que sea puesto en práctica. El gran requisito en la enseñanza de estos principios es impresionar al alumno con su importancia, de modo que los ponga escrupulosamente en práctica.

Mediante una figura hermosísima e impresionante, la Palabra de Dios muestra en qué consideración tiene él nuestro organismo físico y la responsabilidad que tenemos de conservarlo en la mejor condición: "¿O ignoráis que vuestro cuerpo es templo del Espíritu Santo, el cual está en vosotros, el cual tenéis de Dios, y que no sois vuestros?" "Si alguno destruye el templo de Dios, Dios le destruirá a él; porque el templo de Dios, el cual sois vosotros, santo es"[6].

Incúlquese en los alumnos el pensamiento de que el cuerpo es un templo en el cual Dios desea vivir, que hay que conservarlo puro, como morada de pensamientos elevados y nobles. Al ver, por medio del estudio de la fisiología, que están "asombrosa y maravillosamente"[7] formados, sentirán reverencia. En vez de mancillar la obra de Dios, anhelarán hacer de su parte todo lo posible por cumplir el glorioso plan del Creador. De ese modo llegarán a considerar la obediencia a las leyes de la salud, no como un sacrificio, o un acto de abnegación, sino como lo que realmente es: un privilegio y una bendición inestimables.

---

[*]Esta declaración fue escrita en 1903.

[1]Proverbios 17:22.
[2]Proverbios 3:1, 2; 4:22; 16:24.
[3]Salmos 36:9.
[4]Eclesiastés 3:11.
[5]Lucas 12:23.
[6]1 Corintios 6:19; 3:17.
[7]Salmos 139:14 (VM).

Capítulo 22—La temperancia y el régimen alimentario

"Todo aquel que lucha, de todo se abstiene". 1 Corintios 9:25.

Todo estudiante necesita comprender la relación que existe entre la vida sencilla y el pensamiento elevado. A nosotros nos toca decidir individualmente si nuestras vidas han de ser regidas por la mente o por el cuerpo. Todo joven por sí mismo debe tomar la decisión que amoldará su vida, y no se deberían ahorrar energías para hacerlo comprender las fuerzas contra las cuales tendrá que contender, y las influencias que modelan el carácter y determinan el destino.

La intemperancia es un enemigo contra el cual debemos precavernos todos. El rápido aumento de este terrible mal debe mover a la lucha a todo el que ama al género humano. La costumbre de dar instrucción en cuanto a temas de temperancia en las escuelas, es un paso que se está dando en la buena dirección. Ha de practicarse esa costumbre en todas las escuelas y todos los hogares. Los jóvenes y los niños deben saber que el alcohol, el tabaco y otros venenos similares provocan la ruina del cuerpo, el entorpecimiento de la mente y la corrupción del alma. Debe explicarse que cualquiera que use esas cosas con el paso del tiempo perderá toda la fuerza de sus facultades físicas, mentales o morales.

Pero, a fin de descubrir la raíz de la intemperancia, debemos ir más allá del uso del alcohol o el tabaco. La ociosidad, la falta de ideales, las malas compañías, pueden ser las causas que predisponen a la intemperancia. A menudo se las halla en la mesa del hogar de las familias que se consideran estrictamente temperantes. Todo lo que perjudique la digestión, que provoque una estimulación mental anormal, o que de cualquier modo debilite el organismo y perturbe el equilibrio de las facultades mentales y físicas, disminuye el dominio de la mente sobre el cuerpo y tiende a fomentar la intemperancia. Si se buscara el motivo de la caída de más de un joven promisorio, se llegaría a apetitos anormales creados por un régimen alimentario inadecuado.

El té, el café, los condimentos, los dulces y las tortas, son causas activas de indigestión. La carne también es perjudicial. Su efecto naturalmente excitante debe ser argumento suficiente contra su consumo; y el hecho de que los animales estén casi universalmente enfermos la hace dos veces reprobable. Tiende a irritar los nervios y estimular las pasiones, de modo que predominan las tendencias más bajas.

Los que se acostumbran a un régimen alimentario muy sazonado y estimulante, descubren al cabo de un tiempo que el estómago no se satisface con alimentos sencillos. Exige comidas cada vez más condimentadas, picantes y excitantes. A medida que los nervios se perturban y el organismo se debilita, la voluntad parece impotente para resistir al apetito pervertido. La delicada membrana del estómago se irrita de tal modo que no la alivia ni el alimento más excitante. Se siente una sed que tan solo una bebida fuerte puede calmar.

Es el comienzo del mal lo que debe evitarse. Al instruir a los jóvenes tiene que explicarse el efecto que trae el apartarse de lo recto, por poco que parezca. Debe enseñarse al estudiante el valor que tiene un régimen alimentario sencillo y saludable para impedir el deseo de estimulantes artificiales. Establézcase desde los primeros años el hábito del dominio propio. Infundir en los jóvenes el pensamiento de que deben ser amos y no esclavos. Dios los ha hecho reyes del reino que hay dentro de ellos y han de tomar posesión del trono asignado por el cielo. Si se da fielmente esta instrucción, los buenos resultados se extenderán más allá de los jóvenes mismos. La influencia ejercida salvará a miles de hombres y mujeres que están al borde mismo de la ruina.

El régimen alimentario y el desarrollo mental

La relación del régimen alimentario con el desarrollo intelectual debe recibir más atención de la que ha recibido hasta ahora. A menudo, la confusión y el embotamiento mental son el resultado de errores en el régimen alimentario.

Con frecuencia se arguye que, en la elección del alimento, el apetito es un guía seguro. Esto sería cierto si se obedecieran siempre las leyes de la salud. Pero por causa de los hábitos erróneos, practicados de generación en generación, el apetito se ha pervertido de tal modo que constantemente desea algo dañino. Ahora no se puede confiar en él como guía.

En el estudio de la higiene es necesario enseñar a los alumnos el valor nutritivo de los diferentes alimentos. Debería explicarse el efecto de una alimentación concentrada y estimulante, y también de los alimentos que no tienen suficientes elementos nutritivos. El té, el café, el pan blanco, los encurtidos [*pickles*], las verduras de fibras bastas, los caramelos, los condimentos y las tortas, no proveen la debida nutrición. Más de un estudiante ha quebrantado su salud por ingerir esos alimentos. Más de un niñito débil, incapaz de todo esfuerzo físico o mental vigoroso, es víctima de un régimen alimentario pobre. Los cereales, las frutas frescas, las frutas oleaginosas o nueces y los vegetales, bien combinados, contienen todos los elementos nutritivos, y si están bien preparados, constituyen la alimentación que más aumenta la fuerza física y mental.

Es necesario considerar no solo las propiedades del alimento, sino también su adaptación a quien los consume. A menudo las personas que se dedican principalmente al trabajo mental, deben abstenerse de alimentos que pueden ser consumidos libremente por las que realizan trabajo físico. También se necesita dedicar atención a la correcta combinación de los alimentos. Los que hacen trabajo mental o tienen ocupaciones sedentarias, deben combinar pocas clases de alimentos en una comida.

Ha de evitarse el exceso de comida, aunque sea de la más saludable. El cuerpo no puede usar más de lo que se requiere para la reparación de los diversos órganos del cuerpo, y el exceso entorpece al organismo. Más de un estudiante cree haber arruinado su salud por el exceso de estudio, cuando la verdadera causa es el exceso de alimento. Mientras se presta la debida atención a las leyes de la salud, el trabajo mental ofrece poco peligro, pero en muchos casos del así llamado fracaso mental, lo que cansa el cuerpo y debilita la mente es el hábito de sobrecargar el estómago.

En muchos casos, es mejor comer dos veces al día que tres. La cena, a una hora temprana, interrumpe la digestión de la comida anterior. A una hora tardía, no tiene tiempo para ser digerida antes del momento de ir a acostarse. En esa forma, el estómago no tiene el descanso que necesita, se perturba el sueño, el cerebro y los nervios se cansan, se pierde el apetito por el desayuno, y todo el organismo no recibe nuevo vigor, ni está preparado para desempeñar el trabajo del día.

No se debe pasar por alto la importancia de la regularidad de las horas para comer y dormir. Puesto que el trabajo de reparar el cuerpo se efectúa durante las horas de descanso, es esencial, especialmente para los jóvenes, que el sueño sea metódico y abundante.

Siempre que sea posible, debemos evitar el comer apresuradamente. Cuanto más breve es el tiempo de que se dispone, menos se debe comer. Es mejor omitir una comida que comer sin masticar correctamente.

La hora de la comida debe ser un momento de sociabilidad y descanso. Debe desaparecer todo lo que abrume o irrite. Se han de abrigar sentimientos de confianza, bondad y gratitud hacia el Dador de todo lo bueno, y la conversación tiene que ser alegre y de un carácter comunicativo, que eleve sin cansar.

La observancia de la temperancia y la regularidad en todo tiene un poder maravilloso. Para producir la dulzura y la serenidad de carácter que tanto contribuyen a suavizar el camino de la vida, será de más valor que las circunstancias o las dotes naturales. Al mismo tiempo, el dominio propio así adquirido será una de las condiciones más valiosas para hacer frente con éxito a los serios deberes y las realidades que esperan a todo ser humano.

Los caminos de la sabiduría "son caminos deleitosos, y todas sus veredas paz"[1]. Medite todo joven que tiene ante sí posibilidades de un destino superior al de reyes coronados en la lección transmitida por las palabras del sabio: "¡Bienaventurada tú, tierra, cuando [...] tus príncipes comen a su hora, para reponer sus fuerzas y no para beber!"[2]

---

[1] Proverbios 3:17.
[2] Eclesiastés 10:17.

Capítulo 23—La recreación

"Todo tiene su tiempo, y todo [...] tiene su hora". Eclesiastés 3:1.

Hay una diferencia entre recreación y diversión. La recreación, cuando responde a su nombre, recreación, tiende a fortalecer y reparar. Apartándonos de nuestros afanes y ocupaciones comunes, provee refrigerio para la mente y el cuerpo, y de ese modo nos permite volver con nuevo vigor al trabajo serio de la vida. Por otra parte, se busca la diversión para experimentar placer, y con frecuencia se la lleva al exceso; absorbe las energías requeridas para el trabajo útil, y resulta de ese modo un obstáculo para el verdadero éxito en la vida.

Todo el cuerpo ha sido creado para la acción, y a menos que se mantengan sanas las facultades físicas mediante el ejercicio activo, las facultades mentales no podrán ser empleadas por mucho tiempo al máximo de su capacidad. La inacción física que parece casi inevitable en el aula, junto con otras condiciones malsanas, hace de ella un lugar difícil para los niños, especialmente para los de constitución débil. A menudo es insuficiente la ventilación. Los asientos defectuosos favorecen la postura antinatural y dificultan la actividad de los pulmones y el corazón. Los niños tienen que pasar en el aula de tres a cinco horas diarias, respirando aire cargado de impurezas y tal vez infectado de microbios. No es extraño que en ella se eche con tanta frecuencia el cimiento de enfermedades crónicas. El cerebro, el más delicado de los órganos físicos, origen de la energía nerviosa de todo el organismo, sufre el daño mayor. Obligado a realizar una actividad prematura o excesiva y en condiciones malsanas, se debilita, y con frecuencia los malos resultados son permanentes.

Los niños no deben permanecer mucho tiempo dentro de habitaciones; no se les debe exigir que se apliquen con mucho tesón al estudio hasta que se haya creado un buen cimiento para su desarrollo físico. Durante los ocho o diez primeros años de vida del niño, el campo o el jardín constituyen la mejor aula, la madre, la mejor maestra, y la naturaleza el mejor libro de texto. Hasta que el niño tenga edad suficiente para asistir a la escuela se ha de considerar que su salud es más importante que el conocimiento de los libros. Necesita estar rodeado de las condiciones que favorezcan el desarrollo físico y mental.

No solamente el niño está en peligro por la falta de aire y ejercicio. Tanto en las escuelas superiores como en las elementales estas condiciones indispensables para la preservación de la salud se descuidan con demasiada frecuencia. Más de un alumno de más edad lo pasa sentado día tras día en una pieza cerrada, inclinado sobre los libros, con el pecho tan oprimido que no puede respirar plena y profundamente; la sangre circula con lentitud, los pies se le enfrían y se le calienta la cabeza. Como el cuerpo no recibe suficiente nutrición, los músculos pierden fuerza y todo el organismo se debilita y enferma. Con frecuencia estos alumnos quedan discapacitados para toda la vida. Si hubieran cursado sus estudios en las condiciones debidas, haciendo ejercicios regulares al sol y al aire, habrían salido de la escuela con más fuerza física y mental.

El estudiante que, al disponer de tiempo y medios escasos, lucha para obtener una educación, tiene que comprender que no pierde el tiempo que se dedica al ejercicio físico. El que escudriña continuamente los libros descubrirá, al cabo de un tiempo, que su mente ha perdido su frescura. Los que prestan la adecuada atención al desarrollo físico tendrán mayores progresos académicos que los que obtendrían si dedicaran todo el tiempo al estudio.

Cuando se persiste exclusivamente en una determinada línea de pensamiento, a menudo la mente se desequilibra. Pero se pueden emplear sin peligro todas las facultades si se ejerce equilibrio en el uso de las aptitudes físicas y mentales y si los temas de pensamiento son variados.

La inacción física no solo disminuye el poder mental, sino también el moral. Los nervios del cerebro, que conectan todo el organismo, constituyen el medio por el cual el cielo se comunica con el hombre y llega a la vida íntima. Todo lo que perturbe la circulación de la corriente eléctrica en el sistema nervioso, debilitando así las facultades vitales y disminuyendo la sensibilidad mental, dificulta la tarea de despertar la naturaleza moral.

El exceso de estudio, al incrementar la afluencia de sangre al cerebro, produce un nerviosismo enfermizo que tiende a debilitar el dominio propio, y con demasiada frecuencia da lugar al impulso o al capricho. De ese modo se abre la puerta a la impureza. El uso indebido o la falta de uso de las facultades físicas es, en gran medida, la causa de la corriente de corrupción que se extiende por el mundo. La "soberbia, saciedad de pan, y abundancia de ociosidad" son enemigos tan fatales del progreso humano en esta generación, como cuando causaron la destrucción de Sodoma.

Los maestros deben comprender estos asuntos y enseñárselos a sus alumnos. Enséñese a los estudiantes que la vida recta depende de los pensamientos rectos, y que la actividad física es indispensable para que los pensamientos sean puros.

Con frecuencia los maestros se sienten perplejos cuando tienen que tomar decisiones relacionadas con la recreación apropiada para sus alumnos. La gimnasia es útil en muchas escuelas, pero si no se tiene cuidado, a menudo se la lleva al exceso. Muchos jóvenes, al querer ostentar su fuerza en el gimnasio, se han dañado para toda la vida.

El ejercicio en el gimnasio, por bien dirigido que sea, no puede sustituir a la recreación al aire libre, para la cual deberían proveer más oportunidades nuestras escuelas. Los alumnos tienen que hacer ejercicios vigorosos. Pocos males deben ser más temidos que la indolencia y la falta de propósito. Sin embargo, la tendencia de la mayor parte de los deportes atléticos es causa de preocupación para aquellos que se interesan por el bienestar de la juventud. Los maestros se sienten preocupados al considerar la influencia que tienen estos deportes, tanto sobre el progreso del estudiante en la escuela, como sobre su éxito en su vida futura. Los juegos que ocupan una parte tan grande de su tiempo, apartan su mente del estudio. No contribuyen a preparar a la juventud para la obra práctica y seria de la vida. Su influencia no tiende hacia el refinamiento, la generosidad, o la verdadera madurez.

Algunas de las diversiones más populares, como el fútbol y el boxeo, se han transformado en escuelas de brutalidad. Tienen las mismas características que tenían los juegos de la antigua Roma. El amor al dominio, el orgullo por la mera fuerza bruta, el temerario desprecio manifestado hacia la vida, están ejerciendo sobre los jóvenes una influencia desmoralizadora que espanta.

Otros juegos atléticos, aunque no sean tan brutales, son apenas menos objetables, a causa de que se los práctica en exceso. Estimulan el amor al placer y a la excitación, fomentan la antipatía hacia el trabajo útil, y desarrollan una indisposición hacia las responsabilidades y los deberes prácticos. Tienden a destruir el gusto por asuntos importantes de la vida y sus apacibles satisfacciones. Así se abre la puerta a la disipación y la ilegalidad, con sus terribles resultados.

Las reuniones sociales, tal como se las lleva a cabo por lo general, son un obstáculo para el verdadero desarrollo, ya sea de la mente o del carácter. Las amistades frívolas, los hábitos extravagantes, el afán por los placeres y por la disipación, muchas veces nacen como consecuencia de estas reuniones, y amoldan toda la vida para el mal. En lugar de promover estas diversiones, los padres y maestros pueden hacer mucho para proporcionar recreaciones sanas.

En este asunto, lo mismo que en todo lo que concierne a nuestro bienestar, la Inspiración ha señalado el camino. En épocas antiguas, la vida del pueblo que estaba bajo la dirección de Dios era sencilla. Vivían cerca del corazón de la naturaleza. Los hijos compartían el trabajo de los padres y estudiaban las bellezas y los misterios del tesoro de la naturaleza. En la quietud del campo y el bosque meditaban en las grandes verdades transmitidas como legado santo de generación a generación. Esa educación producía hombres fuertes.

En esta época, la vida se ha vuelto artificial y los hombres han degenerado. Aunque no podamos volver completamente a los hábitos sencillos de aquellos tiempos, podemos aprender lecciones de ellos que contribuyan a que nuestros momentos de recreación sean lo que su nombre implica: momentos de verdadera edificación para el cuerpo, la mente y el alma.

Los alrededores del hogar y de la escuela tienen mucho que ver con la recreación. Deben tener en cuenta estas cosas al escoger la casa para vivir o el lugar para establecer una escuela. Aquellos para quienes el bienestar físico y mental es de mayor importancia que el dinero y las exigencias o las costumbres de la sociedad, han de buscar para sus hijos el beneficio de la enseñanza de la naturaleza, y la recreación en el ambiente que ella ofrece. Será de gran beneficio para la obra educativa que cada escuela esté situada de modo que proporcione a los alumnos tierra para el cultivo y acceso a los campos y bosques.

En lo que a la recreación del alumno se refiere, se obtendrán los mejores resultados mediante la cooperación personal del maestro. El verdadero maestro puede impartir a sus alumnos pocos dones tan valiosos como el de su compañía. Puede decirse de los hombres y mujeres, y mucho más de los jóvenes y niños, que solamente los podemos comprender al ponernos en contacto con ellos por medio del compañerismo; y necesitamos comprenderlos para poder beneficiarlos más eficazmente. Para fortalecer el lazo de compañerismo que une al maestro y al alumno, pocos medios hay tan valiosos como el de la agradable amistad fuera del aula. En algunas escuelas el maestro está siempre con sus alumnos en las horas de recreo. Se une a ellos en sus ocupaciones, los acompaña en sus excursiones y parece identificarse con ellos. Convendría a nuestras escuelas que esta costumbre fuera más general. El sacrificio que se le pide al maestro es grande, pero, si lo hiciera, cosecharía una rica recompensa.

Ninguna recreación que sea útil únicamente para ellos dará por resultado una bendición tan grande para los niños y jóvenes como la que los guíe a ser útiles a los demás. Los jóvenes, que por naturaleza son entusiastas y se impresionan con facilidad, responden de inmediato a la insinuación. Al hacer planes para el cultivo de las plantas, el maestro debería esforzarse por despertar interés en el embellecimiento de la propiedad escolar y del aula. El beneficio será doble. Los alumnos, por una parte, no van a destruir ni malograr lo que ellos mismos están tratando de embellecer, y por otra se desarrollarán el refinamiento del gusto, el amor al orden y el hábito de ser cuidadoso. El espíritu de compañerismo y cooperación que se desarrollará de esta manera será, además, una bendición duradera para los alumnos.

Del mismo modo, al estimular a los alumnos a recordar a los que están privados de esos hermosos lugares y al compartir con ellos las bellezas de la naturaleza, se añade nuevo interés al trabajo en el jardín o la excursión por el campo o el bosque.

El maestro atento hallará muchas oportunidades para motivar a sus alumnos a practicar actos de servicio. Los niñitos, especialmente, le tienen al maestro una confianza y un respeto casi ilimitados. Es difícil que deje de dar fruto cualquier idea que insinúe en cuanto al modo de ayudar en el hogar, a ser fieles en los quehaceres diarios, a asistir a los enfermos o ayudar a los pobres. Y así se obtendrá nuevamente un doble beneficio. La insinuación bondadosa se reflejará sobre su autor. La gratitud y la cooperación de parte de los padres aligerará la carga del maestro, e iluminará su camino.

La atención prestada a la recreación y a la cultura física interrumpirá sin duda a veces la rutina del trabajo escolar, pero esa interrupción no será un verdadero obstáculo. Con el fortalecimiento de la mente y del cuerpo, el cultivo de un espíritu abnegado, y la unión del alumno y el maestro por lazos de interés común y amistad, se recompensará cien veces el gasto de tiempo y esfuerzo. Se usará en forma correcta la inquieta energía que con tanta frecuencia es una fuente de peligro para los jóvenes. Como salvaguardia contra el mal, la mente ocupada en cosas buenas es de mucho más valor que un sinnúmero de barreras, de leyes y disciplina.

Capítulo 24—La educación manual

"Que procuréis [...] trabajar con vuestras manos".

En ocasión de la creación, el trabajo fue establecido como una bendición. Implicaba desarrollo, poder y felicidad. El cambio producido en la condición de la tierra, debido a la maldición del pecado, ha modificado también las condiciones del trabajo, y aunque va acompañado ahora de ansiedad, cansancio y dolor, sigue siendo una fuente de felicidad y desarrollo. Es también una salvaguardia contra la tentación. Su disciplina pone freno a la complacencia, y promueve la laboriosidad, la pureza y la firmeza. Forma parte, pues, del gran plan de Dios para que nos repongamos de la caída.

Se debe guiar a los jóvenes a apreciar la verdadera dignidad del trabajo. Mostrarles que Dios trabaja constantemente. Todos los elementos de la naturaleza cumplen la tarea que se les ha asignado. Se ve actividad en toda la creación y, para cumplir nuestra misión, nosotros también debemos ser activos.

Al trabajar, somos colaboradores con Dios. Nos da la tierra y sus tesoros, pero tenemos que adaptarlos a nuestro uso y comodidad. Hace crecer los árboles, pero nosotros preparamos la madera y construimos la casa. Ha escondido en la tierra la plata y el oro, el hierro y el carbón, pero únicamente podemos obtenerlos mediante el trabajo perseverante.

Hemos de demostrar que, aunque Dios ha creado todas las cosas y las dirige constantemente, nos ha dotado de un poder que no es totalmente diferente del suyo. Se nos ha concedido cierto dominio sobre las fuerzas de la naturaleza. Tal como Dios sacó del caos la tierra con toda su belleza, nosotros podemos extraer poder y belleza de la confusión. Y aunque todas las cosas están ahora mancilladas por el pecado, sentimos, sin embargo, cuando terminamos algo, un gozo semejante al de Dios cuando, al contemplar la hermosa tierra, dijo que todo era "bueno en gran manera".

En general podemos decir que el ejercicio más beneficioso para la juventud es el trabajo útil. El niño halla en el juego a la vez diversión y desarrollo, y sus deportes deben ser de tal naturaleza que promuevan no solo su crecimiento físico, sino también el mental y el espiritual. Cuando aumentan su fuerza y su inteligencia, su mejor recreación la encontrará en algún esfuerzo útil. Lo que educa la mano para la labor útil, y enseña al joven a asumir las responsabilidades de la vida, es sumamente eficaz para promover el desarrollo de la mente y el carácter.

Es necesario enseñar a los jóvenes que la vida implica trabajo serio, responsabilidad, preocupación. Necesitan una preparación que les dé sentido práctico, que haga de ellos hombres y mujeres capaces de hacer frente a las emergencias. Hay que enseñarles que la disciplina del trabajo sistemático y bien regulado es esencial no solo como salvaguardia contra las vicisitudes de la vida, sino como medio para lograr un desarrollo completo.

A pesar de todo lo que se ha dicho y escrito acerca de la dignidad del trabajo, prevalece la idea de que es degradante. Los jóvenes anhelan ser maestros, empleados, comerciantes, médicos y abogados, u ocupar algún otro puesto que no requiera trabajo físico. Las jóvenes evitan los quehaceres domésticos y tratan de prepararse para otra obra. Necesitan aprender que el trabajo honrado no degrada a nadie. Lo que degrada es la ociosidad y la dependencia egoísta. La ociosidad fomenta la complacencia propia y da como resultado una vida vacía y estéril, un terreno propicio para el desarrollo de toda clase de mal. "Porque la tierra que bebe la lluvia que muchas veces cae sobre ella, y produce hierba provechosa a aquellos por los cuales es labrada, recibe bendición de Dios; pero la que produce espinos y abrojos es reprobada, está próxima a ser maldecida, y su fin es el ser quemada"[1].

Muchas materias que consumen el tiempo del alumno, no son esenciales para la utilidad ni la felicidad; en cambio es esencial que todo joven se familiarice con los deberes de la vida diaria. Si fuera necesario, una joven podría prescindir del conocimiento del francés y del álgebra, o hasta del piano, pero es indispensable que aprenda a hacer buen pan, vestidos que le sienten bien y desempeñar eficientemente los diversos deberes relativos al hogar.

Para la salud y la felicidad de toda la familia, nada es de tan vital importancia como la destreza y la inteligencia de la cocinera. Si sus comidas están mal preparadas y no son saludables, podrían impedir y hasta arruinar tanto la utilidad del adulto como el desarrollo del niño. Pero si proporciona alimentos adaptados a las necesidades del organismo, y que a la vez sean atractivos y sabrosos, puede hacer tanto bien, como hacía mal de la otra manera. De modo que, en muchos sentidos, la felicidad depende de la fidelidad con que se desempeñan los trabajos comunes de la vida.

Puesto que tanto los hombres como las mujeres ocupan su lugar en el hogar, los niños y las niñas deben saber en qué consisten los trabajos domésticos. Tender las camas, ordenar la pieza, lavar la loza, preparar la comida, lavar y remendar la ropa son actividades que, como educación, no menoscaban la virilidad de ningún muchacho; lo hará más feliz y más útil. Y si las niñas, a su vez, pudieran aprender a ensillar y conducir un caballo, manejar el serrucho y el martillo, lo mismo que el rastrillo y la azada, estarían mejor preparadas para hacer frente a las emergencias de la vida.

Aprendan los niños y los jóvenes, mediante el estudio de la Biblia, cómo ha honrado Dios el trabajo del obrero. Lean acerca de los "hijos de los profetas"[2], que asistían a la escuela y construyeron una casa para su uso, y para quienes se hizo un milagro a fin de recuperar un hacha prestada. Lean acerca de Jesús, el carpintero; de Pablo, el fabricante de tiendas. Al trabajo del artesano unían el ministerio superior, humano y divino. Lean acerca del muchacho que proveyó los cinco panes usados por Jesús en el maravilloso milagro de la alimentación de la multitud; de Dorcas, la costurera, resucitada a fin de que siguiera haciendo ropa para los pobres; de la mujer sabia descrita en Proverbios, que "busca lana y lino, y trabaja gustosamente con sus manos"; que "da comida a su familia y ración a sus criadas"; que "planta viña [...] y esfuerza sus brazos"; que "alarga su mano al pobre, y extiende sus manos al menesteroso"; que "considera la marcha de su casa, y no come el pan de balde"[3].

Dios dice de esa mujer: "Esa será alabada. Ofrecedle del fruto de sus manos, y en las puertas de la ciudad la alaben sus hechos"[4].

El hogar debe ser la primera escuela industrial de todo niño. Y, tanto como sea posible, toda escuela necesita disponer de medios para proporcionar una educación manual. Esa educación reemplazara en gran medida al gimnasio, con el beneficio adicional de constituir una valiosa disciplina.

La educación manual merece más atención de la que se le ha prestado. Se deben abrir escuelas que, además de proporcionar una cultura mental y moral superior, dispongan de los mejores medios posibles para el desarrollo físico y la capacitación industrial. Se debe enseñar agricultura, trabajos manuales—tantos oficios útiles como sea posible—, economía doméstica, arte culinario, costura, confección de ropa higiénica, tratamientos a enfermos y otras cosas parecidas. Se debe disponer de jardines, talleres y salas de tratamientos, y la dirección del trabajo, en todos los ramos, tiene que estar a cargo de instructores expertos.

El trabajo ha de tener un propósito definido y debe ser bien hecho. Aunque todos necesitan conocer varios oficios, es indispensable ser versado a lo menos en uno. Todo joven, al salir de la escuela, debe haber aprendido algún oficio u ocupación mediante el cual, si fuera necesario, se pueda ganar la vida.

La objeción que por lo general se levanta en contra de la capacitación industrial en las escuelas, es la del gran gasto que ocasiona. Pero el objeto que se quiere alcanzar vale lo que cuesta. Ninguna tarea que se nos haya encomendado es tan importante como la de la educación de los jóvenes, y toda inversión que requiera su correcta realización será dinero bien empleado.

Incluso desde el punto de vista financiero, quedará demostrado que la inversión requerida por la educación manual es verdadera economía. Gracias a ella, muchos jóvenes dejarían de perder el tiempo en las esquinas o las tabernas; lo que cuesten los jardines, talleres y baños sería más que compensado por el ahorro en hospitales y reformatorios. ¿Y quién puede calcular el valor que tienen para la sociedad y la nación los jóvenes que adquieren hábitos de laboriosidad y llegan a estar capacitados en actividades útiles y productivas?

Para aflojar la tensión provocada por el estudio, las actividades realizadas al aire libre, que proporcionan ejercicio a todo el cuerpo, son muy beneficiosas. Ningún tipo de trabajo manual tiene más valor que la agricultura. Es necesario hacer más de lo que se hace para crear el interés por las tareas agrícolas, y para alentarlo. Llame el maestro la atención hacia lo que la Biblia dice en cuanto a la agricultura, es a saber, que era el plan de Dios que el hombre labrara la tierra; que al primer hombre, gobernante de todo el mundo, se le dio un jardín para que lo cultivara; y que en muchos de los más grandes hombres del mundo, su verdadera nobleza en realidad es que han sido agricultores. Preséntense las oportunidades que ofrece dicha vida. Salomón dice: "El rey mismo está sujeto a los campos"[5]. Del que cultiva la tierra, la Biblia dice: "Porque su Dios le instruye, y le enseña lo recto". Y "quien cuida la higuera comerá su fruto"[6]. El que se gana la vida por medio de la agricultura, escapa a muchas tentaciones y goza de innumerables bendiciones y privilegios que no tienen los que trabajan en las grandes ciudades. Y en estos días de grandes monopolios y competencia comercial, pocos hay que gocen de una independencia tan real y de tan grande seguridad de recibir la justa recompensa de su trabajo, como el labrador de la tierra.

Cuando se enseña agricultura, no se debe hablar a los alumnos tan solo de la teoría, sino también de la práctica. Al mismo tiempo que aprenden lo que la ciencia puede enseñar en cuanto a la naturaleza y la preparación del terreno, el valor de las diferentes cosechas y los mejores métodos de producción, deben poner en práctica sus conocimientos. Compartan los maestros el trabajo con los alumnos y muestren qué resultados se pueden obtener por medio del esfuerzo hábil e inteligente. Así podrán despertar verdadero interés, y el deseo de hacer el trabajo del mejor modo posible. Semejante anhelo, junto con el efecto vigorizador del ejercicio, la luz del sol y el aire puro, despertarán tal amor por la agricultura, que orientará a muchos jóvenes cuando tengan que decidir cuál será la ocupación de sus vidas. De ese modo se podrían crear influencias abarcantes que a su vez podrían desviar la corriente inmigratoria que con tanta fuerza atrae ahora a la gente hacia las grandes ciudades.

También nuestros colegios podrían ayudar eficazmente a disminuir la desocupación. Miles de seres impotentes y hambrientos, que diariamente incrementan las filas de los criminales, podrían ganarse la vida en forma feliz, sana e independiente, si se los orientara hacia el trabajo de labrar la tierra para que lo hicieran con inteligencia y habilidad.

También los profesionales necesitan el beneficio de la educación manual. Un hombre puede tener una mente brillante; puede ser rápido para asimilar ideas; su habilidad y su conocimiento pueden asegurarle un lugar en su profesión escogida y, sin embargo, puede hallarse lejos de ser idóneo para desempeñar sus deberes. La educación que se basa mayormente en los libros induce a pensar superficialmente. El trabajo práctico estimula la observación minuciosa y la independencia de pensamiento; debidamente hecho, tiende a desarrollar el sentido común, cultiva la capacidad de hacer planes y ejecutarlos, fortalece el valor y la perseverancia, e induce a practicar el tacto y la pericia.

El médico que mediante el servicio que presta en la sala ha puesto el cimiento de su conocimiento profesional, será ágil mentalmente para evaluar situaciones, conocerá a fondo todos los detalles de su profesión, y poseerá la capacidad de prestar el servicio que haga falta en casos de emergencia. Todas esas cualidades esenciales únicamente las puede impartir en forma plena una educación práctica.

El pastor, el misionero, el maestro, descubrirán que es más abarcante la influencia que se puede ejercer sobre la gente cuando esta ve que poseen el conocimiento y la capacidad necesarios para desempeñar los deberes prácticos de la vida diaria. Y con frecuencia el éxito, y hasta la vida misma del misionero, dependen de su conocimiento de los trabajos prácticos. La destreza para preparar la comida, para atender accidentes y emergencias, para tratar enfermedades, para construir una casa o una capilla, si fuera necesario, establecen con frecuencia la diferencia que existe entre el éxito y el fracaso en la obra de la vida.

Mientras estudian, muchos alumnos recibirán una educación más valiosa si se sostienen a sí mismos. En vez de incurrir en deudas o depender del sacrificio de sus padres, los jóvenes de ambos sexos deben depender de sí mismos. Así apreciarán el valor del dinero y el tiempo, las fuerzas y las oportunidades, y estarán menos expuestos a la tentación de adquirir hábitos de ociosidad y derroche. Las lecciones de economía, laboriosidad, abnegación, administración práctica de los negocios y firmeza de propósito que así aprendan, constituirán una parte importante del equipo necesario para librar la batalla de la vida. Y la lección del sostén propio, aprendida por el alumno, contribuirá en gran medida a preservar las instituciones de enseñanza de las deudas con las cuales tantos colegios han tenido que luchar, y que han contribuido a menoscabar su utilidad.

Hay que instruir a los jóvenes para que sepan que la educación no tiene como propósito enseñarles a esquivar las tareas desagradables ni las pesadas responsabilidades de la vida; que su propósito, en cambio, consiste en aligerar el trabajo mediante la enseñanza de mejores métodos y la fijación de metas más elevadas. Hay que enseñarles que el verdadero propósito de la vida no consiste en obtener toda la ganancia posible para sí mismo, sino en honrar a su Creador al hacer su parte en una tarea que beneficie al mundo, y al ayudar a los que son más débiles e ignorantes.

Una poderosa razón para menospreciar el trabajo físico es la forma descuidada e irreflexiva con que tan a menudo se lo realiza. Se lo hace por necesidad y no por gusto. El trabajador no pone su corazón en él; tampoco conserva su dignidad ni logra que los demás lo respeten. La educación manual debe corregir este error. Debe desarrollar hábitos de exactitud y prolijidad. Los alumnos necesitan aprender a tener tacto y a ser sistemáticos; tienen que aprender a economizar el tiempo y a sacar provecho de cada movimiento. No solo se les debe enseñar los mejores métodos, sino que se les debe inspirar a los alumnos la ambición de mejorar constantemente. Su meta debe ser que fuera su trabajo tan perfecto como puedan lograrlo las manos y el cerebro humanos.

Esta educación hará que los jóvenes sean amos y no esclavos del trabajo. Alegrará la suerte del labrador rudo y ennoblecerá hasta la más humilde ocupación. El que considera el trabajo solo como algo penoso, y lo lleva a cabo con complaciente ignorancia, sin esforzarse por mejorar, descubrirá que ciertamente es una carga. Pero los que reconozcan que hay ciencia en el trabajo más humilde, verán en él nobleza y belleza, y se deleitarán en hacerlo con fidelidad y eficiencia.

El joven así educado, cualquiera sea la vocación de su vida, mientras sea honesto, hará de su puesto algo útil y honorable.

---

[1]Hebreos 6:7, 8.

[2]2 Reyes 6:1-7.

[3]Proverbios 31:13, 15, 16, 17, 20, 27.

[4]Proverbios 31:30, 31.

[5]Eclesiastés 5:9.

[6]Isaías 28:26; Proverbios 27:18.

La edificación del carácter

"Mira y hazlos conforme al modelo que te ha sido mostrado en el monte". Éxodo 25:40.

Capítulo 25—La educación y el carácter

"Y reinarán en tus tiempos la sabiduría y la ciencia". Isaías 33:6.

La verdadera educación no desconoce el valor del conocimiento científico o literario, pero considera que el poder es superior a la información, la bondad al poder y el carácter al conocimiento intelectual. El mundo no necesita tanto hombres de gran intelecto como de carácter noble. Necesita hombres cuya capacidad sea dirigida por principios firmes.

"Sabiduría ante todo"; por tanto, "adquiere sabiduría". "La lengua de los sabios adornará la sabiduría"[1]. La verdadera educación imparte esa sabiduría. Enseña el mejor empleo que se puede dar no solo a uno sino a todos nuestros conocimientos y facultades. De ese modo abarca toda la gama de nuestras obligaciones hacia nosotros mismos, hacia el mundo y hacia Dios.

La edificación del carácter es la obra más importante que jamás haya sido confiada a los seres humanos y nunca antes ha sido su estudio diligente tan importante como ahora. Ninguna generación anterior fue llamada a hacer frente a problemas tan importantes; nunca antes se hallaron los jóvenes frente a peligros tan grandes como los que tienen que arrostrar hoy.

En semejante momento, ¿cuál es la tendencia de la educación que se da? ¿Qué motivo tiene generalmente en vista? La complacencia del yo. Gran parte de la educación que se da es una perversión del arte pedagógico. La verdadera educación contrarresta la ambición egoísta, el afán de poder, la indiferencia hacia los derechos y las necesidades de la humanidad, que constituyen la maldición de nuestro mundo. En el plan de vida de Dios hay un lugar para cada ser humano. Cada uno debe perfeccionar hasta lo sumo sus talentos, y la fidelidad con que lo haga, sean estos pocos o muchos, le da derecho a recibir honor. En el plan de Dios no tiene cabida la rivalidad egoísta. Los que se miden entre sí y se comparan los unos con los otros "no son juiciosos"[2]. Cualquier cosa que hagamos debe ser hecha "conforme al poder que Dios da"[3]; "de corazón, como para el Señor y no para los hombres; sabiendo que del Señor recibiréis la recompensa de la herencia, porque a Cristo el Señor servís"[4].

Son preciosos el servicio que se presta y la educación que se obtiene al poner en práctica estos principios. Pero, ¡cuánto discrepa con ellos la mayor parte de la educación que ahora se da! Desde los primeros años de la vida, el niño estimula la emulación y la rivalidad; fomenta el egoísmo, raíz de todo mal.

Así empieza la lucha por la supremacía y se fomenta el sistema de estudiar a presión, lo que en tantos casos destruye la salud e impide que el alumno llegue a ser útil. En muchos otros, la emulación conduce a la improbidad, y al fomentar la ambición y el descontento, amarga la vida y contribuye a llenar el mundo de espíritus turbulentos que son una amenaza permanente para la sociedad.

El peligro no se encuentra solamente en los métodos; también se lo descubre en las materias de estudio.

¿Cuáles son las obras en las que se explaya la mente de los jóvenes durante los años formativos de su vida? Al estudiar idiomas y literatura, ¿de qué fuentes se enseña a beber a los jóvenes? De los pozos del paganismo; de manantiales alimentados por las corrupciones de la antigua idolatría. Se les hace estudiar autores que, sin duda alguna, no tienen el más mínimo aprecio por los principios morales.

¡De cuántos autores modernos se podría decir lo mismo! ¡En cuántos de ellos la gracia y la belleza del lenguaje son solo un disfraz bajo el cual se ocultan principios que, en su verdadera deformidad, repugnarían al lector!

Además hay una multitud de novelistas que encantan con sueños agradables que transcurren en cómodos palacios. Aunque no se los puede acusar de inmorales, su obra también está saturada de maldad. Roba a millares el tiempo, la energía y la disciplina requeridos por los problemas serios de la vida.

También hay peligros grandes en el estudio de la ciencia, según se acostumbra a encararlo. En las instituciones de enseñanza de cualquier nivel, desde el jardín de infantes hasta la universidad, se enseñan la teoría de la evolución y los errores que con ella se relacionan. Por eso, el estudio de la ciencia, que debería impartir un conocimiento de Dios, se halla tan mezclado con las especulaciones y teorías de los hombres, que inspira incredulidad.

Hasta el estudio de la Biblia, según se lo enfoca con demasiada frecuencia en las escuelas, priva al mundo del tesoro inapreciable de la Palabra de Dios. La obra de la "alta crítica", al disecar, conjeturar y reconstruir, está destruyendo la fe en la Biblia como revelación divina, y está privando a la Palabra de Dios del poder de regir, elevar e inspirar las vidas humanas.

Cuando los jóvenes entran en el mundo para enfrentar las tentaciones a pecar que este les presenta, es a saber, el afán de ganar dinero, de divertirse y satisfacer los sentidos; el deseo de lujo, ostentación y extravagancia, el engaño astuto, el fraude, el robo y finalmente la ruina, ¿con qué enseñanzas se van a encontrar?

El espiritismo asegura que los hombres son semidioses no caídos; que "cada mente se juzgará a sí misma"; que el "verdadero conocimiento coloca a los hombres por encima de toda ley"; que "todos los pecados cometidos son inocentes"; porque "todo lo que existe es correcto", y porque "Dios no condena". Pretende que están en el cielo, exaltados, los seres humanos más viles. Declara a todos los hombres: "No importa qué hagáis; vivid como os plazca; el cielo es vuestro hogar". Multitudes llegan así a creer que el deseo constituye la ley suprema, que el desenfreno es libertad, y que el hombre es responsable solamente ante sí mismo.

Si se proporciona semejante enseñanza al comienzo mismo de la vida, cuando el impulso es fortísimo y urgentísima la necesidad de dominio propio y pureza, ¿dónde quedan las salvaguardias de la virtud? ¿Qué ha de impedir que el mundo se convierta en una segunda Sodoma?

Al mismo tiempo la anarquía trata de hacer desaparecer toda ley, no solo divina sino humana. La concentración de la riqueza y el poder, las vastas combinaciones hechas para el enriquecimiento de unos pocos a expensas de la mayoría; la unión de las clases más pobres para organizar la defensa de sus intereses y derechos; el espíritu de inquietud, desorden y derramamiento de sangre; la propagación mundial de las mismas enseñanzas que produjeron la Revolución Francesa, tienden a envolver al mundo entero en una lucha similar a la que convulsionó a Francia.

Estas son las influencias que tienen que afrontar los jóvenes de hoy día. Para permanecer firmes en medio de tales trastornos es necesario que echen ahora los cimientos del carácter.

En todas las generaciones y en todos los países, el verdadero cimiento y el modelo para la edificación del carácter han sido los mismos. La ley divina: "Amarás al Señor tu Dios con todo tu corazón [...] y a tu prójimo como a ti mismo"[5], el gran principio manifestado en el carácter y en la vida de nuestro Salvador, es el único cimiento y la única guía seguros.

"Y reinarán en tus tiempos la sabiduría y la ciencia, y abundancia de salvación"[6], sabiduría y ciencia que solo la Palabra de Dios puede impartir.

Tan ciertas son ahora como cuando fueron pronunciadas a Israel las palabras en cuanto a la obediencia a los mandamientos de Dios: "Porque esta es vuestra sabiduría y vuestra inteligencia ante los ojos de los pueblos"[7].

Esta es la única salvaguardia de la integridad individual, de la pureza del hogar, el bienestar de la sociedad o la estabilidad de la nación. En medio de todas las perplejidades, los peligros y los derechos en pugna, la única regla segura consiste en hacer lo que Dios dice: "Los mandamientos de Jehová son rectos", y "el que hace estas cosas, no resbalará jamás"[8].

---

[1]Proverbios 4:7; 15:2.
[2]2 Corintios 10:12.
[3]1 Pedro 4:11.
[4]Colosenses 3:23, 24
[5]Lucas 10:27.
[6]Isaías 33:6.
[7]Deuteronomio 4:6.
[8]Salmos 19:8; 15:5.

Capítulo 26—Métodos de enseñanza

"Para dar sagacidad a los ingenuos, y a los jóvenes inteligencia y cordura". Proverbios 1:4.

Durante siglos la educación ha dependido en extenso grado de la memoria. Esta facultad ha sido sobrecargada hasta lo sumo, y no se han desarrollado paralelamente las demás facultades. Los estudiantes han ocupado su tiempo en almacenar trabajosamente en la memoria una cantidad de conocimientos, muy pocos de los cuales iban a poder utilizar finalmente. El cerebro recargado con lo que no puede digerir ni asimilar, por fin se debilita, no puede realizar un esfuerzo vigoroso y serio, y se conforma con depender del criterio y el discernimiento de los demás.

Al verificar los malos resultados de este método, algunos se han ido al otro extremo. Según su parecer el hombre solo necesita desarrollar lo que está dentro de él. Semejante educación fomenta la presunción en el estudiante, y lo aparta de la fuente del conocimiento y el poder verdaderos.

La educación que consiste en adiestrar la memoria y tiende a desalentar la reflexión personal, ejerce una influencia moral que se aprecia demasiado poco. Al renunciar el estudiante a la facultad de razonar y juzgar por sí mismo, se incapacita para distinguir la verdad y el error, y es fácil presa del engaño. No cuesta inducirlo a seguir la tradición y la costumbre.

Es un hecho sumamente ignorado, pero no por eso menos peligroso, que el error rara vez se presenta tal como es. Logra aceptación mezclado o ligado a la verdad. El comer del árbol del conocimiento del bien y del mal causó la ruina de nuestros primeros padres, y la aceptación de una mezcla de bien y de mal es la causa de la ruina de los seres humanos de hoy día. La mente que depende del criterio de otros se extraviará tarde o temprano.

La facultad de distinguir entre lo bueno y lo malo solo se puede obtener mediante la dependencia individual del Señor. Cada uno debe aprender por sí mismo de Dios, mediante su Palabra. Se nos dio la razón para que la usáramos, y el Altísimo desea que lo hagamos. "Venid [...] y estemos a cuenta"[1], nos dice. Si confiamos en él podemos tener sabiduría para "desechar lo malo y escoger lo bueno"[2].

En toda enseñanza verdadera, es esencial la relación personal. Al enseñar, Cristo trató individualmente con los hombres. Educó a los doce por medio del trato y la asociación personales. Sus más preciosas instrucciones las dio en privado, y con frecuencia a un solo oyente. Reveló sus más ricos tesoros al honorable rabino en la entrevista nocturna celebrada en el Monte de los Olivos, y a la mujer despreciada, junto al pozo de Sicar, porque en esos oyentes percibió un corazón sensible, una mente abierta, un espíritu receptivo. Ni siquiera la muchedumbre que con tanta frecuencia seguía sus pasos era para Cristo una masa confusa de seres humanos. Hablaba y exhortaba en forma directa a cada mente, y se dirigía a cada corazón. Observaba los rostros de sus oyentes, veía cuando se iluminaban, notaba la mirada rápida y de comprensión que revelaba el hecho de que la verdad había llegado al alma, y su corazón vibraba en respuesta con gozosa simpatía.

Cristo se percataba de las posibilidades que había en todo ser humano. No se dejaba impresionar por una apariencia poco promisoria o un ambiente desfavorable. Llamó a Mateo cuando estaba en el banco de los tributos, y a Pedro y sus hermanos les pidió que dejaran el bote del pescador para que aprendieran de él.

En la obra educativa de hoy se necesita prestar el mismo interés personal y la misma atención al desarrollo individual. Muchos jóvenes que aparentemente no son promisorios, están ricamente dotados de talentos que no usan. Sus facultades permanecen ocultas a causa de la falta de discernimiento de sus educadores. En más de un muchacho o una niña exteriormente tan desprovisto de atractivos como una piedra sin pulir, se hallaría material precioso que resistiría la prueba del calor, la tormenta y la presión. El verdadero educador, teniendo presente lo que pueden llegar a ser sus alumnos, reconocerá el valor del material con el cual trabaja. Sentirá interés personal por cada alumno y tratará de desarrollar todas sus facultades. Por imperfecto que sea, se estimulará todo esfuerzo hecho por armonizar con los principios justos.

Se debe enseñar a cada joven la necesidad y el poder de la aplicación. El éxito depende mucho más de esto que del genio o el talento. Sin aplicación valen poco los más brillantes dones, mientras que con esfuerzos debidamente dirigidos, las personas de habilidades naturales comunes han hecho maravillas. Y el genio, cuyos adelantos nos asombran, casi invariablemente va unido al esfuerzo incansable y concentrado.

Debe enseñarse a los jóvenes a proponerse el desarrollo de todas las facultades, tanto de las más débiles como de las más fuertes. Muchos están inclinados a limitar el estudio a ciertos ramos por los cuales sienten una afición natural. Se debe evitar este error. Las aptitudes naturales indican en qué dirección se va a orientar la obra de la vida y, cuando son legítimas, deberían ser cuidadosamente cultivadas. Al mismo tiempo debe tenerse presente que un carácter equilibrado y un trabajo eficiente en cualquier ramo dependen, en gran manera, del desarrollo simétrico que es el resultado de una educación completa.

El maestro debería tener constantemente por meta la sencillez y la eficiencia. Debería enseñar principalmente con ilustraciones y, aun al tratar con alumnos mayores, debería tener cuidado de que todas sus explicaciones sean claras y sencillas. Muchos alumnos de más edad son niños en entendimiento.

El entusiasmo es un elemento importante de la obra educativa. En cuanto a esto, la observación hecha una vez por un celebrado actor contiene una útil sugerencia. El arzobispo de Canterbury le había preguntado por qué los actores al representar una comedia impresionaban tan notablemente al auditorio al referirse a cosas imaginarias, mientras que los ministros del evangelio impresionaban tan poco al suyo hablándoles de cosas reales. "Con todo el respeto debido a vuestra eminencia—contestó el actor—, permitidme deciros que la razón es sencilla: Es el poder del entusiasmo. Nosotros hablamos en el escenario de cosas imaginarias como si fueran reales, y vosotros en el púlpito habláis de cosas reales como si fuesen imaginarias".

El maestro trata en su trabajo con cosas reales, y debería hablar de ellas con toda la fuerza y el entusiasmo que puedan inspirar el conocimiento de su realidad e importancia.

Todo maestro debería cuidar que su trabajo tenga resultados definidos. Antes de intentar enseñar una materia, debería tener en mente un plan bien definido, y saber que se propone hacer. No debería descansar satisfecho después de la presentación de un tema hasta que el alumno comprenda el principio que encierra, descubra su verdad y pueda expresar claramente lo que ha aprendido.

Mientras se tenga en vista el gran propósito de la educación, debería animarse a los jóvenes a avanzar hasta donde le permitan sus aptitudes. Pero antes de iniciarse en los ramos superiores de estudio, deberían dominar los inferiores. Con mucha frecuencia se descuida esto. Hasta entre los estudiantes de los colegios superiores se nota gran deficiencia en el conocimiento de los ramos comunes de la educación. Muchos estudiantes dedican el tiempo al estudio de las matemáticas superiores cuando son incapaces de llevar cuentas sencillas. Muchos estudian declamación para ser oradores elegantes, cuando ni siquiera saben leer de manera inteligible e impresionante. Muchos que han terminado sus estudios de retórica no saben redactar una simple carta y cometen faltas de ortografía.

El conocimiento cabal de los elementos esenciales de la educación debería ser no solo condición indispensable para ser admitido en un curso superior, sino la pauta permanente para determinar si se progresa o no.

En todo aspecto de la educación debe haber fines más importantes que los que se logran mediante el mero conocimiento técnico. Tómese, por ejemplo, el caso del lenguaje. Es de mayor importancia la capacidad de escribir y hablar la lengua propia con facilidad y exactitud, que aprender idiomas extranjeros, vivos o muertos. Pero ninguna educación lograda por medio del conocimiento de las reglas gramaticales puede compararse en importancia con el estudio del idioma desde un punto de vista superior. A este estudio están ligadas, en extenso grado, la felicidad o la desgracia de la vida.

El principal requisito del lenguaje es que sea puro, bondadoso y veraz: "La expresión externa de una gracia interior". Dios dice: "Todo lo que es verdadero, todo lo honesto, todo lo justo, todo lo puro, todo lo amable, todo lo que es de buen nombre; si hay virtud alguna, si algo digno de alabanza, en esto pensad"[3]. Y si estos son los pensamientos, así será el lenguaje también.

La mejor escuela para la enseñanza del idioma es el hogar, pero puesto que su trabajo se descuida con tanta frecuencia, le toca al maestro ayudar a los alumnos a adquirir buenos hábitos de expresión.

El maestro puede hacer mucho para combatir ese mal hábito, maldición de la comunidad, el vecindario y el hogar: el hábito de calumniar, contar chismes y criticar sin misericordia. No se deberían escatimar los esfuerzos con este fin. Incúlquese en los alumnos la idea de que este hábito revela falta de cultura, refinamiento y verdadera bondad de corazón; incapacita a la persona, tanto para la sociedad de los verdaderamente cultos y refinados de este mundo, como para la relación con los santos en el cielo.

Nos horrorizamos al pensar en el caníbal que come con deleite la carne caliente y temblorosa de su víctima, pero, ¿son los resultados de esta costumbre más terribles que la agonía y la ruina causadas por el hábito de tergiversar los motivos, manchar la reputación y disecar el carácter? Aprendan los niños y también los jóvenes lo que Dios dice acerca de estas cosas: "La muerte y la vida están en poder de la lengua"[4].

En la Escritura los calumniadores aparecen junto a los "aborrecedores de Dios"; los "inventores de males", con los que son "sin afecto natural, sin misericordia", "llenos de envidia, homicidios, contiendas, engaños y malignidades". Es "juicio de Dios, que los que practican tales cosas son dignos de muerte"[5]. Dios considera ciudadano de Sion a aquel que "habla verdad en su corazón"; "el que no calumnia con su lengua", "ni admite reproche alguno contra su vecino"[6].

La Palabra de Dios condena también el uso de frases insensatas e interjecciones rayanas en la irreverencia. Condena los cumplidos engañosos, los subterfugios, las exageraciones, las tergiversaciones empleadas en los negocios, corrientes también en la vida social y en el mundo comercial. "Pero sea vuestro hablar: sí, sí; no, no; porque lo que es más de esto, de mal procede"[7]. "Como el que enloquece, y echa llamas y saetas y muerte, tal es el hombre que engaña a su amigo, y dice: Ciertamente lo hice por broma"[8].

Íntimamente ligada a la chismografía está la insinuación velada, la disimulada indirecta por medio de la cual el corazón impuro trata de sugerir el mal que no se atreve a expresar abiertamente. Se debe enseñar a los jóvenes a evitar todo lo que se parezca a esta mala costumbre, tal como evitarían la lepra.

Tal vez en el uso del lenguaje no haya error que ancianos y jóvenes estén más dispuestos a justificar que las palabras apresuradas e impacientes. Creen que es suficiente excusa decir: "Estaba desprevenido y realmente no quise decir lo que dije". Pero la Palabra de Dios no trata esto con ligereza. La Escritura dice: "¿Has visto hombre ligero en sus palabras? Más esperanza hay del necio que de él"[9]. "Como ciudad derribada y sin muro es el hombre cuyo espíritu no tiene rienda"[10].

En un momento, una lengua precipitada, apasionada y descuidada, puede hacer un daño que el arrepentimiento de toda una vida no podría deshacer. ¡Cuántos corazones quebrantados, amigos separados, vidas arruinadas por las palabras ásperas y apresuradas de los que deberían haber prestado ayuda y consuelo! "Hay hombres cuyas palabras son como golpes de espada; más la lengua de los sabios es medicina"[11].

Una de las características que se deberían fomentar y cultivar en todo niño es ese olvido de sí mismo que imparte a la vida una gracia espontánea. De todas las excelencias del carácter, esta es una de las más hermosas, y para toda verdadera vocación es uno de los requisitos más esenciales.

Los niños necesitan aprecio, simpatía y estímulo, pero se debería evitar que se desarrolle en ellos el amor a la alabanza. No es prudente prestarles una consideración especial ni repetir delante de ellos sus agudezas y ocurrencias. El padre o el maestro que tienen presente el verdadero ideal de carácter y las posibilidades de éxito, no pueden fomentar ni estimular el engreimiento. No alentarán en los jóvenes el deseo o el empeño de exhibir su habilidad o su pericia. El que mira más allá de sí, será humilde, y sin embargo, poseerá una dignidad que lo capacitará para no sentirse disminuido ni desconcertado ante el fausto exterior o la grandeza humana.

Las virtudes que adornan el carácter no se desarrollan por la aplicación de leyes o reglas arbitrarias, sino como resultado de morar en la atmósfera de lo puro, lo noble y lo verdadero. Y dondequiera haya pureza de corazón y nobleza de carácter, se revelarán en la acción y la palabra. "El que ama la limpieza de corazón, por la gracia de sus labios tendrá la amistad del rey"[12].

Lo que ocurre con el lenguaje sucede con cualquier otro motivo de estudio: Debe ser dirigido de modo que tienda al fortalecimiento y la edificación del carácter. A ningún ramo de estudio se puede aplicar esto en tan extenso grado como a la historia. Considéresela desde el punto de vista divino.

Según se la enseña con demasiada frecuencia, la historia es poco más que un informe acerca de la ascensión y la caída de los reyes; de las intrigas palaciegas, las victorias y derrotas de ejércitos: Una historia de la ambición y la avaricia, el engaño, la crueldad y el derramamiento de sangre. Si se la enseña así, necesariamente sus resultados serán perjudiciales. La repetición dolorosa de crímenes y atrocidades, las enormidades y las crueldades descritas, siembran semillas que en muchas vidas dan como fruto una cosecha de mal.

Mucho mejor es aprender, a la luz de la Palabra de Dios, las causas que condicionan el surgimiento y la caída de los reinos. El joven debe estudiar estos relatos y notar cómo en la verdadera prosperidad de las naciones ha tenido que ver la aceptación de los principios divinos. Debe estudiar la historia de los grandes movimientos de reforma, y notar cuán a menudo sus principios—aunque despreciados y odiados, y aunque sus defensores fueron llevados a la cárcel y al cadalso—, han triunfado mediante esos mismos sacrificios.

Semejante estudio dará perspectivas amplias y abarcantes a la vida. Ayudará a los jóvenes a comprender algo de su interrelación y su interdependencia con los demás, de la forma maravillosa como estamos ligados en la gran fraternidad de la sociedad y las naciones, y en cuán amplia medida la opresión o degradación de un miembro significa pérdida para todos.

Al enseñar matemáticas, se lo debiera hacer en forma práctica. Se debería enseñar a todo joven y a todo niño no solamente a resolver problemas imaginarios, sino a llevar cuenta exacta de sus propios ingresos y gastos. Aprenda, usándolo, el debido uso del dinero. Enséñese a los niños y niñas a elegir y comprar su ropa, sus libros y otras cosas, ya sea que los paguen sus padres o ellos mismos con sus propias ganancias; y si llevan cuenta de sus gastos aprenderán, como no lo lograrían de otro modo, a valorar y usar el dinero. Este tipo de educación les enseñará a distinguir la diferencia que existe entre la verdadera economía y la mezquindad por un lado, y el despilfarro por el otro. Debidamente dirigida, fomentará hábitos de generosidad. Ayudará a los jóvenes a aprender a dar, no por el mero impulso del momento cuando se conmueven sus sentimientos, sino regular y sistemáticamente.

De este modo, todo ramo de estudio puede llegar a ayudar en la solución del mayor de los problemas: La educación de hombres y mujeres para que asuman mejor las responsabilidades de la vida.

---

[1]Isaías 1:18.
[2]Isaías 7:15.
[3]Filipenses 4:8.
[4]Proverbios 18:21.
[5]Romanos 1:30, 31, 29; 1:32.
[6]Salmos 15:2, 3.
[7]Mateo 5:37.
[8]Proverbios 26:18, 19.
[9]Proverbios 29:20.
[10]Proverbios 25:20.
[11]Proverbios 12:18.
[12]Proverbios 22:11.

Capítulo 27—Los modales

"El amor [...] no hace nada indebido". *1 Corintios 13:5.*

Poco se aprecia el valor de la cortesía. Muchos cuyos corazones son bondadosos, tienen modales que carecen de bondad. Muchos que inspiran respeto por su sinceridad y rectitud, están tristemente desprovistos de afabilidad. Esta falla malogra su propia felicidad, y reduce su servicio en favor de los demás. Los descorteses sacrifican muchas de las experiencias más dulces y beneficiosas de la vida, con frecuencia debido a su falta de reflexión.

Los padres y maestros deberían cultivar especialmente la alegría y la cortesía. Todos pueden poseer un rostro feliz, una voz suave y modales corteses; y estos son elementos poderosos. Los niños se sienten atraídos por los modales alegres y animosos. Si los tratan con bondad y cortesía, manifestaran el mismo espíritu hacia ustedes y entre sí.

No se aprende la verdadera cortesía solamente practicando las reglas de urbanidad. En todo momento debe observarse un comportamiento adecuado; dondequiera que no haya que transigir con los principios, la consideración hacia los demás guiará a adaptarse a costumbres aceptadas; pero la verdadera cortesía no requiere el sacrificio de los principios en aras de los convencionalismos sociales. No sabe de castas. Enseña el respeto propio, el respeto a la dignidad del hombre en su calidad de tal, y la consideración hacia todo miembro de la gran confraternidad humana.

Existe el peligro de concederle demasiado valor a la mera forma y a los modales, y dedicar demasiado tiempo a la educación en este aspecto. La vida de esfuerzo persistente requerida de todo joven, el trabajo duro y a menudo desagradable que requieren incluso los trabajos comunes de la vida, y mucho más cuando se trata de aligerar la pesada carga de ignorancia y desgracia del mundo, le dejan poco lugar a los convencionalismos.

Muchos de los que le dan importancia a la urbanidad, manifiestan poco respeto por todo lo que, por excelente que sea, no concuerda con su norma artificial de conducta. Esto es falsa educación. Fomenta el orgullo y una actitud de crítica, como asimismo un estrecho exclusivismo.

La esencia de la verdadera cortesía es la consideración hacia los demás. La educación esencial y duradera es la que amplía el ámbito de la simpatía, y estimula la bondad hacia todo el mundo. La pretendida cultura que no lleva al joven a ser comedido con sus padres, a apreciar sus buenas cualidades, a ser tolerante con sus defectos y solícito con sus necesidades; que no lo mueve a ser considerado y afectuoso, a ser generoso y útil con el joven, el anciano y el desafortunado, y cortés con todos, es un fracaso.

Se aprende más acerca del verdadero refinamiento del pensamiento y los modales en la escuela del divino Maestro, que por la observancia de reglas establecidas. Su amor, al llenar el corazón, da al carácter esos toques de refinamiento que lo asemejan al suyo. Esta educación imparte una dignidad nacida en el cielo y una noción clara de lo que es correcto. Da una dulzura al carácter y una suavidad a los modales que jamás podrá igualar el barniz superficial de la sociedad elegante.

La Biblia prescribe la cortesía y presenta muchas ilustraciones del espíritu abnegado, la gracia amable y el genio atractivo, que caracterizan la verdadera cortesía, son solo reflejos del carácter de Cristo. De él proceden toda la ternura y la cortesía verdaderas del mundo, aun la de los que no invocan su nombre. Y él desea que estas características se reflejen perfectamente en sus hijos. Su propósito es que en nosotros contemplen los hombres su belleza.

"Como yo os he amado, que también os améis unos a otros"[1].

El más valioso tratado sobre la cortesía que jamás se haya escrito, es la preciosa instrucción dada por el Salvador, mediante la manifestación del Espíritu Santo por medio del apóstol Pablo, palabras que deberían ser grabadas indeleblemente en la memoria de todo ser humano, joven o anciano:

> "El amor es sufrido, es benigno;
> El amor no tiene envidia,
> El amor no es jactancioso,

No se envanece;
No hace nada indebido,
No busca lo suyo,
No se irrita, no guarda rencor;
No se goza de la injusticia,
Mas se goza de la verdad.
Todo lo sufre, todo lo cree,
Todo lo espera, todo lo soporta.
El amor nunca deja de ser"[2].

Otro don precioso que debería ser cuidadosamente cultivado es la reverencia. La verdadera reverencia hacia Dios tiene su origen en la comprensión de su infinita grandeza, y en la sensación de su presencia. El corazón de todo niño debe ser profundamente impresionado por esta presencia del Invisible. Debe enseñarse al niño a considerar sagrados la hora y el lugar de la oración y los cultos públicos, porque Dios está en ellos. Y al manifestar reverencia en la actitud y la conducta, el sentimiento que lo inspire se profundizará.

Convendría tanto a los jóvenes como a los ancianos estudiar, meditar y a menudo repetir las palabras de la Santa Escritura que explican cómo debería considerarse el lugar señalado por la presencia especial de Dios.

"No te acerques; quita tu calzado de tus pies, porque el lugar en que tú estás, tierra santa es"[3].

Jacob, después de contemplar la visión de los ángeles, exclamó: "Ciertamente Jehová está en este lugar, y yo no lo sabía. [...] No es otra cosa que casa de Dios, y puerta del cielo"[4]. "Mas Jehová está en su santo templo; calle delante de él toda la tierra"[5].

"Porque Jehová es Dios grande,
　　Y Rey grande sobre todos los dioses [...].
Venid, adoremos y postrémonos;
　　Arrodillémonos delante de Jehová nuestro Hacedor".
"Él nos hizo, y no nosotros a nosotros mismos;
　　Pueblo suyo somos, y ovejas de su prado.
Entrad por sus puertas con acción de gracias,
　　Por sus atrios con alabanza;
Alabadle, bendecid su nombre"[6].

También se debe manifestar reverencia hacia el nombre de Dios. Nunca se lo debiera pronunciar a la ligera o con indiferencia. Hasta en la oración habría que evitar su repetición frecuente o innecesaria.

"Santo y temible es su nombre"[7]. Los ángeles, al pronunciarlo, cubren sus rostros. ¡Con cuánta reverencia deberíamos pronunciarlo nosotros que somos caídos y pecadores!

Tenemos que reverenciar la Palabra de Dios. Debemos manifestar respeto por cada ejemplar de ella, no darle usos comunes ni manejarlo descuidadamente. Nunca se debe citar la Escritura en broma, ni usada para decir un chiste. "Toda palabra de Dios es limpia". "Como plata refinada en horno de tierra, purificada siete veces"[8].

Sobre todo se debe enseñar a los niños que la verdadera reverencia se manifiesta por medio de la obediencia. Nada de lo que Dios ha ordenado carece de importancia y no hay otra manera de manifestar reverencia que tanto le agrade como la obediencia a lo que él ha dicho.

Se debe respetar a los representantes de Dios: pastores, maestros y padres, llamados a hablar y actuar en su lugar. Se honra a Dios cuando se manifiesta respeto por ellos.

Y Dios ha mandado especialmente que se manifieste tierno respeto hacia los ancianos. "Corona de honra es la vejez que se halla en el camino de justicia"[9]. Habla de batallas que se libraron y victorias que se ganaron; de responsabilidades que se asumieron y de tentaciones que se resistieron. Habla de pies cansados que se acercan al descanso, de puestos que pronto quedarán vacantes. Ayúdese a los niños a pensar en esto, y entonces allanarán el camino de los ancianos mediante su cortesía y su respeto, y añadirán gracia y belleza a sus jóvenes vidas si prestan atención a este mandato: "Delante de las canas te levantarás, y honrarás el rostro del anciano"[10].

Los padres, las madres y los maestros necesitan apreciar más plenamente la responsabilidad y el honor que Dios les ha conferido al hacerlos, con respecto al niño, sus propios representantes. El carácter que manifiesten en su conducta de todos los días, le servirá al niño para interpretar, para bien o para mal, estas palabras de Dios: "Como el padre se compadece de los hijos, se compadece Jehová de los que le temen". "Como aquel a quien consuela su madre, así os consolaré yo a vosotros"[11].

Feliz el niño en quien estas palabras despiertan amor, gratitud y confianza; para quien la ternura, la justicia y la tolerancia de los padres y el maestro interpretan el amor, la justicia y la tolerancia de Dios; el niño que, por la confianza, la sumisión y la reverencia hacia sus protectores terrenales aprende a confiar, obedecer y reverenciar a su Dios. Aquel que imparte al niño o al alumno semejante don, lo dota de un tesoro más precioso que la riqueza de todos los siglos: Un tesoro tan duradero como la eternidad.

---

[1] Juan 13:34.

[2] 1 Corintios 13:4-8.

[3] Éxodo 3:5.

[4] Génesis 28:16, 17.

[5] Habacuc 2:20.

[6] Salmos 95:3-6; 100:3, 4.

[7] Salmos 111:9.

[8] Proverbios 30:5; Salmos 12:6.

[9] Proverbios 16:31.

[10] Levítico 19:32.

[11] Salmos 103:13; Isaías 66:13.

Capítulo 28—La relación de la vestimenta con la educación

"Se atavíen de ropa decorosa". 1 Timoteo 2:9.

"Toda gloriosa es la hija del rey en su morada". Salmos 45:13.

No puede ser completo ningún sistema de educación que no enseñe principios sanos en cuanto a la vestimenta. Si carece de esa enseñanza, la obra de la educación a menudo se estanca y se pervierte. El amor a los vestidos y la devoción a la moda se cuentan entre los más formidables rivales y los obstáculos más efectivos del maestro.

La moda es un ama que gobierna con mano de hierro. En muchísimos hogares sus exigencias absorben la fuerza, el tiempo y la atención de padres e hijos. Los ricos tienen la ambición de superarse unos a otros al seguir sus estilos siempre cambiantes; la clase media y los pobres se esfuerzan por aproximarse a la norma establecida por los que suponen superiores. Donde los medios o la fuerza son limitados, y es grande la ambición de pertenecer a la clase social superior, la carga resulta casi insoportable.

A muchas personas no les importa que un vestido sea modesto o hermoso; si la moda cambia, lo reforman o lo desechan. Los miembros de la familia están condenados a trabajar incesantemente. No tienen tiempo para educar a los niños, orar o estudiar la Biblia, ni ayudar a los pequeños a conocer a Dios por medio de sus obras.

No tienen tiempo ni dinero para hacer obras de caridad, y con frecuencia la provisión de su mesa es escasa. Eligen mal el alimento y lo preparan precipitadamente, para satisfacer solo en parte las demandas del organismo. El resultado es la adquisición de malos hábitos de alimentación que causan enfermedades o conducen a la intemperancia.

El amor a la ostentación produce extravagancia y en muchos jóvenes mata la aspiración a llevar una vida más noble. En vez de esforzarse por obtener una educación, pronto consiguen un empleo para ganar dinero y satisfacer la pasión por la vestimenta. Y esta pasión conduce a más de una joven a la ruina.

En muchos hogares los recursos de la familia resultan insuficientes. El padre, incapaz de satisfacer las demandas de la madre y los hijos, se siente tentado a proceder con deshonestidad, y el resultado también es la ruina y la deshonra.

Ni siquiera el día de descanso y los cultos se libran del dominio de la moda. Por el contrario, proporcionan la oportunidad para el mayor despliegue de su poder. La iglesia se transforma en una especie de desfile de modas, y se estudian estas más que el sermón. Los pobres, incapaces de responder a las demandas de la moda, permanecen fuera de la iglesia. El día de descanso transcurre en la ociosidad y, para la juventud, con frecuencia en compañías desmoralizadoras.

En la escuela, el vestido inapropiado e incómodo incapacita a las niñas para el estudio o la recreación. Sus mentes están preocupadas, y es tarea difícil para quien enseña despertar su interés.

Para romper el encanto de la moda, el maestro no encuentra a menudo medio más eficaz que el contacto con la naturaleza. Gusten los alumnos la delicia de estar junto a un río, un lago o el mar; trepen por las colinas, contemplen la gloria de la puesta del sol, y exploren los tesoros del bosque y el campo; conozcan el placer de cultivar plantas y flores, y la importancia de una cinta o un adorno superfluo les resultará insignificante.

Hágase ver a los niños que en la vestimenta, lo mismo que en el régimen alimentario, la vida sencilla es indispensable para el pensamiento elevado. Hágaseles ver cuánto hay que aprender y hacer; cuán preciosos son los días de la juventud como preparación para la obra de la vida. Ayúdeseles a descubrir los tesoros que hay en la Palabra de Dios, en el libro de la naturaleza y en las historias de las vidas nobles.

Diríjanse sus mentes a los dolientes que podrían aliviar. Ayúdeseles a ver que por cada peso derrochado en lujos, el que lo gasta se priva de medios de alimentar al hambriento, vestir al desnudo y consolar al afligido.

No pueden permitirse desperdiciar las gloriosas oportunidades de la vida, para atrofiar la mente, arruinar la salud y la felicidad, por obedecer mandatos que no tienen fundamento en la razón, la comodidad ni la elegancia.

Al mismo tiempo debe enseñarse a los jóvenes a aprender esta lección de la naturaleza: "Todo lo hizo hermoso en su tiempo"[1]. En el vestido, lo mismo que en todas las demás cosas, tenemos el privilegio de honrar a nuestro Creador. No solo desea que este sea limpio y saludable, sino apropiado y modesto.

Se juzga el carácter de una persona por el estilo de su vestido. El gusto refinado y la mente cultivada se revelarán en la elección de atavíos sencillos y apropiados. La casta sencillez en el vestir, unida a la modestia de la conducta, ejercerá una decisiva influencia para rodear a una joven de una atmósfera de reserva sagrada, que a su vez será para ella un escudo contra miles de peligros.

Enséñese a las niñas que el arte de vestir incluye la habilidad de confeccionar sus propios vestidos. Toda joven debe albergar esta ambición. Es un medio para lograr utilidad e independencia que no puede permitirse desperdiciar.

Es justo amar la belleza y desearla; pero Dios desea que primero amemos y busquemos la belleza superior, imperecedera. Las producciones más descollantes del ingenio humano no poseen belleza alguna que pueda compararse a la hermosura de carácter que a su vista es de "gran precio".

Enséñese a los jóvenes y niños a escoger para sí la vestidura real tejida en el telar del cielo, el "lino fino, limpio [...] resplandeciente"[2] que usarán todos los santos de la tierra. Se ofrece gratuitamente a todo ser humano esta vestidura, el carácter inmaculado de Cristo. Pero todos los que la reciban la han de recibir y usar aquí.

Enséñese a los niños que al abrir la mente a los pensamientos puros y amantes, y al hacer algo útil y amable, se visten con el hermoso atuendo del carácter de Cristo. Ese traje les dará hermosura e influirá para que sean amados aquí, y más adelante será su título de admisión al palacio del Rey. Su promesa es:

"Andarán conmigo en vestiduras blancas, porque son dignos"[3].

---

[1] Eclesiastés 3:11.
[2] Apocalipsis 19:8.
[3] Apocalipsis 3:4.

Capítulo 29—El sábado

"Será una señal entre mí y vosotros para que sepáis que yo soy Jehová". Ezequiel 20:20.

El valor del sábado como medio de educación es inestimable. Cualquier cosa que Dios nos pida, nos la devuelve enriquecida y transfigurada con su propia gloria. El diezmo que pedía a Israel era dedicado a conservar entre los seres humanos, en su gloriosa belleza, el modelo de su templo en el cielo, la señal de su presencia en la tierra. Del mismo modo, la porción de tiempo que pide nos es devuelta con su nombre y su sello. Es "una señal—dice—, entre mí y vosotros [...] para que sepáis que yo soy Jehová"; porque "en seis días hizo Jehová los cielos y la tierra, el mar, y todas las cosas que en ellos hay, y reposó en el séptimo día; por tanto, Jehová bendijo el día de reposo y lo santificó"[1].

El sábado es una señal del poder creador y redentor; señala a Dios como fuente de vida y conocimiento; recuerda al hombre la gloria primitiva y así da testimonio del propósito de Dios de volvernos a crear a su imagen.

El sábado y la familia fueron instituidos en el Edén, y en el propósito de Dios están indisolublemente unidos. En ese día, más que en cualquier otro, podemos vivir la vida del Edén. Era el plan de Dios que los miembros de la familia se asociaran en el trabajo y el estudio, en el culto y la recreación, el padre como sacerdote de su casa, y él y la madre, como maestros y compañeros de sus hijos. Pero los resultados del pecado, al modificar las condiciones de la vida, han impedido, en extenso grado, esta asociación. Con frecuencia ocurre que el padre apenas ve los rostros de sus hijos durante la semana. Se encuentra casi totalmente privado de la oportunidad de ser compañero de ellos e instruirlos. Pero el amor de Dios ha puesto un límite a las exigencias del trabajo. En su día reserva a la familia la oportunidad de tener comunión con él, con la naturaleza y con su prójimo.

Puesto que el sábado es una institución recordativa del poder creador es, entre todos los días, aquel en que debemos familiarizarnos especialmente con Dios por medio de sus obras. En la mente de los niños, el solo pensamiento del sábado debe estar ligado al de la belleza de las cosas naturales. Feliz la familia que puede ir al lugar de culto el sábado, como Jesús y sus discípulos iban a la sinagoga, a través de campos y bosques, o a lo largo de la costa del lago. Felices los padres que pueden enseñar a sus hijos la Palabra escrita de Dios con ilustraciones obtenidas de las páginas abiertas del libro de la naturaleza; que pueden reunirse bajo los árboles verdes, al aire fresco y puro, para estudiar la Palabra y cantar alabanzas al Padre celestial.

Por medio de esta relación, los padres pueden ligar sus hijos a sus corazones, y de este modo a Dios, con lazos que nunca podrán se quebrantados.

Como medios de educación intelectual, las oportunidades que ofrece el sábado son inapreciables. Estúdiese la lección de la escuela sabática, no por medio de una rápida ojeada dada al texto de la lección el sábado de mañana, sino mediante el estudio cuidadoso de la lección para la semana siguiente, el sábado de tarde, y el repaso y la ejemplificación diarios durante la semana. Así la lección se grabará en la memoria y será un tesoro que jamás se perderá totalmente.

Al escuchar un sermón, los padres y los niños deberían anotar el texto y los versículos citados y, tanto como sea posible, la ilación del pensamiento, para repetírselos unos a otros en la casa. Esto contribuirá a aliviar el cansancio con que los niños a menudo escuchan un sermón, y cultivará en todos el hábito de prestar atención y seguir los pensamientos que se presentan.

La meditación en los temas sugeridos abrirá al estudiante tesoros en los que jamás soñó, y experimentará en su vida la realidad de esta declaración bíblica:

"Fueron halladas tus palabras, y yo las comí; y tu palabra me fue por gozo y por alegría de mi corazón"[2].

"Y meditaré en tus estatutos". "Deseables son más que el oro, y más que mucho oro afinado. [...] Tu siervo es además amonestado con ellos; en guardarlos hay grande galardón"[3].

[1]Éxodo 31:13; 20:11.
[2]Jeremías 15:16.
[3]Salmos 119:48; 19:10, 11.

Capítulo 30—La fe y la oración

"Es, pues, la fe la certeza de lo que se espera". Hebreos 11:1.

"Creed que lo recibiréis, y os vendrá". Marcos 11:24.

La fe significa confiar en Dios, creer que nos ama y sabe mejor qué es lo que nos conviene. Por eso nos guía a escoger su camino en lugar del nuestro. En vez de nuestra ignorancia, acepta su sabiduría; en vez de nuestra debilidad, su fuerza; en vez de nuestra pecaminosidad, su justicia. Nuestra vida, nosotros mismos, ya somos suyos; la fe reconoce su derecho de propiedad, y acepta su bendición. La verdad, la justicia y la pureza han sido señaladas como los secretos del éxito en la vida. Es la fe la que nos pone en posesión de estos principios.

Todo buen impulso o aspiración es un don de Dios; la fe recibe de Dios la única vida que puede producir desarrollo y eficiencia verdaderos.

Se debería explicar claramente cómo se puede ejercer fe. Toda promesa de Dios tiene ciertas condiciones. Si estamos dispuestos a hacer su voluntad, toda su fuerza nos pertenece. Cualquier don que nos prometa se encuentra en la promesa misma. "La semilla es la palabra de Dios"[1]. Tan ciertamente como se encuentra la semilla del roble en la bellota, se encuentra el don de Dios en su promesa. Si recibimos la promesa, recibimos el don.

La fe que nos capacita para recibir los dones de Dios, es en sí misma un don del cual se imparte una porción a cada ser humano. Aumenta a medida que se la usa para asimilar la Palabra de Dios. A fin de fortalecer la fe debemos ponerla a menudo en contacto con la Palabra.

Al estudiar la Biblia, el estudiante debe ser guiado a ver el poder de la Palabra de Dios. En ocasión de la creación "él dijo, y fue hecho; él mandó, y existió". Él "llama las cosas que no son, como si fueran"[2], porque cuando las llama, entonces existen.

¡Cuán a menudo los que confiaron en la Palabra de Dios, aunque eran en sí mismos completamente impotentes, han resistido el poder del mundo entero! Enoc, de corazón puro y vida santa, puso su fe en el triunfo de la justicia frente a una generación corrupta y burladora; Noé y su casa resistieron a los hombres de su época, hombres de gran fuerza física y mental, y de la más degradada moralidad; los hijos de Israel, que junto al Mar Rojo no eran más que una indefensa y aterrorizada multitud de esclavos, resistieron al más poderoso ejército de la más poderosa nación de esa época; David, que era solo un pastorcillo a quien Dios le había prometido el trono, resistió a Saúl, el monarca reinante, dispuesto a no ceder su poder. El mismo hecho se destaca en el caso de Sadrac y sus compañeros en el horno de fuego y Nabucodonosor en el trono; Daniel entre los leones y sus enemigos en los puestos elevados del reino; Jesús en la cruz y los sacerdotes y príncipes judíos que presionaron al gobernador romano para que hiciera su voluntad; Pablo encadenado y condenado a sufrir la muerte de un criminal, y Nerón, déspota de un imperio mundial.

No solo en la Biblia se encuentran estos ejemplos. Abundan en los anales de la historia humana. Los valdenses y los hugonotes, Wiclef y Hus, Jerónimo y Lutero, Tyndale y Knox, Zinzendorf y Wesley, y muchos más, han dado testimonio del poder de la Palabra de Dios contra el poder y el proceder humanos que apoyan al mal. Estos constituyen la verdadera nobleza del mundo. Constituyen su realeza. Se invita a los jóvenes de hoy a ocupar sus lugares.

La fe es necesaria tanto en los asuntos más pequeños como en los mayores de la vida. En todos nuestros negocios y nuestras ocupaciones diarias, la fuerza sustentadora de Dios llega a ser real para nosotros por medio de una confianza constante.

Considerada en su aspecto humano, la vida es para todos un sendero desconocido. Es un camino por el cual, en lo que a nuestras más íntimas experiencias se refiere, andamos solos. Ningún otro ser humano puede penetrar plenamente en nuestra vida íntima. Al emprender el niño ese viaje en el cual tarde o temprano deberá escoger su curso y decidir las consecuencias de la vida para la eternidad, ¡cuán ferviente debe ser el esfuerzo hecho para dirigir su fe al Guía y Ayudador infalible!

Como escudo contra la tentación e inspiración para ser puros y sinceros, ninguna influencia puede igualar a la de la sensación de la presencia de Dios. "Todas las cosas están desnudas y abiertas a los ojos de Aquel a quien tenemos que dar cuenta". "Muy limpio eres de ojos para ver el mal, ni puedes ver el agravio"[3]. Este pensamiento fue el escudo de José en medio de la corrupción de Egipto. Su respuesta a los atractivos de la tentación fue firme: "¿Cómo, pues, haría yo este gran mal, y pecaría contra Dios"[4]. La fe, si se la cultiva, será un escudo para toda alma.

Solamente la seguridad de la presencia de Dios puede desvanecer el temor que, para el niño tímido, haría de la vida una carga. Grabe él en su memoria la promesa: "El ángel de Jehová acampa alrededor de los que le temen, y los defiende"[5]. Lea la maravillosa historia de Eliseo cuando estaba en la ciudad de la montaña y había entre él y el ejército de enemigos armados un círculo poderoso de ángeles celestiales. Lea cómo se le apareció el ángel de Dios a Pedro cuando estaba en la prisión, condenado a muerte; cómo lo libertó, pasando por entre los guardianes armados y las macizas puertas de hierro con sus cerrojos y barrotes. Lea acerca de la escena desarrollada en el mar, cuando Pablo, el prisionero, en viaje al lugar donde iba a ser juzgado y ejecutado, dirigió a los soldados y marineros náufragos, abatidos por el cansancio, la falta de sueño y el hambre, estas grandes palabras de valor y esperanza: "Pero ahora os exhorto a tener buen ánimo, pues no habrá ninguna pérdida de vida entre vosotros. [...] Porque esta noche ha estado conmigo el ángel del Dios de quien soy y a quien sirvo, diciendo: Pablo, no temas; es necesario que comparezcas ante César; además, Dios te ha concedido todos los que navegan contigo". Con fe en esta promesa, Pablo aseguró a sus compañeros: "Pues ni aun un cabello de la cabeza de ninguno de vosotros perecerá". Así ocurrió. Por el hecho de estar en ese barco un hombre por medio del cual Dios podía obrar, todo el contingente de soldados y marineros paganos se salvó. "Y así aconteció que todos se salvaron saliendo a tierra"[6].

No fueron escritas estas cosas únicamente para que las leamos y nos asombremos, sino para que la misma fe que trabajó en los siervos de Dios de antaño, trabaje en nosotros. Doquiera haya corazones llenos de fe que sirvan de conducto transmisor de su poder, no será menos notable su modo de trabajar ahora que entonces.

A los que, por falta de confianza propia, evitan tareas y responsabilidades, enséñeseles a confiar en Dios. Así más de uno que de otro modo no sería más que una cifra en el mundo, tal vez una carga impotente, podrá decir con el apóstol Pablo: "Todo lo puedo en Cristo que me fortalece"[7].

También tiene la fe preciosas lecciones para el niño sensible a las ofensas. La disposición a resistir el mal o vengar el agravio recibe a menudo su impulso de un profundo sentimiento de justicia y un espíritu activo y enérgico. Enséñese a ese niño que Dios es el guardián eterno de la justicia. Cuida tiernamente a los seres que ama al punto de dar a su amado Hijo para salvarlos. Él se entenderá con cada malhechor.

"Porque el que os toca; toca a la niña de mi ojo"[8].

"Encomienda a Jehová tu camino, y confía en él; y él hará. Exhibirá tu justicia como la luz, y tu derecho como el mediodía"[9].

"Jehová será refugio del pobre, refugio para el tiempo de angustia. En ti confiarán los que conocen tu nombre, por cuanto tú, oh Jehová, no desamparaste a los que te buscaron"[10].

Dios nos manda que manifestemos hacia otros la compasión que él manifiesta hacia nosotros. Contemplen el impulsivo, el engreído y el vengativo al Ser humilde y manso llevado como cordero al matadero, mudo como la oveja ante los que la esquilan. Contemplen a Aquel a quien han traspasado nuestros pecados y abrumado nuestras penas, y aprenderán a soportar, tolerar y perdonar.

Por la fe en Cristo se puede suplir toda deficiencia de carácter, purificar toda impureza, corregir toda falta y desarrollar toda buena cualidad.

"Vosotros estáis completos en él"[11].

La oración y la fe están íntimamente ligadas y necesitan ser estudiadas juntas. En la oración de fe hay una ciencia divina; es una ciencia que debe comprender todo el que quiera tener éxito en la obra de su vida. Cristo dice: "Todo lo que pidiereis orando, creed que lo recibiréis, y os vendrá"[12]. Él explica claramente que nuestra petición debe estar de acuerdo con la voluntad de Dios; debemos pedir cosas que él haya prometido y todo lo que recibamos debe ser usado para hacer su voluntad. Cuando se satisfacen las condiciones, la promesa es indubitable.

Podemos pedir perdón por el pecado, el don del Espíritu Santo, un carácter como el de Cristo, sabiduría y fuerza para hacer su obra, cualquier don que él haya prometido; luego tenemos que creer para recibir y dar gracias a Dios por lo que hemos recibido.

No necesitamos buscar una evidencia exterior de la bendición. El don está en la promesa y podemos emprender nuestro trabajo seguros de que Dios es capaz de cumplir lo que ha prometido y que el don, que ya poseemos, se manifestará cuando más lo necesitemos.

Vivir así, dependiendo de la palabra de Dios, significa entregarle toda la vida. Se experimentará una permanente sensación de necesidad y dependencia, una búsqueda de Dios por parte del corazón. La oración es una necesidad porque es la vida del alma. La oración en familia, la oración en público, tienen su lugar, pero es la comunión secreta con Dios la que sostiene la vida del alma.

En el monte, junto a Dios, Moisés contempló el modelo del hermoso edificio que había de ser la morada de su gloria. En el monte, junto a Dios, en el lugar secreto de comunión, podemos contemplar su glorioso ideal para la humanidad. De ese modo podremos levantar el edificio de nuestro carácter en forma tal que se cumpla para nosotros su promesa: "Habitaré y andaré entre ellos, y seré su Dios, y ellos serán mi pueblo"[13].

Jesús recibió sabiduría y poder durante su vida terrenal, en las horas de oración solitaria. Sigan los jóvenes su ejemplo y busquen a la hora del amanecer y del crepúsculo un momento de quietud para tener comunión con su Padre celestial. Y durante el día eleven su corazón a Dios. A cada paso que damos en nuestro camino, nos dice: "Porque yo Jehová soy tu Dios, quien te sostiene de tu mano derecha [...] no temas, yo te ayudo"[14]. Si nuestros hijos pudieran aprender estas lecciones en el alba de su vida, ¡qué frescura y poder, qué gozo y dulzura se manifestaría en su existencia!

Vivamos lo que creemos

Estas lecciones puede enseñarlas solo el que las ha aprendido. La enseñanza de la Escritura no tiene mayor efecto sobre los jóvenes porque tantos padres y maestros que profesan creer en la Palabra de Dios niegan su poder en sus vidas. A veces los jóvenes sienten el poder de la Palabra. Ven la hermosura del amor de Cristo. Ven la belleza de su carácter, las posibilidades de una vida dedicada a su servicio. Pero ven en contraste la vida de los que profesan reverenciar los preceptos de Dios. A cuántos se aplican las palabras que fueron dichas al profeta Ezequiel:

"Los hijos de tu pueblo se mofan de ti junto a las paredes y a las puertas de las casas, y habla el uno con el otro, cada uno con su hermano, diciendo: "¡Venid ahora, y oíd qué palabra viene de Jehová!" Y vienen a ti como viene el pueblo, y están delante de ti como pueblo mío. Oyen tus palabras, pero no las ponen por obra, antes hacen halagos con sus bocas y el corazón de ellos anda en pos de su avaricia. Y tú eres para ellos como un cantor de amores, de hermosa voz y que canta bien. Ellos oyen tus palabras, pero no las ponen por obra"[15].

Una cosa es tratar la Biblia como un libro de instrucción moral y buena, y prestarle atención mientras esté de acuerdo con el espíritu de la época y nuestro lugar en el mundo, pero otra cosa es considerarla como lo que en realidad es: la palabra del Dios viviente, la palabra que es nuestra vida, la palabra que ha de amoldar nuestras acciones, nuestros dichos y nuestros pensamientos. Concebir la Palabra de Dios como algo menos que esto, es rechazarla. Y este rechazo de parte de los que profesan creer en ella es una de las causas principales del escepticismo y la incredulidad de los jóvenes.

La invitación de Dios

Se está apoderando del mundo un afán nunca visto. En las diversiones, en la acumulación de dinero, en la lucha por el poder, hasta en la lucha por la existencia, hay una fuerza terrible que embarga el cuerpo, la mente y el alma. En medio de esta precipitación enloquecedora, habla Dios. Nos invita a apartarnos y tener comunión con él. "Estad quietos, y conoced que yo soy Dios"[16].

Muchos, aun en sus momentos de devoción, no reciben la bendición de la verdadera comunión con Dios. Están demasiado apurados. Con pasos presurosos penetran en la amorosa presencia de Cristo y se detienen tal vez un momento dentro de ese recinto sagrado, pero no esperan su consejo. No tienen tiempo para permanecer con el divino Maestro. Vuelven con sus preocupaciones al trabajo.

Estos obreros jamás podrán lograr el éxito supremo, hasta que aprendan cuál es el secreto del poder. Tienen que dedicar tiempo a pensar, orar, esperar que Dios renueve sus energías físicas, mentales y espirituales. Necesitan la influencia elevadora de su Espíritu. Al recibirla, serán vivificados con nueva vida. El cuerpo gastado y el cerebro cansado recibirán refrigerio, y el corazón abrumado se aliviará.

Nuestra necesidad no consiste en detenernos un momento en su presencia, sino en tener relación personal con Cristo, sentarnos en su compañía. Feliz será la condición de los niños de nuestros hogares y los alumnos de nuestras escuelas cuando tanto los padres como los maestros aprendan en sus propias vidas la preciosa experiencia descrita en estas palabras del Cantar de los Cantares:

> "Como el manzano entre los árboles silvestres,
> Así es mi amado entre los jóvenes;
> Bajo la sombra del deseado me senté,
> Y su fruto fue dulce a mi paladar.
> Me llevó a la casa del banquete,
> Y su bandera sobre mi fue amor"[17].

[1] Lucas 8:11.
[2] Salmos 33:9; Romanos 4:17.
[3] Hebreos 4:13; Habacuc 1:13.
[4] Génesis 39:9.
[5] Salmos 34:7.
[6] Hechos 27:22-24, 34, 44.
[7] Filipenses 4:13.
[8] Zacarías 2:8.
[9] Salmos 37:5, 6.
[10] Salmos 9:9, 10.
[11] Colosenses 2:10.
[12] Marcos 11:24.
[13] 2 Corintios 6:16.
[14] Isaías 41:13.
[15] Ezequiel 33:30-32.
[16] Salmos 46:10.
[17] Cantares 2:3, 4.

Capítulo 31—La obra de la vida

"Una cosa hago". Filipenses 3:13.

El éxito en cualquier actividad requiere una meta definida. El que desea lograr verdadero éxito en la vida debe mantener constantemente en vista esa meta digna de su esfuerzo. Esa es la que se propone hoy a los jóvenes. El propósito señalado por el cielo de predicar el evangelio al mundo en esta generación, es el más noble que pueda atraer a cualquier ser humano. Ofrece un campo de acción a todo aquel cuyo corazón ha sido conmovido por Cristo.

El propósito de Dios para los niños que crecen en nuestros hogares es más amplio, más profundo y más elevado de lo que ha logrado abarcar nuestra restringida visión. En lo pasado, Dios ha llamado a personas del origen más humilde a las cuales consideró fieles, para que dieran testimonio acerca de él en los lugares más encumbrados del mundo. Y más de un joven de hoy día que se esté desarrollando como lo hacía Daniel en su hogar de Judea, estudiando la Palabra de Dios y sus obras, y aprendiendo lecciones de servicio fiel, se hallará ante asambleas legislativas, en tribunales de justicia o en cortes reales, como testigo del Rey de reyes. Multitudes serán llamadas a ejercer un ministerio más amplio. El mundo entero se abre al evangelio. Etiopía tiende sus manos a Dios. Desde el Japón, la China y la India, de los países que todavía están en tinieblas en nuestro continente, de toda región del mundo, llega el clamor de corazones heridos por el pecado que anhelan conocer al Dios de amor. Hay millones y millones que no han oído siquiera hablar de Dios ni de su amor revelado en Cristo. Tienen derecho a recibir ese conocimiento. Tienen tanto derecho como nosotros a participar de la misericordia del Salvador. Y a los que hemos recibido este conocimiento, junto con nuestros hijos a quienes podemos impartirlo, nos toca responder a su clamor. A toda casa y toda escuela, a todo padre, maestro y niño sobre los cuales ha brillado la luz del evangelio, se formula en este momento crítico la pregunta que se le hizo a Ester en aquella crisis decisiva de la historia de Israel: "¿Y quién sabe si para esta hora has llegado al reino?"[1]

Los que piensan en el resultado de apresurar o impedir la proclamación del evangelio, lo hacen con relación a sí mismos y al mundo; pocos lo hacen con relación a Dios. Pocos piensan en el sufrimiento que el pecado causó a nuestro Creador. Todo el cielo sufrió con la agonía de Cristo; pero ese sufrimiento no empezó ni terminó cuando se manifestó en el seno de la humanidad. La cruz es, para nuestros sentidos entorpecidos, una revelación del dolor que, desde su comienzo, produjo el pecado en el corazón de Dios. Le causan pena toda desviación de la justicia, todo acto de crueldad, todo fracaso de la humanidad en cuanto a alcanzar su ideal. Se dice que cuando sobrevinieron a Israel las calamidades que eran el seguro resultado de la separación de Dios: sojuzgamiento a sus enemigos, crueldad y muerte, Dios "fue angustiado a causa de la aflicción de Israel". "En toda angustia de ellos él fue angustiado. [...] Y los levantó todos los días de la antigüedad"[2].

Su "Espíritu mismo intercede por nosotros con gemidos indecibles". Cuando "la creación gime a una"[3], el corazón del Padre infinito gime porque se identifica con nosotros. Nuestro mundo es un vasto lazareto, un escenario de miseria al cual no nos atrevemos a dedicar siquiera nuestros pensamientos. Si nos diéramos cuenta exacta de lo que es, el peso sería demasiado aplastante. Sin embargo, Dios lo siente todo. Para destruir el pecado y sus consecuencias, dio a su Hijo amado y nos permite que, mediante la cooperación con él, terminemos con esta escena de miseria. "Y será predicado este evangelio del reino en todo el mundo, para testimonio a todas las naciones; y entonces vendrá el fin"[4].

"Id por todo el mundo y predicad el evangelio a toda criatura"[5], es la orden de Cristo a sus seguidores. No quiere decir esto que todos sean llamados a ser pastores o misioneros en el sentido común de la palabra; pero todos pueden ser colaboradores con él para dar las "buenas nuevas" a sus semejantes. Se da la orden a todos: grandes o chicos, instruidos o ignorantes, ancianos o jóvenes.

En vista de esta orden, ¿podemos educar a nuestros hijos para una vida de convencionalismo respetable, una vida de aparente cristianismo pero que carezca de la abnegación del Maestro, una vida para la cual el veredicto de Aquel que es la verdad sea: "No os conozco"?

Miles lo hacen. Piensan asegurar a sus hijos los beneficios del evangelio, mientras niegan su espíritu. Pero esto no es posible. Los que no aceptan el privilegio de la comunión con Cristo en el servicio, rechazan la única educación que podría capacitarlos para participar con él de la gloria; rechazan la preparación que en esta vida da fuerza y nobleza de carácter. Más de un padre y una madre que negaron sus hijos a la cruz de Cristo, se dieron cuenta demasiado tarde que de ese modo los entregaban al enemigo de Dios y el hombre. Sellaron su ruina, no tan solo para la vida futura, sino para la presente. La tentación los venció. Llegaron a ser una maldición para el mundo, y dolor y vergüenza para los que les dieron el ser.

Incluso cuando quieren prepararse para el servicio de Dios, muchos se desvían debido a los malos métodos de educación. Generalmente se considera la vida como formada por distintos períodos: el del aprendizaje, y el de la acción; el de la preparación y el de la realización. Se envía a los jóvenes a la escuela para que, con el conocimiento adquirido mediante el estudio de los libros, se preparen para una vida de servicio. Apartados de las responsabilidades de la vida diaria, se absorben en el estudio y con frecuencia pierden de vista su propósito. Muere el ardor de su temprana consagración y en muchos nace una ambición personal egoísta. Al graduarse, miles se encuentran fuera de contacto con la vida. Han tratado durante tanto tiempo con cosas abstractas y teóricas, que cuando todo el ser debe despertar para hacer frente a las luchas violentas de la vida real, se encuentran sin preparación. En vez de la obra noble que se habían propuesto, sus energías están siendo absorbidas en la lucha por la mera subsistencia. Después de repetidas desilusiones, con dificultades hasta para ganarse honradamente la vida, muchos se dejan arrastrar por procedimientos dudosos o criminales. Se priva al mundo del servicio que debió haber recibido, y a Dios, de las almas que anhelaba elevar, ennoblecer y honrar como representantes suyas.

Muchos padres se equivocan al establecer diferencias entre sus hijos cuando se trata de la educación. Hacen casi cualquier sacrificio para ofrecer todas las ventajas posibles a uno que parece inteligente y apto, pero no creen que esas mismas oportunidades sean necesarias para los menos promisorios. Se cree que poca educación basta para cumplir con las asignaciones comunes de la vida.

Pero, ¿quién es capaz de decidir entre un conjunto de niños cuál de ellos ha de llevar las responsabilidades más importantes? ¡Cuán a menudo se ha equivocado en esto el criterio humano! Recordemos el caso de Samuel cuando fue enviado a ungir a uno de los hijos de Isaí como rey de Israel. Desfilaron ante él siete jóvenes de aspecto noble. Al contemplar al primero, de rasgos hermosos, formas bien desarrolladas y porte principesco, el profeta exclamó: "¡De cierto delante de Jehová está su ungido!" Pero Dios le dijo: "No mires a su parecer, ni a lo grande de su estatura, porque yo lo desecho; porque Jehová mira no lo que mira el hombre; pues el hombre mira lo que está delante de sus ojos, pero Jehová mira el corazón". De los siete, el testimonio dado fue: "Jehová no ha elegido a estos"[6]. Y no se permitió al profeta cumplir su misión hasta que llamaron a David, que estaba cuidando el rebaño.

Los hermanos mayores, entre los cuales se encontraba el que Samuel había elegido, no poseían las cualidades que Dios consideraba esenciales en un dirigente de su pueblo. Orgullosos, egoístas, engreídos, fueron desechados para dar lugar al que consideraban despectivamente, al que había conservado la sencillez y la sinceridad de su juventud y que, aunque pequeño en su propio concepto, podía ser educado por Dios para llevar las responsabilidades del reino. Del mismo modo hoy, en más de un niño cuyos padres lo pasarían por alto, Dios ve aptitudes superiores a las que se manifiestan en otros a quienes se cree promisorios.

Y en cuanto a las posibilidades de la vida, ¿quién es capaz de decidir cuál es grande y cuál pequeña? ¡Cuántos obreros que ocupan lugares humildes en la vida, al crear factores de bendición para el mundo, han logrado resultados que los reyes envidiarían!

Reciba, pues, todo niño, educación para el más alto servicio. "Por la mañana siembra tu semilla, y a la tarde no dejes reposar tu mano; porque no sabes cuál es lo mejor, si esto o aquello, o si lo uno y lo otro es igualmente bueno"[7].

El lugar indicado para nosotros en la vida lo determinan nuestras aptitudes. No todos alcanzan el mismo desarrollo, ni hacen con igual eficacia el mismo trabajo. Dios no espera que el hisopo adquiera las proporciones del cedro, ni que el olivo alcance la altura de la majestuosa palmera. Pero todos debemos aspirar a la altura a que la unión del poder humano con el divino nos permita alcanzar.

Muchos no llegan a ser lo que debieran porque no emplean el poder que hay en ellos. No echan mano, como tienen que hacerlo, de la fuerza divina. Muchos se desvían de la actividad en la cual alcanzarían verdadero éxito. En procura de más honores, o de una tarea más agradable, intentan algo para lo cual no están preparados. Más de un hombre cuyos talentos se adaptan a una vocación determinada, desea ser profesional; y el que ha tenido éxito como agricultor, artesano o enfermero, ocupa inadecuadamente el puesto de pastor, abogado o médico. Hay otros que pudieron haber ocupado un puesto de responsabilidad, pero por falta de energía, aplicación o perseverancia, se conformaron con un puesto más fácil.

Es necesario que sigamos más estrictamente el plan de vida de Dios. Esmerarnos en hacer el trabajo que tenemos a mano, encomendar nuestros caminos a Dios y estar atentos a las indicaciones de su providencia, son reglas que aseguran el logro de una buena ocupación.

El que descendió del cielo para ser nuestro ejemplo pasó casi treinta años de su vida dedicado al trabajo manual común, pero durante ese tiempo estudió la Palabra y las obras de Dios, y ayudó y enseñó a todos los que estaban dentro de la esfera, de su influencia. Cuando empezó su ministerio público, anduvo sanando a los enfermos, consolando a los tristes y predicando el evangelio a los pobres. Esta es la obra de todos sus seguidores. "Sea el mayor entre vosotros como el más joven" dijo, "y el que dirige, como el que sirve. Porque [...] yo estoy entre vosotros como el que sirve"[8].

El amor y la lealtad a Cristo son la fuente de todo servicio verdadero. En el corazón conmovido por su amor nace el deseo de trabajar por él. Estimúlese y, diríjase correctamente ese deseo. Ya sea en el hogar, el vecindario o la escuela, la presencia del pobre, el afligido, el ignorante o el desventurado no debe ser considerada como una desgracia, sino como el medio de proveer una preciosa oportunidad para el servicio.

En esta obra, como en cualquiera otra, se adquiere pericia en el trabajo mismo. Se obtiene eficiencia por medio de la preparación en los trabajos comunes de la vida y al servir a los necesitados y dolientes. Sin esto, los esfuerzos más bien intencionados son con frecuencia inútiles y hasta perjudiciales. Los hombres aprenden a nadar en el agua y no en la tierra.

Otra obligación, considerada ligeramente con demasiada frecuencia, que debe explicarse a los jóvenes despiertos con respecto a las exigencias de Cristo, es la que tiene que ver con su relación con la iglesia.

La relación de Cristo y su iglesia es muy íntima y sagrada; él es el esposo y la iglesia la esposa; él la cabeza, y la iglesia el cuerpo. La relación con Cristo entraña, pues, la relación con su iglesia.

Esta ha sido organizada para servir; y en una vida de servicio a Cristo la relación con la iglesia es uno de los primeros pasos que hay que dar. La lealtad a Jesús exige la ejecución fiel de los deberes impuestos por la iglesia. Esta es una parte importante de nuestra preparación, y una iglesia imbuida de la vida del Maestro guiará decididamente a sus miembros a realizar un esfuerzo en beneficio del mundo exterior.

Hay muchas actividades en las cuales los jóvenes pueden encontrar la oportunidad de realizar tareas útiles. Organícense en grupos para el servicio cristiano, y la cooperación será para ellos una ayuda y un estímulo. Si los padres y maestros se interesan en la obra de los jóvenes, podrán ofrecerles el beneficio de su experiencia y ayudarles para que sean sus esfuerzos eficaces para el bien.

El trato despierta compañerismo y esta es la base del servicio eficaz. Para despertar en los niños y jóvenes interés y un espíritu de sacrificio en favor de los millones que sufren en los países distantes, familiaríceselos con ellos y sus habitantes. En este sentido, nuestras escuelas pueden hacer mucho. En vez de hablar tanto de las hazañas de los Alejandros y Napoleones de la historia, estudien los niños las vidas de hombres como el apóstol Pablo y Martín Lutero, Moffat, Livingstone y Carey, y la historia actual del esfuerzo misionero que diariamente se va desarrollando. En vez de recargar la memoria con una sucesión de nombres y teorías que no tienen importancia para sus vidas, y a los cuales, una vez fuera del aula, rara vez dedican un pensamiento, estudien todos los países a la luz del esfuerzo misionero y familiarícense con esos pueblos y sus necesidades.

En esta etapa final de la tarea de predicar el evangelio hay un vasto campo que ocupar y, más que nunca antes, la obra debe alistar ayudantes de entre el común del pueblo. Tanto jóvenes como mayores serán llamados del campo, del viñedo y del taller, y enviados por el Maestro para dar su mensaje. Muchos de ellos habrán tenido pocas oportunidades de educarse, pero Cristo ve en ellos cualidades que los capacitarán para cumplir su propósito. Si hacen el trabajo con todo el corazón y siguen aprendiendo, Cristo los capacitará a fin de que puedan trabajar para él.

El que conoce la profundidad de la miseria y la desesperación del mundo, conoce los medios para aliviarlas. Ve por todas partes almas en tinieblas, abrumadas por el pecado, el color y la pena. Pero también ve sus posibilidades; ve la altura adonde pueden llegar. Aunque los seres humanos han abusado de su misericordia, han malgastado sus talentos y han perdido la dignidad de una condición humana semejante a la de Dios, el Creador va a ser glorificado por su redención.

Cristo confía la responsabilidad de trabajar por estos necesitados que se encuentran en los lugares más toscos de la tierra, a los que pueden compadecerse del ignorante y del extraviado. Estará presente para ayudar a los de corazón sensible a la piedad, aunque sus manos sean rudas y torpes. Trabajará por medio de los que pueden ver misericordia en el dolor y ganancia en la pérdida. Cuando pasa la Luz del mundo, se descubre un privilegio en las dificultades, orden en la confusión, éxito en el aparente fracaso. Se ven en las calamidades bendiciones disfrazadas; en los dolores, misericordias. Los obreros provenientes del pueblo común, que comparten las penas de sus semejantes como su Maestro compartió las de toda la especie humana, lo verán, por medio de la fe, trabajar junto a ellos.

"Cercano está el día grande de Jehová, cercano y muy próximo"[9]. ¡Tenemos un mundo que amonestar!

Con una preparación como la que pueden obtener, miles y miles de jóvenes y adultos deben estar entregándose a esta obra. Muchos corazones responden ya al llamamiento del Artífice Maestro, y su número aumentará. Preste todo educador cristiano compañerismo y cooperación a tales obreros. Anime y ayude a los jóvenes que están bajo su cuidado a obtener la preparación necesaria para unirse a las filas de los obreros.

No hay tarea en la que sea posible a los jóvenes recibir mayor beneficio. Todos los que se ocupan en el ministerio constituyen la mano ayudadora de Dios. Colaboran con los ángeles, o más bien, son los instrumentos humanos por medio de los cuales aquellos llevan a cabo su misión. Los ángeles hablan por medio de sus voces y trabajan por medio de sus manos. Y los obreros humanos, al cooperar con los agentes celestiales, reciben el beneficio de su educación y su experiencia. Como medio educativo, ¿qué "curso universitario" puede igualar a este?

Con semejante ejército de obreros como el que nuestros jóvenes, bien preparados, podrían proveer, ¡cuán pronto se proclamaría a todo el mundo el mensaje de un Salvador crucificado, resucitado y próximo a venir! ¡Cuán pronto vendría el fin, el fin del sufrimiento, del dolor y del pecado! ¡Cuán pronto recibirían nuestros hijos, en vez de una posesión aquí, marchita por el pecado y el dolor, una herencia donde "los justos heredarán la tierra, y vivirán para siempre sobre ella"; donde "no dirá el morador: Estoy enfermo"; y "nunca más se oirán en ella voz de lloro"[10].

---

[1] Ester 4:14.

[2] Jueces 10:16; Isaías 63:9.

[3] Romanos 8:26, 22.

[4] Mateo 24:14.

[5] Marcos 16:15.

[6] 1 Samuel 16:6. 7, 10.

[7] Eclesiastés 11:6.

[8] Lucas 22:26, 27.

[9] Sofonías 1:14.

[10] Salmos 37:29; Isaías 33:24; 65:19.

El maestro subalterno

"Como me envió el Padre, así también yo os envío". Juan 20:21.

Capítulo 32—La preparación necesaria

"Procura con diligencia presentarte a Dios aprobado". *2 Timoteo 2:15.*

El primer maestro del niño es la madre. En las manos de ella se concentra en gran parte su educación durante el período de mayor sensibilidad y más rápido desarrollo. A ella se da en primer lugar la oportunidad de amoldar su carácter para bien o para mal. Ella debería apreciar el valor de esa oportunidad y, más que cualquier otro maestro, debería estar preparada para usarla de la mejor manera posible. Sin embargo, no hay otro ser a cuya educación se preste tan poca atención. La persona cuya influencia en materia de educación es más poderosa y abarcante, es la que recibe menos preparación sistemática.

Aquellos a quienes se confía el cuidado del niñito desconocen a menudo sus necesidades físicas; poco saben de las leyes de la salud o de los principios relativos al desarrollo. Tampoco están mejor preparados para atender su desenvolvimiento mental y espiritual. Pueden poseer cualidades que les permitan actuar bien en los negocios o brillar en sociedad; pueden haber hecho progresos en la literatura y la ciencia; pero saben poco de la educación de un niño. Se debe principalmente a esta falla, en especial al descuido en los comienzos del desarrollo físico, el hecho de que una gran proporción de los miembros de la especie humana muera en la infancia, y de que entre los que llegan a la madurez haya tantos para quienes la vida es una carga.

Sobre los padres y las madres descansa la responsabilidad de la primera educación del niño, como asimismo de la ulterior, y por eso ambos padres necesitan urgentemente una preparación cuidadosa y cabal. Antes de aceptar las responsabilidades de la paternidad y la maternidad, los hombres y las mujeres necesitan familiarizarse con las leyes del desarrollo físico: con la fisiología y la higiene, con la importancia de las influencias prenatales, con las leyes que rigen la herencia, la salud, el vestido, el ejercicio y el tratamiento de las enfermedades; han de comprender también las leyes del desarrollo mental y de la educación moral.

El Ser infinito consideró tan importante la obra de la educación, que desde su trono envió mensajeros para que respondieran la pregunta de una futura madre: "¿Cómo debe ser la manera de vivir del niño, y qué debemos hacer con él?"[1], e instruir a un padre en cuanto a la educación de un hijo prometido.

La educación nunca logrará lo que podría y debería llevar a cabo, hasta que se reconozca plenamente el trabajo de los padres y estos reciban una preparación que los capacite para desempeñar sus sagradas responsabilidades.

Se admite universalmente la necesidad de la educación preparatoria del maestro; pero pocos reconocen el carácter de la preparación más esencial. El que aprecia la responsabilidad implícita en la educación de la juventud, se dará cuenta de que no es suficiente la instrucción literaria y científica. El maestro debe tener una educación más amplia que la que se obtiene por medio del estudio de los libros. Tiene que poseer no solo fuerza, sino amplitud de mente; no tan solo un alma íntegra, sino también un gran corazón.

Solo el que creó la mente y formuló sus leyes puede comprender perfectamente sus necesidades o dirigir su desarrollo. Los principios de la educación que él ha dado constituyen la única guía segura. Una cualidad esencial para todo maestro es el conocimiento de estos principios y que los haya aceptado de tal manera que sean un poder dominante en su propia vida.

La experiencia en la vida práctica es indispensable. El orden, la prolijidad, la puntualidad, el dominio propio, el genio alegre, la invariabilidad de disposición, la abnegación, la integridad y la cortesía, son cualidades esenciales.

Por lo mismo que hay tanta bajeza, y tanta impostura rodea a los jóvenes, hay una gran necesidad de que las palabras, el comportamiento y la conducta del maestro representen lo elevado y lo verdadero. Los niños son perspicaces para descubrir la hipocresía o cualquier otra debilidad o defecto. No hay para el maestro otro modo de conquistar el respeto de sus alumnos que el de revelar en su propio carácter los principios que trata de enseñarles. Únicamente al hacerlo, mientras se relaciona diariamente con ellos, puede ejercer una influencia benéfica y permanente sobre ellos.

En cuanto a casi todas las demás cualidades que contribuyen a su buen éxito, el maestro depende en gran manera de su fortaleza física. Cuanto mejor sea su salud, mejor será su trabajo.

Tan agotadoras son sus responsabilidades, que se requiere de su parte un esfuerzo especial para conservar la salud y la lozanía. A menudo se siente descorazonado y mentalmente fatigado, con una tendencia casi irresistible a la depresión, la indiferencia y la irritabilidad. No solo tiene el deber de resistir esos estados de ánimo, sino de evitar su causa. Necesita conservar el corazón puro, afable, confiado y lleno de amor. A fin de estar siempre tranquilo, firme y animado, necesita conservar la fuerza mental y nerviosa.

Puesto que en su tarea la calidad es tanto más importante que la cantidad, debe evitar el exceso de trabajo, el tratar de hacer demasiadas cosas, el aceptar otras responsabilidades que lo incapacitan para su trabajo, y el dedicarse a entretenimientos y actividades sociales más agotadoras que restauradoras.

El ejercicio al aire libre, especialmente el que se hace al realizar un trabajo útil, es uno de los mejores medios de recreación para el cuerpo y la mente, y el ejemplo del maestro inspirará en sus alumnos interés y respeto por el trabajo manual.

Una vida de continuo desarrollo

En toda actividad el maestro ha de practicar escrupulosamente los principios relativos a la salud. No solamente debe hacerlo por causa de la relación que esto tiene con su propia utilidad, sino también por causa de su influencia sobre los alumnos. Necesita ser sobrio en todas las cosas: Un ejemplo en el régimen alimentario, el vestido, el trabajo y la recreación.

Con la salud física y la rectitud de carácter deben combinarse amplios conocimientos intelectuales. Cuanto más conocimiento verdadero posea el maestro, mejor hará su trabajo. El aula no es lugar para hacer un trabajo superficial. Ningún maestro que se satisfaga con un conocimiento superficial alcanzará un grado elevado de eficiencia.

Pero la utilidad del maestro no depende tanto de su caudal de conocimientos como del nivel que se propone alcanzar. El verdadero maestro no se contenta con pensamientos indefinidos, una mente indolente o una memoria inactiva. Trata constantemente de progresar más y aplicar mejores métodos. Su vida es de continuo desarrollo. En el trabajo de semejante maestro hay una frescura y un poder vivificante que despierta e inspira a los alumnos.

El maestro debe ser apto para su trabajo. Tiene que tener la sabiduría y el tacto necesarios para manejar las mentes. Por grande que sea su conocimiento científico, por excelentes que sean sus cualidades en otros ramos, si no logra conquistar el respeto y la confianza de sus alumnos, sus esfuerzos serán vanos.

Se necesitan maestros perspicaces para descubrir y aprovechar toda oportunidad de hacer bien; maestros que al entusiasmo unan la verdadera dignidad; que sean capaces de dominar y "aptos para enseñar"; que inspiren pensamientos, despierten energía e impartan valor y vida.

Las oportunidades de un maestro pueden haber sido limitadas, de modo que no haya logrado acumular tantos conocimientos como hubiera querido; sin embargo, si sabe incursionar en el interior de la naturaleza humana; si siente amor sincero por su trabajo, si aprecia su magnitud y está decidido a mejorar, si está dispuesto a trabajar afanosa y perseverantemente, comprenderá las necesidades de los alumnos y, mediante su espíritu comprensivo y progresista, despertará en ellos el deseo de seguirlo mientras trata de guiarlos por el camino ascendente.

Los niños y jóvenes que el maestro tiene a su cargo difieren grandemente unos de otros en carácter, hábitos y educación. Algunos no tienen propósito definido ni principios establecidos. Necesitan que se los despierte para que comprendan sus responsabilidades y posibilidades. Pocos son los niños que han sido correctamente educados en el hogar. Algunos han sido los mimados de la casa. Toda su educación ha sido superficial. Por habérseles permitido seguir su inclinación y evitar las responsabilidades y los quehaceres, carecen de estabilidad, perseverancia y abnegación. Consideran a menudo toda disciplina como una restricción innecesaria. Otros han sido censurados y desanimados. La restricción arbitraria y la rudeza han desarrollado en ellos la obstinación y la rebeldía. Si estos caracteres deformados han de ser remodelados, en la mayoría de los casos el maestro debe hacer ese trabajo. Para poder hacerlo con éxito, necesita poseer el amor y la perspicacia que lo capaciten para descubrir la causa de las faltas y los errores que se manifiestan en sus alumnos. También debe poseer el tacto, la habilidad, la paciencia y la firmeza que le permitan prestar a cada uno la ayuda necesaria; a los vacilantes y amantes de la comodidad, el ánimo y el auxilio que sean un estímulo para su esfuerzo; a los desalentados, el compañerismo y el aprecio que creen confianza y estimulen el esfuerzo.

Características del maestro

Con frecuencia los maestros no tienen mucho trato social con los alumnos. Manifiestan muy poca simpatía y ternura, y en cambio les sobra la dignidad que caracteriza al juez severo. Aunque el maestro ha de ser firme y decidido, no debe ser exigente ni despótico. Ser rudo y censurador, mantenerse por encima de los alumnos y tratarlos indiferentemente, equivale a cerrar los caminos por medio de los cuales podría influir sobre ellos para bien.

En ninguna circunstancia el maestro debe manifestar parcialidad. Favorecer al alumno simpático y atrayente, y asumir una actitud de crítica, impaciencia y severidad hacia los que más necesitan motivación y ayuda, indica que se tiene un concepto totalmente erróneo de la obra del maestro. El carácter se prueba en el trato con los deficientes e insoportables; y en eso se conoce si el maestro es realmente apto o no para desempeñar su puesto.

Grande es la responsabilidad de los que se encargan de guiar un alma humana. Los padres sinceros lo consideran como un cargo del cual nunca se librarán totalmente. En la vida del niño, desde el primer día hasta el último, se manifiesta el poder de ese lazo que lo liga al corazón de los padres; las acciones, las palabras, hasta la mirada de ellos forman al niño para bien o para mal.

El maestro comparte esa responsabilidad y necesita percatarse constantemente de la santidad de ella y mantener en vista el propósito de su trabajo. No tan solo ha de desempeñar las tareas diarias para agradar a quienes patrocinan la escuela y mantener la reputación de esta; debe considerar el mayor bien de sus alumnos como individuos, los deberes que la vida les va a imponer, el servicio que les requerirá y la preparación que les demandará. La obra que hace día tras día ejercerá sobre sus alumnos—y por medio de estos a otros—, una influencia que no cesará de extenderse y fortalecerse hasta el fin del tiempo. En aquel gran día cuando se revisen ante Dios todas las palabras y todos los hechos, recibirá los frutos de su trabajo.

El maestro que comprenda esto no considerará completa su obra cuando haya terminado la rutina diaria de las clases y los alumnos no estén por un tiempo bajo su cuidado directo. Los llevará en su corazón. El objeto constante de su estudio y su esfuerzo será la forma de asegurar para ellos la norma más elevada que puedan alcanzar.

Promesas maravillosas

El que ve las oportunidades y los privilegios de su trabajo no permitirá que nada se interponga en el camino del esfuerzo ferviente por mejorar. No escatimará sacrificios para alcanzar el dechado más elevado de excelencia. Se esforzará por ser todo lo que desea que lleguen a ser sus alumnos.

Cuanto más profundo sea el sentido de responsabilidad y más ferviente el esfuerzo del maestro por perfeccionarse, más claramente percibirá y más profundamente lamentará los defectos que le impiden ser más útil. Al contemplar la magnitud de su obra, sus dificultades y posibilidades, con frecuencia su corazón exclamará: "¿Quién es suficiente para estas cosas?"

Amados maestros, cuando consideréis vuestra necesidad de fuerza y dirección, necesidad que ninguna fuente humana puede suplir, os ruego que penséis en las promesas de Aquel que es un maravilloso Consejero.

"He aquí—dice—, he puesto delante de ti una puerta abierta, la cual nadie podrá cerrar"[2].

"Clama a mí, y yo te responderé". "Te haré entender, y te enseñaré el camino en que debes andar; sobre ti fijaré mis ojos"[3].

"He aquí yo estoy con vosotros todos los días, hasta el fin del mundo"[4].

Como la preparación más elevada para vuestro trabajo os aconsejo las palabras, la vida y los métodos del Príncipe de los maestros. Os ruego que lo consideréis. Él es vuestro verdadero ideal. Contempladlo, meditad en él, hasta que el Espíritu del Maestro divino tome posesión de vuestro corazón y vuestra vida.

"Por tanto, nosotros todos, mirando a cara descubierta como en un espejo la gloria del Señor, somos transformados de gloria en gloria en la misma imagen"[5].

Este es el secreto de la influencia que podéis ejercer sobre vuestros alumnos. Reflejad a Cristo.

[1] Jueces 13:12.
[2] Apocalipsis 3:8.
[3] Jeremías 33:3; Salmos 32:8.
[4] Mateo 28:20.
[5] 2 Corintios 3:18.

Capítulo 33—La cooperación

"Somos miembros los unos de los otros". Efesios 4:25.

En la formación del carácter, ninguna influencia cuenta tanto como la del hogar. La obra del maestro debería complementar la de los padres, pero no ocupar su lugar. En todo lo que se refiere al bienestar del niño, los padres y maestros deberían esforzarse por cooperar.

La cooperación tiene que empezar con los padres en el hogar. Comparten la responsabilidad de la educación de los niños y han de esforzarse constantemente por actuar juntos. Entréguense a Dios y pídanle ayuda para apoyarse mutuamente. Enseñen a sus hijos a ser fieles al Señor, a los principios, a sí mismos y a todos aquellos con quienes se relacionan. Con semejante educación, los niños, una vez enviados a la escuela, no serán causa de disturbios o ansiedad. Serán una ayuda para sus maestros y un ejemplo y motivación para sus compañeros.

No es probable que los padres que imparten esta educación critiquen al maestro. Piensan que tanto el interés de sus hijos como la justicia hacia la escuela exigen que, tanto como sea posible, apoyen y respeten a aquel que comparte su responsabilidad.

En esto fallan muchos padres. Con su crítica precipitada y sin fundamento, a menudo destruyen completamente la influencia del maestro fiel y abnegado. Muchos padres, cuyos hijos han sido echados a perder por la complacencia, dejan al maestro la desagradable tarea de reparar las consecuencias de su descuido y luego, con su proceder, influyen para que su tarea sea casi desesperada. Su crítica y su censura de la administración de la escuela fomentan la insubordinación en los niños, y los apoyan en sus malos hábitos.

Si llegan a ser necesarias la crítica o algunas sugerencias en cuanto al trabajo del maestro, deberían indicársele en privado. Si esto no da resultado, preséntese el asunto a los responsables de la dirección de la escuela. No se debe decir ni hacer nada que debilite el respeto de los niños hacia aquel de quien depende en gran manera su bienestar.

Será de gran ayuda para el maestro que se le comunique toda la información que los padres tienen del carácter de los niños y de sus peculiaridades o debilidades físicas. Es de lamentar que sean tantos los que no comprenden esto. La mayoría de los padres se interesan poco en informarse de las cualidades del maestro o en cooperar con él en su trabajo.

Puesto que estos se familiarizan rara vez con el maestro, es tanto más importante que este trate de relacionarse con los padres. Es necesario que visite los hogares de los alumnos y conozca el ambiente y las influencias en medio de los cuales viven. Al relacionarse personalmente con sus hogares y vidas, puede fortalecer los lazos que lo unen a sus alumnos y aprender la forma de tratar más eficazmente con sus diferentes temperamentos e inclinaciones.

Al interesarse en la educación del hogar, el maestro imparte un doble beneficio. Muchos padres, entregados de lleno al trabajo y las ocupaciones, pierden de vista sus oportunidades para influir positivamente en la vida de sus hijos. El maestro puede hacer mucho para despertar en los padres el sentimiento de sus posibilidades y privilegios. Hallará otros para quienes, por la ansiedad que tienen de que sus hijos sean hombres y mujeres buenos y útiles, el sentimiento de su responsabilidad ha llegado a ser una carga pesada. Con frecuencia el maestro puede ayudar a estos padres a llevar su carga y, al tratar juntos los asuntos relacionados con sus hijos, tanto el maestro como los padres se sentirán animados y fortalecidos.

En la educación que reciben los jóvenes en el hogar, él principio de la cooperación es valiosísimo. Desde los primeros años debería hacerse sentir a los niños que son una parte de esa empresa que es la casa. Hasta a los pequeñuelos hay que enseñarles a compartir el trabajo diario y hacerles sentir que su ayuda es necesaria y apreciada. Los mayores deberían ser los ayudantes de sus padres, y participar en sus planes, responsabilidades y preocupaciones. Dediquen tiempo los padres a la enseñanza de sus hijos, háganles ver que aprecian su ayuda, desean su confianza y se gozan en su compañía, y los niños no serán tardos en responder. No solo se aliviará la carga de los padres y recibirán los niños una preparación práctica de inestimable valor, sino que se fortalecerán los lazos del hogar y se harán más profundos los propios cimientos del carácter.

La cooperación debe ser el espíritu del aula, la ley de su vida. El maestro que logra la cooperación de sus alumnos se asegura su valiosa ayuda para mantener el orden. En el servicio prestado en el aula, más de un muchacho cuya inquietud conduce al desorden y la insubordinación, hallará salida para su exceso de energía. Ayuden los mayores a los menores, los fuertes a los débiles y, en cuanto sea posible, llámese a cada uno a hacer algo en lo cual sobresalga. Esto impulsará el respeto propio y el deseo de ser útil.

Sería de beneficio para los jóvenes, lo mismo que para los padres y maestros, estudiar la lección de cooperación que enseñan las Escrituras. Entre sus muchas ilustraciones, nótese la de la edificación del tabernáculo—ilustración de la formación del carácter—, en la cual se unió todo el pueblo, a "quien su corazón impulsó, y todo aquel a quien su espíritu le dio voluntad"[1]. Léase cómo fue construido el muro de Jerusalén por los cautivos que volvieron a la ciudad, en medio de la pobreza, las dificultades y el peligro, llevándose a cabo con éxito la gran tarea, porque "el pueblo tuvo ánimo para trabajar"[2]. Considérese la parte que tuvieron los discípulos en el milagro que hizo el Salvador para alimentar a la multitud. El alimento se multiplicó en las manos de Cristo, pero los discípulos recibieron los panes y los repartieron entre la gente que esperaba.

"Somos miembros los unos de los otros"[3]. "Cada uno según el don que ha recibido, minístrelo a los otros, como buenos administradores de la multiforme gracia de Dios"[4].

Bien podrían adoptar como lema los constructores de carácter de nuestros días, las palabras escritas en relación a los constructores de ídolos de antaño:

"Cada cual ayudó a su vecino, y a su hermano dijo: ¡Esfuérzate!"[5]

---

[1]Éxodo 35:21.

[2]Nehemías 4:6.

[3]Efesios 4:25.

[4]1 Pedro 4:10.

[5]Isaías 41:6.

Capítulo 34—La disciplina

"Redarguye, reprende, exhorta con toda paciencia y doctrina". 2 Timoteo 4:2.

Una de las primeras lecciones que necesita aprender el niño es la obediencia. Se le debe enseñar a obedecer antes de que tenga edad suficiente para razonar. El hábito debería establecerse mediante un esfuerzo suave y persistente. De ese modo se pueden evitar, esos conflictos posteriores entre la voluntad y la autoridad que tanto influyen para crear desapego y amargura hacia los padres y maestros, y con demasiada frecuencia resistencia a toda autoridad, humana y divina.

El propósito de la disciplina es educar al niño para que se gobierne solo. Se le debería enseñar la confianza en sí mismo y el dominio propio. Por lo tanto, tan pronto como sea capaz de comprender, se debería lograr que su razón esté de parte de la obediencia. Procúrese, al tratarlo, que él vea que la obediencia es justa y razonable. Ayúdesele a ver que todas las cosas están sujetas a leyes y que la desobediencia conduce, al fin, al desastre y el sufrimiento. Cuando Dios prohíbe algo nos amonesta, en su amor, contra las consecuencias de la desobediencia, a fin de salvarnos de daños y pérdidas.

Hay que ayudar al niño a comprender que los padres y los maestros son representantes de Dios, y que al actuar en armonía con él las leyes que imponen en el hogar y en la escuela también son divinas. Así como el niño debe obediencia a los padres y maestros, estos a su vez han de prestar obediencia a Dios.

Tanto los padres como el maestro tienen que estudiar la forma de orientar el desarrollo del niño sin estorbarlo mediante un control inadecuado. Tan malo es el exceso de órdenes como la falta de ellas. El esfuerzo por "quebrantar la voluntad" del niño es una gran equivocación. No hay una mente que sea igual a otra. Aunque la fuerza puede asegurar la sumisión aparente de algunos niños, el resultado, en el caso de muchos, es una rebelión aún más decidida del corazón. El hecho de que el padre o el maestro lleguen a ejercer el "control" que pretenden, no quiere decir que el resultado sea menos perjudicial para el niño. La disciplina de un ser humano que ha llegado a la edad del desarrollo de la inteligencia debe ser distinta de la que se aplica para domar a un animal. Al animal solamente se le enseña sumisión a su amo. Para él el amo es mente, criterio y voluntad. Este método, empleado a veces en la educación de los niños, hace de ellos meros autómatas. La mente, la voluntad y la conciencia están bajo el dominio de otro. No es el propósito de Dios que se sojuzgue así ninguna mente. Los que debilitan o destruyen la individualidad de otras personas, emprenden una tarea que nada más puede dar malos resultados. Mientras están sujetos a la autoridad, los niños pueden parecer soldados bien disciplinados. Pero cuando cesa ese dominio exterior, se descubre que el carácter carece de fuerza y firmeza. Como no aprendió jamás a gobernarse, el joven no reconoce otra sujeción fuera de la impuesta por sus padres o su maestro. Cuando esta desaparece, no sabe cómo usar su libertad, y a menudo se entrega a placeres que dan como resultado la ruina.

Puesto que la sumisión de la voluntad es mucho más difícil para unos alumnos que para otros, el maestro debe facilitar tanto como sea posible la obediencia a sus órdenes. Ha de guiar y amoldar la voluntad, pero no desconocerla ni aplastarla. Ahórrese la fuerza de la voluntad; será necesaria en la batalla de la vida.

La verdadera fuerza de voluntad

Todo niño debe comprender la verdadera fuerza de la voluntad. Se le tiene que hacer ver cuán grande es la responsabilidad que implica este don. La voluntad es el poder que gobierna en la naturaleza del hombre, el poder de decisión o elección. Todo ser humano que razone tiene la facultad de escoger lo recto. En toda vicisitud de la vida la Palabra de Dios nos dice: "Escogeos hoy a quién sirváis"[1]. Todos pueden poner su voluntad de parte de la de Dios, escoger obedecerle y así, al relacionarse con los instrumentos divinos, mantenerse donde nada pueda forzarlos a realizar el mal. En todo joven y en todo niño hay poder para formar, con la ayuda de Dios, un carácter íntegro y vivir una vida útil.

El padre o el maestro que, por medio de esta instrucción, enseña al niño a dominarse, será de mucha utilidad y siempre tendrá éxito. Tal vez su obra no parezca muy provechosa al observador superficial; tal vez no sea tan apreciada como la del que tiene la mente y la voluntad del niño bajo el dominio de una autoridad absoluta; pero los años venideros mostrarán el resultado del mejor método de educación.

El educador sabio, al tratar con sus alumnos, procurará estimular la confianza y fortalecer el sentido del honor. La confianza que se tiene en los jóvenes y niños los beneficia. Muchos, hasta entre los pequeños, poseen un elevado concepto del honor; todos desean ser tratados con confianza y respeto y tienen derecho a ello. No debería hacérseles sentir que no pueden salir o entrar sin que se los vigile. La sospecha desmoraliza y produce los mismos males que trata de impedir. En vez de vigilar continuamente, como si sospecharan el mal, los maestros que están en contacto con sus alumnos se darán cuenta de las actividades de una mente inquieta y pondrán en juego influencias que contrarresten el mal. Hágase sentir a los jóvenes que se les tiene confianza y pocos serán los que no traten de mostrarse dignos de ella.

Es mejor pedir que ordenar

Según el mismo principio, es mejor pedir que ordenar; así se da oportunidad a la persona a quien uno se dirige de mostrarse fiel a los principios justos. Su obediencia es más bien resultado de su propia decisión que de la obligación.

En todo lo posible, las reglas que rigen en el aula deberían representar la voz de la escuela. Es necesario presentar de tal modo al alumno todo principio implícito en ellas, que se convenza de su justicia. De ese modo se sentirá responsable de que se obedezcan las leyes que él mismo ayudó a formular.

Las reglas no deberían ser muy numerosas, pero sí bien meditadas; y una vez promulgadas, hay que aplicarlas. La mente aprende a reconocer y adaptarse a todo lo que le resulte imposible de cambiar; por el contrario, la posibilidad de que haya lenidad despierta el deseo, la esperanza y la incertidumbre, y los resultados son la inquietud, la irritabilidad y la insubordinación.

Hay que explicar que el gobierno de Dios no reconoce transigencias con el mal. Ni en el hogar ni en la escuela se debe tolerar la desobediencia. Ningún padre ni maestro que desee sinceramente el bienestar de los que están a su cuidado, transigirá con la voluntad terca que desafíe a la autoridad o recurra al subterfugio o la evasiva con el fin de no obedecer. No es el amor, sino el sentimentalismo el que se complace con el mal, trata de obtener obediencia por medio de ruegos o sobornos, y finalmente acepta algún sustituto en vez de lo que exigía.

"Los necios se burlan del pecado"[2]. Debemos cuidar de no tratar al pecado como algo sin importancia. Es terrible su poder sobre el transgresor. "Apresarán al malvado sus propias iniquidades, y retenido será con las ligaduras de su pecado"[3]. El mayor mal que se le puede hacer a un joven o a un niño es el de permitirle que se someta a la esclavitud de un hábito malo.

Los jóvenes poseen un amor innato a la libertad: La desean. Y necesitan comprender que la única manera de gozar esa bendición inestimable consiste en obedecer la ley de Dios. Esa ley preserva la verdadera libertad. Señala y prohíbe lo que degrada y esclaviza, y de ese modo proporciona al obediente protección contra el poder del mal.

El salmista dice: "Y andaré en libertad, porque busqué tus mandamientos". "Pues tus testimonios son mis delicias, y mis consejeros"[4].

La censura no reforma

En los esfuerzos que hacemos por corregir el mal, necesitamos guardarnos contra la tendencia a la crítica o la censura. Esta, si se repite incesantemente, aturde, pero no reforma. Para muchas mentes, y con frecuencia para las dotadas de una sensibilidad más delicada, una atmósfera de crítica hostil es fatal para el esfuerzo. Las flores no se abren bajo el soplo del ventarrón.

El niño a quien se censura frecuentemente por alguna falta especial, la llega a considerar como peculiaridad suya, algo contra lo cual es en vano luchar. Así se da origen al desaliento y la desesperación que a menudo están ocultos bajo una aparente indiferencia o fanfarronería.

Únicamente se logra el verdadero objetivo de la reprensión cuando se guía al transgresor a ver su falta y se prepara su voluntad para su corrección. Obtenido esto, indíquesele la fuente del perdón y el poder. Trátese de que conserve el respeto propio e inténtese inspirarle valor y esperanza.

Esta obra es la más hermosa y difícil que haya sido confiada a los seres humanos. Requiere tacto y sensibilidad delicadísimos, conocimiento de la naturaleza humana, fe y paciencia divinas, dispuestas a obrar, velar y esperar. Nada puede ser más importante que esta obra.

Los frutos del dominio propio

Los que desean dominar a otros deben primero dominarse a sí mismos. Si se trata airadamente a un niño o joven, solo se provocará su resentimiento. Cuando un padre o un maestro se impacienta, y corre peligro de hablar imprudentemente, es mejor que guarde silencio. En este hay un poder maravilloso.

El maestro ha de tener en cuenta que va a encontrar naturalezas perversas y corazones endurecidos. Pero al tratar con ellos, nunca debe olvidar que él también fue niño y necesitó disciplina. Aun siendo adulto, y poseyendo las ventajas de la edad, la educación y la experiencia, yerra a menudo y necesita misericordia y tolerancia. Al educar a los jóvenes debe considerar que trata con personas que tienen inclinaciones al mal semejantes a las suyas. Tienen que aprender casi todas las cosas y para algunos es mucho más difícil aprender que para otros. Necesita tratar pacientemente al alumno torpe, no censurar su ignorancia, sino aprovechar toda oportunidad para animarlo. Con los alumnos muy sensibles y nerviosos debe proceder con mucha ternura. La sensación de sus propias imperfecciones debe moverlo constantemente a manifestar compañerismo y tolerancia hacia los que también tienen que luchar con dificultades.

La regla del Salvador: "Y como queréis que hagan los hombres con vosotros, así también haced vosotros con ellos"[5], tiene que ser adoptada por todos los que emprenden la educación de los niños y jóvenes. Son ellos los miembros más jóvenes de la familia del Señor, herederos, como nosotros, de la gracia de la vida. Se debe observar sagradamente la regla del Señor en el trato con los más torpes, los más jóvenes, los más desatinados, y hasta para con los extraviados y rebeldes.

Esta regla guiará al maestro a evitar, en todo lo posible, el hacer públicas las faltas o los errores de un alumno. Tratará de evitar reprender o castigar en presencia de otros. No expulsará a un alumno antes de haber hecho todo esfuerzo posible para reformarlo. Pero cuando resulta evidente que el alumno no recibe beneficio, y que en cambio su desafío o indiferencia por la autoridad tiende a derribar el gobierno de la escuela, y su influencia contamina a otros, es necesario expulsarlo. Sin embargo, en muchos casos la vergüenza de la expulsión pública puede conducir a la apatía absoluta y a la ruina. En la mayoría de los casos en que la expulsión es inevitable, no hay por qué dar publicidad al asunto. Con la cooperación y el consejo de los padres, arregle el maestro en privado el retiro del alumno.

Toda escuela una ciudad de refugio

En esta época de especial peligro para los jóvenes, la tentación los rodea por todas partes, y así como es fácil dejarse llevar por la corriente, se requiere un gran esfuerzo para ir contra ella. Toda escuela debería ser una "ciudad de refugio" para el joven tentado, un lugar donde se traten paciente y prudentemente sus debilidades. Los maestros que comprenden sus responsabilidades quitarán de su propio corazón y su vida todo lo que les impida tener éxito en el trato con los tercos y desobedientes. En todo momento, el amor y la ternura, la paciencia y el dominio propio deben constituir la ley de su lenguaje. La justicia tiene que ir mezclada con la misericordia y la compasión. Cuando sea necesario reprender, su lenguaje no debe ser exagerado sino humilde. Con suavidad han de mostrar al transgresor sus errores y ayudarlo a corregirse. Todo verdadero maestro debería creer que, si ha de errar, es mejor errar del lado de la misericordia que del de la severidad.

Muchos jóvenes a quienes se cree incorregibles no son de corazón tan duro como parecen. Mediante una sabia disciplina, se puede ganar a muchos que se consideran casos desesperados. Estos son con frecuencia los que más rápidamente ceden a la influencia de la bondad. Conquiste el maestro la confianza del tentado, y al reconocer y desarrollar lo bueno que hay en su carácter, podrá, en muchos casos, corregir el mal sin llamar la atención.

Su amor no se enfría

El Maestro divino soporta a los que yerran, a pesar de toda la perversidad de ellos. Su amor no se enfría; sus esfuerzos para conquistarlos no cesan. Espera con los brazos abiertos para dar repetidas veces la bienvenida al extraviado, al rebelde y hasta al apóstata. Su corazón se conmueve con la impotencia del niñito sujeto a un trato rudo. Jamás llega en vano a su oído el clamor del sufrimiento humano. Aunque todos son preciosos a su vista, los caracteres toscos, sombríos, testarudos, atraen más fuertemente su amor y misericordia, porque va de la causa al efecto. Aquel que es tentado con más facilidad y su inclinación a errar es mayor, es objeto especial de su solicitud.

Todo padre y maestro debe atesorar los atributos de Aquel que hace suya la causa de los afligidos, dolientes y tentados. Tiene que ser "paciente con los ignorantes y extraviados, puesto que él también está rodeado de debilidad"[6]. Jesús nos trata mucho mejor de lo que merecemos, y así como nos ha tratado, nosotros hemos de tratar a los demás. No se justifica el proceder de ningún padre o maestro, a menos que sea semejante al que seguiría el Salvador en circunstancias semejantes.

Ante la disciplina de la vida

Después de la disciplina del hogar y la escuela, todos tienen que hacer frente a la severa disciplina de la vida. La forma de hacerlo sabiamente constituye una lección que debería explicarse a todo niño y joven. Es cierto que Dios nos ama, que trabaja para nuestra felicidad y que si siempre se hubiera obedecido su ley nunca habríamos conocido el sufrimiento; y no menos cierto es que, en este mundo, toda vida tiene que sobrellevar sufrimientos, penas y preocupaciones como resultado del pecado. Podemos hacer a los niños y jóvenes un bien duradero si les enseñamos a afrontar con valentía esas penas y preocupaciones. Aunque les debemos manifestar bondad, jamás debería ser de tal suerte que los induzca a compadecerse de sí mismos. Por el contrario, necesitan algo que los impulse y los fortalezca, y no que los debilite.

Se les ha de enseñar que este mundo no es un desfile, sino un campo de batalla. Se invita a todos a soportar las dificultades como buenos soldados. Necesitan ser fuertes y conducirse como hombres. Hay que enseñarles que la verdadera prueba del carácter se encuentra en la disposición a llevar responsabilidades, ocupar el puesto difícil, hacer lo que hay que hacer, aunque no produzca reconocimiento ni recompensa terrenal.

El verdadero modo de enfrentar las pruebas no consiste en evitarlas sino en transformarlas. Esto se aplica a todo tipo de disciplina, tanto a la de los primeros años como a la de los últimos. El descuido de la educación en los primeros años de la vida del niño y el consecuente fortalecimiento de las malas tendencias dificulta su futura educación y es causa de que la disciplina sea, con demasiada frecuencia, un proceso difícil. Tiene que ser penosa para la naturaleza pecaminosa, pues se opone a los deseos y las inclinaciones naturales, pero se puede olvidar el dolor si se tiene en vista un gozo superior.

Es necesario enseñar al niño y al joven que todo error, toda falta, toda dificultad vencida, llega a ser un peldaño que conduce hacia las cosas mejores y más elevadas. Por medio de tales vicisitudes han logrado éxito todos los que han hecho de la vida algo digno de ser vivido.

"Las alturas logradas y conservadas por los
    grandes hombres.
No fueron conseguidas repentinamente;
    Sino que, mientras sus compañeros dormían,
Ellos aprovechaban la noche para seguir cuesta arriba.
    "Nos elevamos mediante las cosas que están de
bajo de nuestros pies;
    Mediante lo que hemos logrado dominar para el bien
y el provecho.
    Mediante el orgullo destronado y la pasión destruida,
Y la derrota de los males que encontramos a
    cada momento.
"Las cosas comunes, los sucesos cotidianos,
    Que comienzan y terminan cada hora,

Nuestros placeres y nuestros disgustos,
   Son peldaños por medio de los cuales podemos ascender".

No hemos de mirar "las cosas que se ven, sino las que no se ven; pues las cosas que se ven son temporales, pero las que no se ven son eternas"[7]. Al sacrificar los deseos e inclinaciones egoístas cambiamos cosas sin valor y transitorias por cosas preciosas y duraderas. Esto no es sacrificio, sino ganancia infinita.

"Algo mejor" es el santo y seña de la educación, la ley de toda vida verdadera. Al pedirnos Cristo que abandonemos alguna cosa, nos ofrece en su lugar otra mejor. A menudo los jóvenes albergan propósitos y anhelan ocupaciones y placeres que no parecen malos, pero que distan mucho de ser buenos. Desvían la vida de su más noble propósito. Las medidas arbitrarias o la acusación directa pueden ser insuficientes para guiar a esos jóvenes a renunciar a lo que desean. Hay que dirigirlos a algo mejor que la ostentación, la ambición o la complacencia. Ponerlos en contacto con una belleza más verdadera, con principios más elevados y con vidas más nobles. Hemos de permitirle ver a Aquel que es "del todo amable". Una vez que la mirada se fija en él, la vida halla su centro. El entusiasmo, la devoción generosa, el ardor apasionado de la juventud hallan en esto su verdadero objeto. El deber llega a ser un deleite y el sacrificio un placer. Honrar a Cristo, ser semejantes a él, es la suprema ambición de la vida, y su mayor gozo.

"El amor de Cristo nos constriñe"[8].

---

[1] Josué 24:15.
[2] Proverbios 14:9.
[3] Proverbios 5:22.
[4] Salmos 119:45, 24.
[5] Lucas 6:31.
[6] Hebreos 5:2.
[7] 2 Corintios 4:18.
[8] 2 Corintios 5:14.

El curso superior

"Cosas que ojo no vio, ni oído oyó, ni han subido en corazón de hombre, son las que Dios ha preparado para los que lo aman" 1 Corintios 2:9.

Capítulo 35—La escuela del más allá

"Verán su rostro, y su nombre estará en sus frentes". Apocalipsis 22:4.

El cielo es una escuela; su campo de estudio, el universo; su maestro, el Ser infinito. En el Edén se estableció una filial de esa escuela y, una vez consumado el plan de redención, se reanudará la educación en la escuela del Edén.

"Cosas que ojo no vio, ni oído oyó, ni han subido en corazón de hombre, son las que Dios ha preparado para los que le aman"[1]. Únicamente por medio de su Palabra se puede obtener el conocimiento de estas cosas, y aun así se obtiene solo una revelación parcial.

El profeta de Patmos describe así la sede de la escuela futura:

"Vi un cielo nuevo y una tierra nueva, porque el primer cielo y la primera tierra pasaron [...]. Y yo Juan vi la santa ciudad, la nueva Jerusalén, descender del cielo, de parte de Dios, ataviada como una esposa hermoseada para su marido"[2].

"La ciudad no tiene necesidad de sol ni de luna que brillen en ella; porque la gloria de Dios la ilumina, y el Cordero es su lumbrera"[3].

Entre la escuela establecida al principio en el Edén y la escuela futura, se extiende todo el período de la historia de este mundo, historia de la transgresión y el sufrimiento humano, del sacrificio divino y de la victoria sobre la muerte y el pecado. En la escuela de la vida futura no se hallarán todas las condiciones de la primera escuela del Edén. Ningún árbol del conocimiento del bien y del mal ofrecerá oportunidad a la tentación. No hay allí tentador ni posibilidad de injusticia. Todos los caracteres habrán resistido la prueba del mal, y habrán dejado de ser susceptibles a su poder.

"Al que venciere, le daré a comer del árbol de la vida, el cual está en medio del paraíso de Dios"[4]. La participación del árbol de la vida en el Edén era condicional, y finalmente fue suprimida. Pero los dones de la vida futura son absolutos y eternos.

El profeta contempla "un río limpio de agua de vida, resplandeciente como cristal, que fluía del trono de Dios y del Cordero". "Y a uno y otro lado del río, estaba el árbol de la vida". "Y ya no habrá muerte, ni habrá más llanto, ni clamor, ni dolor; porque las primeras cosas pasaron"[5].

> "Todo tu pueblo, todos ellos, serán justos,
>   Para siempre heredarán la tierra;
> Serán los renuevos de mi plantío,
>   Obra de mis manos,
> Para glorificarme"[6].

Facultado otra vez para comparecer ante Dios, el hombre volverá a recibir enseñanza de él, como al principio:

"Por tanto, mi pueblo sabrá mi nombre por esta causa en aquel día; porque yo mismo que hablo, he aquí estaré presente"[7].

"He aquí el tabernáculo de Dios con los hombres, y él morará con ellos; y ellos serán su pueblo, y Dios mismo estará con ellos como su Dios"[8].

"Estos son los que han salido de la gran tribulación; han lavado sus ropas y las han blanqueado en la sangre del Cordero. Por eso están delante del trono de Dios y lo sirven día y noche en su templo [...]. Ya no tendrán hambre ni sed, y el sol no caerá más sobre ellos, ni calor alguno, porque el Cordero que está en medio del trono los pastoreará y los guiará a fuentes de aguas vivas. Y Dios enjugará toda lágrima de los ojos de ellos"[9].

"Ahora vemos por espejo, oscuramente; pero entonces veremos cara a cara. Ahora conozco en parte; pero entonces conoceré como fui conocido"[10].

"Verán su rostro, y su nombre estará en sus frentes"[11].

¡Qué campo se abrirá allí a nuestro estudio cuando se descorra el velo que oscurece nuestra vista, y nuestros ojos contemplen ese mundo de belleza del cual ahora tenemos apenas vislumbres por medio del microscopio! ¡Cuando contemplemos las glorias de los cielos estudiados ahora por medio del telescopio! ¡Cuando, borrada la mancha del pecado, toda la tierra aparezca en "la hermosura de Jehová nuestro Dios"! Allí el estudioso de la ciencia podrá leer los informes de la creación sin hallar señales de la ley del mal. Escuchará la música de las voces de la naturaleza y no descubrirá ninguna nota de llanto ni voz de dolor. En todas las cosas creadas descubrirá una escritura, en el vasto universo contemplará "el nombre de Dios escrito en grandes caracteres" y ni en la tierra, ni en el mar, ni en el cielo quedará señal del mal.

Allí se vivirá la vida edénica, la vida que transcurrirá en el jardín y el campo. "Edificarán casas y morarán en ellas; plantarán viñas y comerán el fruto de ellas. No edificarán para que otro habite ni plantarán para que otro coma; porque según los días de los árboles serán los días de mi pueblo, y mis escogidos disfrutarán la obra de sus manos"[12].

No habrá nada que dañe ni destruya "en todo mi santo monte, dijo Jehová"[13]. Allí el hombre recobrará su dignidad real perdida y los seres inferiores reconocerán su supremacía; los fieros se tornarán mansos y los tímidos, confiados.

Se ofrecerá al estudiante una historia de alcance infinito y de riqueza inefable. Aquí, desde la posición ventajosa que le ofrece la Palabra de Dios, el estudiante logra una perspectiva del vasto campo de la historia, y puede obtener algún conocimiento de los principios que rigen el curso de los sucesos humanos. Pero su visión todavía está empañada y su conocimiento es incompleto. No verá claramente las cosas hasta que esté a la luz de la eternidad.

Entonces se abrirá ante su vista el desarrollo del gran conflicto que se originó antes de que empezara el tiempo y que no acabará hasta que termine. Será evidente la historia del comienzo del pecado; de la fatal mentira y su perversa obra; de la verdad que, sin desviarse de lo recto, ha hecho frente al error y lo ha vencido. Será descorrido el velo que se interpone entre el mundo visible y el invisible y se revelarán cosas maravillosas.

Solo cuando se vean a la luz de la eternidad las providencias de Dios, comprenderemos lo que debemos al cuidado y la intercesión de sus ángeles. Los seres celestiales han desempeñado una parte activa en los asuntos de los hombres. Han aparecido con ropas tan brillantes como relámpago; se han presentado como hombres, bajo la apariencia de viajeros. Han aceptado la hospitalidad ofrecida por hogares terrenales; han actuado como guías de viandantes extraviados. Han frustrado el propósito del ladrón y desviado el golpe del destructor.

Aunque los gobernantes de este mundo lo ignoren, a menudo los ángeles han hablado en sus concilios. Los han contemplado los ojos humanos. Los oídos humanos han escuchado sus pedidos. En tribunales y cortes de justicia, los mensajeros celestiales han defendido la causa de los perseguidos y oprimidos. Han desbaratado propósitos y detenido males que hubieran causado oprobio y sufrimiento a los hijos de Dios. Todo esto se revelará a los alumnos de la escuela celestial.

Todo redimido comprenderá el trabajo de los ángeles en su propia vida. ¡Qué sensación le producirá conversar con el ángel que fue su guardián desde el primer momento; que vigiló sus pasos y cubrió su cabeza en el día de peligro; que estuvo con él en el valle de la sombra de muerte, que señaló su lugar de descanso, que fue el primero en saludarlo en la mañana de la resurrección, y conocer por medio de él la historia de la intervención divina en la vida individual, de la cooperación celestial en toda obra en favor de la humanidad!

Entonces serán aclaradas todas las dudas de la vida. Donde a nosotros nos pareció ver solamente confusión y desilusión, propósitos quebrantados y planes desbaratados, se verá un propósito grandioso, dominante, victorioso, y una armonía divina.

Allí, todos los que trabajaron con espíritu abnegado verán el fruto de sus labores. Se verá el resultado de la aplicación de todo principio recto y la realización de toda acción noble. Algo de ello vemos ahora. Pero, ¡cuán poco del resultado de la obra más noble del mundo llega a ver en esta vida el que la hace! ¡Cuántos trabajan abnegada e incansablemente por los que pasan más allá de su alcance y conocimiento! Los padres y maestros caen en su último sueño con la sensación de que ha sido fútil el trabajo de su vida; no saben que su fidelidad ha abierto manantiales de bendición que nunca dejarán de fluir; solamente por la fe ven a los hijos que han criado transformarse en una bendición e inspiración para sus semejantes, y ven multiplicarse mil veces su influencia. Más de un obrero envía al mundo mensajes de fortaleza, esperanza y valor, palabras portadoras de bendición para los habitantes de todos los países. Pero él sabe poco de los resultados mientras trabaja en la oscuridad y la soledad. Así se hacen dádivas, se llevan responsabilidades y se hace la obra. Los hombres siembran la semilla de la cual, sobre sus sepulcros, otros cosechan en abundancia. Plantan árboles para que otros coman sus frutos. Se contentan aquí con saber que han puesto en acción instrumentos benéficos. En el más allá se verá el resultado.

En el cielo se guarda un registro de todo don otorgado por Dios, que ha guiado a los seres humanos a hacer esfuerzos abnegados. Uno de los estudios y las recompensas de la escuela celestial consistirá en descubrir esto en toda su amplitud, contemplar a los que por nuestros esfuerzos han sido elevados y ennoblecidos, y ver en su historia los frutos de la aplicación de los principios verdaderos.

Allí conoceremos como somos conocidos. Allí hallarán un empleo más dulce y verdadero el amor y las misericordias que Dios ha implantado en el alma. La comunión pura con seres celestiales, la armoniosa vida social con los ángeles bienaventurados y los fieles de todas las épocas, el vínculo sagrado que une "toda la familia en los cielos, y en la tierra", todas estas cosas se cuentan entre las experiencias del más allá.

Habrá allí música y canto tales como, salvo en las visiones de Dios, ningún mortal ha oído ni concebido ninguna mente. Y "habrá cantores y tañedores en ella". "Estos alzarán su voz, cantarán gozosos por la grandeza de Jehová"[14]. "Ciertamente consolará Jehová a Sion; consolará todas sus ruinas, y cambiará su desierto en un edén y su tierra estéril en huerto de Jehová; se hallará en ella alegría y gozo, alabanzas y cánticos"[15].

Allí se desarrollará toda facultad y toda aptitud aumentará. Se impulsarán las mayores empresas, se lograrán las más elevadas aspiraciones y se realizarán las mayores ambiciones. Y se presentarán nuevas alturas a las cuales llegar, nuevas maravillas que admirar, nuevas verdades que comprender nuevos objetos que despertarán las facultades del cuerpo, la mente y el alma.

Todos los tesoros del universo serán abiertos al estudio de los hijos de Dios. Entraremos con inefable deleite en el gozo y en la sabiduría de los seres no caídos. Compartiremos los tesoros ganados durante siglos y siglos pasados en la contemplación de la obra de Dios. Y los años de la eternidad, a medida que transcurran, seguirán ofreciendo revelaciones más gloriosas. "Mucho más abundantemente de lo que pedimos o entendemos"[16] será para siempre la espléndida generosidad de Dios para otorgar sus dones.

"Sus siervos le servirán"[17]. La vida en la tierra es el comienzo de la vida en el cielo; la educación en la tierra es una iniciación en los principios del cielo; la obra de la vida aquí es una preparación para la obra de la vida allá. Lo que somos ahora en carácter y servicio santo es el símbolo seguro de lo que seremos entonces.

"El Hijo del hombre no vino para ser servido, sino para servir"[18]. La obra de Cristo en la tierra es su obra en el cielo, y la recompensa que recibiremos por trabajar para él en este mundo será el mayor poder y el más amplio privilegio de trabajar con él en el mundo venidero.

"Vosotros, pues, sois mis testigos, dice Jehová, que yo soy Dios"[19]. Esto también seremos en la eternidad.

¿Por qué se permitió que el gran conflicto se prolongara por tantos siglos? ¿Por qué no se suprimió la existencia de Satanás al comienzo mismo de su rebelión? Para que el universo se convenciera de la justicia de Dios en su trato con el mal; para que el pecado recibiera condenación eterna. En el plan de salvación hay alturas y profundidades que la eternidad misma nunca podrá agotar, maravillas que los ángeles desearían escrutar. De todos los seres creados, únicamente los redimidos han conocido por experiencia el conflicto real con el pecado; han trabajado con Cristo y, cosa que ni los ángeles podrían hacer, han participado de sus sufrimientos. ¿No tendrán acaso algún testimonio acerca de la ciencia de la redención, algo que sea de valor para los seres no caídos?

Aún ahora es "dado a conocer" "por medio de la iglesia", "a los principados y potestades en los lugares celestiales, la multiforme sabiduría de Dios". Y "juntamente con él nos resucitó, y asimismo nos hizo sentar en los lugares celestiales [...] para mostrar en los siglos venideros las abundantes riquezas de su gracia en su bondad para con nosotros en Cristo Jesús"[20].

"En su templo todo proclama su gloria"[21], y el canto que cantarán los redimidos, el canto de su experiencia, declarará la gloria de Dios: "Y cantan el cántico de Moisés, siervo de Dios, y el cántico del Cordero, diciendo: "Grandes y maravillosas son tus obras, Señor Dios Todopoderoso; justos y verdaderos son tus caminos, Rey de los santos. ¿Quién no te temerá, Señor, y glorificará tu nombre?, pues solo tú eres santo""[22].

En nuestra vida terrenal, aunque restringida por el pecado, el mayor gozo y la más elevada educación se encuentran en el servicio. Y en la vida futura, libre de las limitaciones de la humanidad pecaminosa, hallaremos nuestro mayor gozo y nuestra más elevada educación en el servicio: Dando testimonio, y mientras lo hacemos aprendiendo de nuevo acerca de "las riquezas de la gloria de este ministerio entre los gentiles; que es Cristo en vosotros, la esperanza de gloria"[23].

"Aún no se ha manifestado lo que hemos de ser; pero sabemos que cuando él se manifieste, seremos semejantes a él, porque le veremos tal como él es"[24].

Cristo contemplará entonces su recompensa en los resultados de su trabajo, en aquella gran multitud que nadie podrá contar, presentada "sin mancha delante de su gloria con gran alegría"[25]. Aquel cuya sangre nos ha redimido y cuya vida ha sido para nosotros una enseñanza, "verá el fruto de la aflicción de su alma, y quedará satisfecho"[26].

---

[1] 1 Corintios 2:9.

[2] Apocalipsis 21:1, 2.

[3] Apocalipsis 21:23.

[4] Apocalipsis 2:7.

[5] Apocalipsis 22:1, 2; 21:4.

[6] Isaías 60:21.

[7] Isaías 52:6.

[8] Apocalipsis 21:3.

[9] Apocalipsis 7:14-17.

[10] 1 Corintios 13:12.

[11] Apocalipsis 22:4.

[12] Isaías 65:21, 22.

[13] Isaías 65:25.

[14] Salmos 87:7; Isaías 24:14.

[15] Isaías 51:3.

[16] Efesios 3:20.

[17] Apocalipsis 22:3.

[18] Mateo 20:28.

[19] Isaías 43:12.

[20] Efesios 3:10; 2:6, 7.

[21] Salmos 29:9.

[22] Apocalipsis 15:3, 4.

[23] Colosenses 1:27.

[24] 1 Juan 3:2.

[25] Judas 24.

[26] Isaías 53:11.

30116882R00142

Printed in Great Britain
by Amazon